KB163441

라디오와 매체

라디오 벤야민 1

라디오와
매체

발터 벤야민 지음 | 고지현 편역

현실문화

차례

제3장
책, 출판, 신문

제4장
책과 에로스

일러두기

- 이 책 각 장의 번역은 아래의 전집을 판본으로 삼았다.
  Walter Benjamin, *Gesammelte Schriften, Bd. I/1-VII/2*, Unter Mitwirkung von Theodor W. Adorno
  und Gershom Scholem, hrsg. v. Rolf Tiedemann/Hermann Schweppenhäuser, Frankfurt a. M.:
  Suhrkamp, 1991 ff.
  이하 각 장은 "Walter Benjamin, *Gesammelte Schriften*, Bd. IV/1, Frankfurt a. M., 1972-1992, pp.
  548-551'와 같이 축약해 표기했다.
- 제목 표기 시. 단행본과 신문·잡지에는 『 』를, 개별 작품명·논문·기사에는 「 」를, 라디오·방송·음악 프
  로그램에는 ⟨ ⟩를 사용했다.
- 본문의 ( )와 [ ]는 원서의 내용이고. 〔 〕는 원문의 이해를 돕기 위해 옮긴이가 보충한 내용이다.
- 원어가 두 가지 의미로 해석/이해될 수 있는 경우는 〔 〕로 처리하고 그 원어를 밝혀주었다. 예: 오락〔정신
  분산. Zerstreuung〕
- 일반 각주는 발터 벤야민 전집 편집위원회의 서지 기록을 참조한 것이다. 〔편역자 주〕는 편역자의 해설
  이다.
- 원문의 이탤릭체는 강조체로 옮겼다.
- 원문의 단락은 가독성 등을 위해 나누기도 했고. 문장 중의 직접인용 부분 등은 개별 독립 인용문으로
  처리하기도 했다.
- 외국 인명/지명 등의 표기는 국립국어원에서 펴낸 외래어표기법을 원칙으로 하되. 국내에서 널리 사용
  되는 것은 관행을 따르기도 했다.

제1장

라디오와 통속성

에른스트 쇤과의 대화[*]

라포르그의 시, 프루스트의 장면, 루소의 초상에는 수형(豎型) 피아
노(현絃을 세로로 친 직립형 피아노)가 놓이는 것이 적절해 보이는 것처
럼, 아라공이나 콕토의 문학작품, 베크만, 또는 키리코의 그림에는 덥
수룩이 축 늘어진 형상의 확성기나, 궤양을 귀에 걸치고 내장 모양의
전선이 이리저리 흔들거리는 헤드폰세트가 어울린다.

예리하고 또 자명한 시각이다. 이것은 (1929년) 『개벽
(Anbruch)』지에 실린 소고 「라디오방송을 통한 음악 오락(Musika-
lische Unterhaltung durch Rundfunk)」에 나오는 문구로, 글쓴이
는 에른스트 쇤¹이다. 이로써 왜 뜻밖이라는 생각이 드는지도 자

***

*   〔편역자 주〕Gespräch mit Ernst Schoen(Walter Benjamin, *Gesammelte Schriften*,
     Bd. IV/1, Frankfurt a. M., 1972-1992, pp. 548-551).
     이 글은 잡지 『문학세계(Die Literarische Welt)』 1929년 5권 35호에 발표된 글이다.
1   〔편역자 주〕에른스트 쇤(Ernst Schoen, 1894~1960): 독일의 작곡가 · 작가 · 번
     역가, 라디오방송의 선구자. 라디오 매체에 대한 큰 관심으로 남서독일방송국
     (Südwestdeutschen Rundfunkdienst AG)의 초대 프로그램국장을 지냈고, 1929년

명해진다. 한 방송국 국장은 악기에 대해 어쩜 이토록 적절하고, 〔이토록〕 세련되게 또 동시에 이토록 투박하게 말할 수 있는 것일까. 내가 이와 같은 남자의 계획과 목표를 들어보는 일에 더욱 관심이 갔던 까닭은 그 방송국이 바로 다름 아닌 〔라디오〕프랑크푸르트였기 때문이다. 프랑크푸르트는 전임 프로그램국장 플레슈(Hans Flesch)가 〔1929년 7월〕 베를린방송국에 임명됨으로써 이전 방송국에 자신의 동료를 후임으로 남겨두기 전부터[2] 이미 유럽 차원에서 명성을 누리고 있었다.

한스 플레슈의 후임으로 라디오프랑크푸르트(Radio Frankfurt) 국장직도 이어받았다. 쇤은 벤야민의 학창 시절 친구다. 쇤과 벤야민 사이 친분은 벤야민의 주요 비평서 중 하나인『괴테의 친화력(Goethes Wahlverwandtschaften)』(1924/1925)으로 일찍이 알려졌다. 벤야민의 오랜 대화 파트너였던 독일 태생의 유대교 철학자·역사가 게르숌 숄렘(Gershom Scholem, 1897~1982)에 따르면, 벤야민의 결혼생활이 파탄에 이르게 된 국면은『괴테의 친화력』에서 펼쳐진 애정관계와 '유사한 형세'를 이룬다(게르숌 숄렘 지음, 최성만 옮김,『한 우정의 역사: 발터 벤야민을 추억하며』, 한길사, 2002, 179~180쪽). 벤야민과 소피 도라의 부부관계에 갈등의 불씨가 일게 된 것은 한편으로 벤야민이 율라 콘(벤야민의 학창 시절 친구 알프레드 콘의 여동생)과 사랑에 빠졌기 때문이기도 하지만, 그와 동시에 또 다른 관계의 축으로 도라와 쇤의 애정관계에도 기인한다. 이 같은 관계의 착종은 괴퇴의『친화력(Die Wahl-verwandtschaften)』(1809) 속 등장인물들의 갈등관계 곧 '에두아르트와 오틸리에' '에두아르트 부인 샤를로테와 에두아르트의 친구 오토 대위'가 만들어낸 4각관계를 연상시킨다.
쇤은 사생활과 관련된 친분을 넘어서 갈등과 무관하게 1925년 벤야민이 교수 자격 취득에 실패하자 벤야민에게 라디오 공동 작업을 제안한다. 그는 라디오프랑크푸르트 국장직을 넘겨받은 후에도 베르톨트 브레히트(Berthold Brecht, 1898~1956), 한스 아이슬러(Hanns Eisler, 1898~1962)와 함께 문학 및 음악 프로그램의 새로운 형식을 실험한 아방가르드 운동을 펼치기도 했다. 나치 정권이 들어서자 유대-사회주의 성향으로 낙인찍혀 1933년 말 런던으로 망명했으며, 이후 BBC에서 작가로 활동했다.

2　〔편역자 주〕후임으로 자리를 이어받은 사람이 바로 에른스트 쇤이다.

쇤과의 대화는 다음처럼 시작한다.

어떤 사안을 역사적으로 이해한다는 것은 그것을 대응으로, 논쟁으로 파악함을 뜻한다. 이렇게 우리 (라디오)프랑크푸르트의 시도 역시 불만에서, 그러니까 라디오방송 프로그램 편성을 원래 규정한 것에 대한 대당관계에서 이해되어야만 한다. 간단히 말해, 그것(라디오방송)은 '거대'문화였다. 사람들은 라디오방송으로 그야말로 막강한 국민 교육용 공장의 수단을 손에 넣었다고 믿었다. 일련의 강연, 교육 강좌, 온갖 대규모 교육 행사가 시작되었고, 그러고는 실패로 끝났다. 도대체 무엇을 보여주었단 말인가? 청취자는 오락을 원한다. 하지만 이 지점에서 라디오방송이 제공할 거라고는 아무것도 없었다. 교훈적 구성의 무미건조함과 그 전문가적 편협성에 '난잡한' 구성의 수준 미달과 그 빈약함이 호응했다. 여기에서 시작할 필요가 있었다. 지금까지 조합 활동용인 〈폭신한 베개〉나 〈즐거운 주말〉에서 볼 수 있듯이, 진지한 프로그램에 아라베스크 문양이 새겨진 것은 이제 오락의 소시민적 분위기에서 벗어나 숨통이 트이고 느슨하며 익살스러운 시사성으로 옮겨가야만 했고, 또 지극히 다양한 것들이 서로 훌륭한 방식으로 어우러질 수 있는 이음매가 되어야만 했다.

쇤은 구호를 제시한다.

청취자 모두가 저마다 원하는 것을! 그리고 좀 더 많이 (즉 우리가 원하는 것보다 좀 더 많이!)

하지만 우리는 곧 〔라디오〕프랑크푸르트에서 보았다. 오늘날이 구호의 실효성은, '검은 고양이'와 '열한 명의 사형집행인'이 그러했던 것처럼,[3] 오로지 국가시민 교육이라는 환상적 공명심을 버리고 시대의 성격을 규정하는 정치화를 통해서만 가능하다는 것을.

첫걸음을 내디딜 밑그림은 이미 구상되었다. 대도시 카바레의 현상태(status quo)를 실마리로 삼아 이처럼 근엄한 정치화가 유독 라디오방송에서 가능한 특성들을 선별해냄과 동시에, 바로 카바레를 앞서는 라디오방송의 우월성을 활용하는 것이 필요했는데, 말하자면 카바레 공간에 함께 모이는 일이 쉽지 않은 예술가들을 마이크 앞으로 불러들여 조합하는 일이 그것이다. 쇤은 이와 관련해 다음과 같이 표명하고 있다.

의심스럽기 짝이 없는 청각 무대장치로 무리하게 꾸민 문학 방송극을 탐색하는 일보다 지금 내게 훨씬 더 중요한 것은 서정 드라마에서 실험작에 이르기까지 말로 제시되는 작품이라면 무엇이든지 간에 생성하는 형식으로 번역될 수 있는 가장 좋은 방법론을 발견해내는 일이다. 물론 비문학적인, 소재적이고 사실적으로 규정되는 방송극은

3   〔편역자 주〕'검은 고양이(Chat Noir)': 프랑스의 시인이자 예술기획자 로돌프 살리(Rodolphe Salis, 1851~1897)가 1881년 몽마르트에 세운 최초의 근대적 카바레. 이후 카바레 문화는 프랑스는 물론 독일·오스트리아·헝가리 등 유럽 전역으로 급속하게 퍼져나갔는데, 독일의 극작가 프랑크 베데킨트(Frank Wedekind, 1864~1918)는 '열한 명의 사형집행인(Elf Scharfrichter)'이라는 카바레가 문을 여는 데 일조함으로써 문학 카바레 창설자의 한 사람으로 명성을 얻었다.

사정이 이와 전혀 다르며, 이와 같은 것을 맨 먼저 시작한 곳이 바로 〔라디오〕프랑크푸르트였다. 여기에서 우리는 많은 성과를 이루어냈던 범죄 사건이나 이혼 분쟁의 경험들을 시발점으로 삼아, 우선은 협상 기술의 선례(先例)와 반례(反例)의 시리즈물―〈어떻게 상사를 다룰 것인가?〉[4] 등등―을 보여줄 것이다.

쇤은 자기 활동의 이러한 측면에 있어서 베르톨트 브레히트의 관심을 얻는 데 성공했다. 이 지점에서 브레히트는 그의 편에 설 것이다.

덧붙이자면, 쇤은 매달 방송에서 얻게 된 기술적 성과를 오만한 표정을 지으며 '문화재'로 떠받들 생각은 없다. 아니, 그는 그 기술적 성과를 차가운 머리로 대할 것이다. 예를 들자면, 텔레비전이 그렇듯, 그는 자신의 작업 영역의 확대로 새로운 난관, 문제, 위험요소 역시 다가오고 있음을 아주 명확하게 의식하고 있다. 물론 당장 라디오방송은 그 외연의 확장 면에서 텔레비전방송과 그다지 상관이 없다. 하지만 최근 문제가 된 컷아웃, 사진 전송(사진 전송의 설비는 제국방송협회[5]에 종속되어 있다)과 관련해 말하자면, 그 예술

---

4 〔편역자 주〕〈어떻게 상사를 다룰 것인가?(Wie nehme ich meinen Chef?)〉: 벤야민이 1929년부터 기획하고 1931년 2월 8일 볼프 추커(Wolf Zucker, 1905~?)와 함께 독일 최초의 라디오방송국인 베를린라디오방송국(Funk-Stunde AG Berlin) 스튜디오에서 시연한 40분짜리 라디오 방송극. 1개월 반 이후에 프랑크푸르트 방송국에서 방송될 때에는 〈봉급 인상이요? 무슨 엉뚱한 생각을 하고 계신가요?(Gehaltserhöhung? Wo denken Sie hin?)〉로 제목이 바뀐다.
5 〔편역자 주〕제국방송협회(Reichs-Rundfunk-Gesellschaft, RRG): 1925년 5월 15일 베를린에서 독일 지역방송협회의 상부 조직으로 만들어졌으나, 히틀러의 권력 장

적 활용 가능성은 쉰이 말한 바대로 〔라디오방송이〕 단순 르포르타주에서 해방되어 텔레비전과 공동 연출에 성공하면 할수록 더욱더 다양해질 것임이 분명하다.

주로 나의 문학적 관심사 때문이든, 아니면 외려 지금까지 대화에서 음악적 문제와 거리를 둔 내 파트너의 신중함 때문이든지 간에 ―쉰은 애초 음악가였고 프랑스인 바레즈[6]의 제자이기도 하다―, 그는 알려져 있듯 라디오음악방송을 위해 이틀간 개최된 바덴바덴 음악페스티벌〔1929년 7월〕의 현안을 아주 피해갈 수는 없을 것이다. 그런데 뜻밖에도 나는 다음과 같은 의견을 표명했다. 페스티벌은 여기에서도 역시 미학적 영역에 현혹되어서는 안 된다고 말이다. 고수될 것은 기술이다. 그리고 대략 다음과 같은 점을 부연했다: 기술자는 입장을 취한다. 라디오방송을 위한 특별한 음악은 전혀 필요치 않다. 라디오방송은 음악이라면 무엇이든 완벽하게 전파할 정도로 충분히 발달되어 있다. 하지만 쉰은 달리 말하고 있다.

> 물론 이론에서는 그렇다. 하지만 그것〔라디오방송을 위한 특별한 음악이
> 필요치 않다는 견해〕은 완벽한 발신자와 완벽한 수신자를 전제로 삼
> 고 있으며, 실재에는 존재하지 않는다. 또한 그것은 라디오음악의 과
> 제를 규정한 것인데, 그것은 오늘날 여전히 모든 방송과 결부되어 있

악 후 중앙집권화로 지역 방송들이 지부로 재편됨으로써 제국방송협회로 새란생했다. 이렇게 기대 권력으로 탈바꿈한 RRG는 나치즘의 대내외적 선전도구로 전락했고, 제2차 세계대전 이후에 이르러서야 해산의 길을 걸었다.

6   〔편역자 주〕 에드가르 바레즈(Edgard Varèse, 1883~1965): 프랑스 태생의 미국 작곡가. 전위적 소재를 구사해 미지의 음향 세계를 개척했다는 평가를 받는다.

는 특정 효과의 감소를 고려해야만 할 것이다. 더 나아가 ―이로써 쇤은 셰르헨[7]과 입장을 같이한다― 특별한 라디오방송음악, 말하자면 미학적으로 새롭게 확립된 라디오방송음악에 대해서는 아직 어떤 실마리도 잡히지 않고 있다. 바덴바덴 음악페스티벌이 이를 입증했다. 가치의 순위는 사람들이 그곳에서 연주했을 때 라디오 적합성의 순위와 궤를 같이했다. 이 두 가지 관점에서 보면, 브레히트-바일-힌데미트의 〈린드버그의 비행〉[8]과 아이슬러의 칸타테인 〈시대의 속도〉[9]가 앞서 있다.

끝으로 쇤은 이렇게 말하고 있다.

라디오는 발전의 특정 지점, 비교적 자의적인 지점에서 실험실의 정적을 뚫고 나와 공공 사안이 되었다. 라디오의 발전은 이전에 천천

---

7 〔편역자 주〕헤르만 셰르헨(Hermann Scherchen, 1891~1966): 독일의 지휘자·평론가. 유럽 각지에서 오케스트라의 지휘자를 지냈으며, 작곡 등 광범위한 활동을 통해 현대 음악을 소개하는 데 크게 이바지했다.

8 〔편역자 주〕〈린드버그의 비행(Lindberghflug)〉: 칸타테. 독일 태생의 미국 작곡가 쿠르트 바일(Kurt Weil, 1900~1950), 독일의 작곡가 파울 힌데미트(Paul Hindemith, 1895~1963)가 베르톨트 브레히트의 라디오 실험극 〈린드버그의 비행(Der Flug der Lindberghs)〉에 곡을 붙인 것이다. 〈린드버그의 비행〉은 찰스 린드버그가 1902년 세계 최초로 대서양을 착륙 없이 단독 비행 한 일을 다룬 것이다. 브레히트는 이 사건을 한 개인의 영웅적 서시가 아니라 인간이 자연의 위력을 지배한 집단적 기술 성과로 그려낸다. 〈린드버그의 비행〉은 애초부터 새로운 매체인 라디오방송을 위해 기획되었으며, 따라서 콘서트 형식의 연출은 오류라 판단되었다. 브레히트의 제안에 따라 라디오방송용의 칸타테가 바덴바덴 음악 페스티벌을 위해 만들어졌다.

9 〔편역자 주〕〈시대의 속도(Tempo der Zeit)〉: 칸타테. 오스트리아의 작곡가 한스 아이슬러(Hanns Eisler, 1898~1962)가 1928년에 작곡했다.

히 진행되었고, 지금이라 해서 더 빠르게 이루어지지도 않는다. 너무나도 강도 높게 방송 사업에 투입되는 에너지의 일부가 오늘날 실험 작업에도 빈번하게 바쳐진다면, 이를 통해 라디오방송은 진흥될 것이다.

라디오방송에 대한 성찰*

라디오방송이라는 제도의 결정적 오류는 기술적 토대에서 보면 거짓으로 판명난 수행자와 청중 사이의 원칙적 분리를 그 운영에서 영구화하는 데 있다. 라디오의 의의란 누구든지 원한다면 언제라도 마이크 앞에 설 수 있다는 데, 때론 이 사람이 때론 저 사람이 발언권을 가지고 공론장을 인터뷰와 대담의 증언자로 만드는 데 있음은 어린애라도 다 아는 사실이다. 러시아에서는 기계장치로부터 이런 결론을 도출하는 일이 자연스럽게 일어나는 반면, 우리에게는 무미건조한 '공연' 개념이 활동 영역을 거침없이 지배하고 있다. 공연을 신호로 하여 수행자는 청중의 맞은편에 마주하게 되는데, 이러한 자가당착은 오랜 실무 경험이 쌓인 오늘날에도 여전히 청중을 완전히 포기하고, 다소 비전문적인 방식으로 청중의 비판적 반응에서 나타나는 사보타주(스위치 끄기)에 의존하는

* 〔편역자 주〕 Reflexionen zum Rundfunk(Walter Benjamin, *Gesammelte Schriften*, Bd. II/3, Frankfurt a. M., 1972-1992, pp. 1506-1507).
이 글은 1931년 11월 이전에 쓰인 글이다.

결과를 낳았다. 전문 지식은 그 형식, 그 기술의 힘으로 청중을 일깨워왔는데, 지금까지 전문 지식 그 자체를 통해 공인되지 않은 진정한 문화기관이란 존재한 바 없다. 마이스터징어[1]와 마찬가지로 그리스 연극의 경우가 그러했고, 설교단 연설가처럼 프랑스 무대의 경우도 그러했다.

최근에 이르러서야 비로소 오페라 관객, 소설 독자, 유람객, 이와 유사한 유형 등에서 나타나는 소비 성향의 무한한 형성과 더불어 둔감하고 표현이 없는 대중, 곧 자신의 판단에 대한 척도도, 자신의 느낌에 대한 언어도 없는, 그야말로 좁은 의미에서의 공중(公衆)이 창출되었다. 이러한 야만은 라디오방송 프로그램을 대하는 대중의 태도에서 절정에 달했고, 이제는 격변을 준비하고 있는 것으로 보인다. 여기에서 필요했던 바는 단 하나, 즉 청자는 더 예리하게 성찰하고 또 그 성찰을 정당화하기 위해 자신의 실제 반응에 초점을 맞춰야 했다는 것이다. 물론 이런 태도가 방송국장이나 더나아가 공연자들이 즐겨 믿어왔던 것처럼, 정말 어느 정도 예측불가하다거나, 무엇보다도 프로그램의 소재적 성격에 근본적으로 혹은 유일하게 좌우된다면, 이 숙제는 풀 수 없을 것이다. 가장 간단한 일 하나만 떠올려봐도 그 정반대임이 입증된다. 라디오 청취자가 숱한 강연의 처음 1분 30초가 지난 즉시 곧바로 스피커를 꺼버리듯이, 독자가 방금 들춰본 책 한 권을 이토록 단호하게 덮어버린

---

1 〔편역자 주〕 마이스터징어(Meistersinger): 직장가인(職匠歌人), 직인가인(職人歌人), 장인시인(匠人詩人). 14∼16세기에 독일의 주요 도시에서 장인 및 상인 계급의 음악가와 시인으로 구성된 수공업시가조합(詩歌組合)의 문인들을 뜻한다.

적은 여태껏 없었다. 서로 동떨어진 물질이라도 상관없다. 그것은 외려 아무런 구속력 없이 잠깐 귀를 기울이게 하는 동기일 수 있다. 가장 알 가치가 있는 진술들로 청취자를 견딜 수 없게 하는 경우가 많으면서도, 그와 똑같이 몇 안 되는 경우에는 청취자를 자신과 가장 동떨어진 것에 매료당하게 하는 것이 바로 소리, 말투, 언어—한마디로 말해, 사물의 기술적이고도 형식적인 측면이다. (일기예보에도 우리가 귀 기울이게 되는 아나운서가 있다.) 그러므로 이러한 기술적이고 형식적인 측면이 유일하게 청취자가 전문 지식을 습득하고 야만성에서 성장할 수 있는 지점인 것이다.

문제는 지극히도 명백하다. 우리는 단지 라디오 청취자가 다른 공중과 정반대로 공연물을 자기 집에서 마음속으로 받아들인다는 점, 말하자면 소리를 손님으로 맞는다는 점이 왜 중요한지 한번쯤은 깊이 생각해볼 필요가 있다. 우리는 소리를, 대개 손님을 소중하게 여기는 것처럼, 울리자마자 아주 빠르고 예리하게 받아들인다. 그러면서도 그로부터 무엇을 기대하는지, 무엇을 고마워하고 관대하게 봐줄지 등에 대해선 누구도 말하지 않는다. 그것은 오로지 대중의 무관심으로, 지도자의 편협함으로 설명될 수 있을 뿐이다. 물론 소리의 품행을 언어로 표현하기란 —이 양자 모두가 중요하기 때문에— 결코 쉽지 않을 것이다. 하지만 라디오방송이 날마다 제공되는 불가능성의 무기고에 매달리기만 한다면, 단지 부정적인 것을, 예컨대 연사의 희극적 유형학을 근거로 삼기만 한다면, 방송은 프로그램의 표준을 개선할뿐더러 무엇보다도 전문가로서의 청중을 자기편으로 확보하게 될 것이다. 이것이 가장 중요한 점이다.

연극과 라디오[*]
: 그 교육 작업의 상호 통제를 위하여

'연극과 라디오'—이 두 제도를 편견 없이 고찰하는 경우, 그
것이 불러일으키는 바는 조화의 감정은 아닐 것이다. 사실 이 둘
사이 경쟁관계는 라디오와 콘서트홀 사이 관계만큼 그리 첨예하
지는 않다. 그러나 애초부터 이 양자 사이 공동 작업이 진척될 수
있기에는 한편으로는 라디오의 활동이 갈수록 더 광범위한 영향
력을 행사한다는 것을, 다른 한편으로는 연극의 곤궁함이 갈수
록 증대한다는 것을 우리는 너무나도 잘 알고 있다. 그럼에도 이
와 같은 종류의 공동 작업은 존재하고, 그것도 꽤나 오래된 일이
다. —미리 말해두지만— 그것("공동 작업")은 오로지 교육적 작업
으로만 가능했다. 그 작업의 길이 바로 남서독일라디오방송에 의
해 아주 강력하게 열렸다. 이 방송의 예술 부문 담당자인 에른스

---

[*] 〔편역자 주〕 Theater und Rundfunk. Zur gegenseitigen Kontrolle ihrer Erzie-
hungsarbeit(Walter Benjamin, *Gesammelte Schriften*, Bd. II/2, Frankfurt a. M.,
1972-1992, pp. 773-776).
이 글은 『헤센 주립극장 회보(Blätter des hessischen Landestheaters)』 1931/32년
16호에 발표된 글이다.

트 쉰은 베르톨트 브레히트가 문학과 음악 부문의 동료들과 함께 최근 몇 년간 토론을 벌인 작업들에 최초로 관심을 기울인 사람 중의 하나다. 이 작업들이 —〈린드버그의 비행〉[1] 〈〔동의에 관한〕 바덴의 교훈극〉[2] 〈예스맨〉[3] 〈노맨〉[4] 등과 같이— 한편으론 명백하게 교육적 목적으로 구상되었으면서도, 또 다른 한편으론 전적으로 독창적 방식으로 연극과 라디오 사이 연결고리를 보여준 것은 우연이 아니다. 이렇게 구축된 기반은 실로 금방 실효성을 발휘했다. —엘리자베트 하웁트만[5]의 〈포드(Ford)〉에서 볼 수 있는 것처럼— 같은 구성 부류의 방송 시리즈가 학교방송에서 확산될 수 있었으며, —학교문제와 교육문제, 성공의 기술, 부부생활의 어려움 등과 같은— 일상생활의 물음들이 예와 반례에 따른 결의론(決疑論)적 방식으로 논의될 수 있었다. (베를린방송국과 연대하고 있는) 프랑크푸르트방송국 또한 —발터 벤야민과 볼프 추커(Wolf Zucker)가

---

1   Bertolt Brecht, *Lindbergh, Ein Radio-Hörspiel für die Festwoche in Baden-Baden*, Uhu V, 7, April 1929.
     〔편역자 주〕〈린드버그의 비행〉에 대해서는 제1장 〈에른스트 쇤과의 대화〉의 편역자 주 8(17쪽)을 참고.
2   Bertolt Brecht, *Das Badener Lehrstück vom Einverständnis*, Heft 2, 1930, *Versuche*.
     〔편역자 주〕〈동의에 관한 바덴의 교훈극(Das Badener Lehrstück vom Einverständnis)〉: "Lehrstück"은 연극의 장르로 우리 말로는 "교훈극" "교술극" "교육극" "학습극" 등으로 옮길 수 있다.
3   Bertolt Brecht, *Der Jasager*, Heft 4, 1931, *Versuche*.
4   Bertolt Brecht, *Der Neinsager*, 같은 곳.
5   〔편역자 주〕엘리자베트 하웁트만(Elisabeth Hauptmann, 1897~1973): 독일의 작가. 브레히트와 협력했던 드라마 작가다.

제작자인— 이와 같은 '라디오방송 모델'에 자극을 주었다.[6] 이처럼 널리 확산된 활동은 이 일관된 작업의 기초를 보다 더 상세하게 설명하고 동시에 오해를 불식할 조치를 촉진할 권한을 부여할 수 있다.

이와 같은 방식으로 사안을 보다 정확하게 파고드는 사람은 가장 당면한 문제 곧 기술을 간과할 리 만무하다. 민감한 사항은 다 차치하고 간단명료하게 확인하는 것이 좋겠다. 라디오는 연극에 비해 더 새로운 기술뿐 아니라 동시에 더 노출되는 기술을 재현한다. 라디오는 아직 연극처럼 고전 시기를 겪지 않았다. 라디오가 장악하고 있는 대중의 규모는 훨씬 더 크며, 무엇보다도 기계장치의 근거인 물질적 요소들과 공연물의 근거인 정신적 요소들이 청취자의 관심사에 맞게끔 서로 아주 밀접하게 맞물려 있다는 점이 결정적이다. 그렇다면, 이에 비해 연극이 다른 저울판에 올려놓을 만한 것은 무엇일까? 살아 움직이는 수단의 투입—이것 외에는 아무것도 없다. 아마도 위기에 놓인 연극 상황이 발전하려면 그 어떤 물음보다도 다음의 물음이 결정적일 것이다. 즉 연극에서 살아 움직이는 인물의 투입이란 무엇을 의미하는가? 여기에는 두 가지 견해가 가능한데, 퇴행적 견해와 진보적 견해가 아주 첨예하게 대조를 이룬다.

첫째 견해는 위기에 전혀 신경 쓸 줄을 모른다. 이 견해에서는

---

6   〔편역자 주〕〈봉급 인상이요? 무슨 엉뚱한 생각을 하고 계신가요?〉, 제1장 「에른스트 쇤과의 대화」의 편역자 주 4(15쪽)를 참고.

전체의 조화가 흐트러짐이 없고, 또 그런 상태가 변함없이 지속되며, 인간은 그 대리자로 남는다. 이 견해는 인간을 자기 권력의 정점에 있는 것으로 보며, 창조의 주인으로, 인격체로 본다. (이는 최후의 임금노동자라 할지라도 그러할 것이다.) 인간이라는 틀은 오늘날의 문화권이며, 인간은 그 권역을 '인간적인 것'이라는 이름으로 지배한다. 이 오만하고, 자기 확신에 가득 차 있으며, 자신의 위기에는 세계의 위기와 마찬가지로 안중에도 없는 이 대(大)부르주아 연극은 (물론 이 연극계의 가장 유명한 거물이 얼마 전에 사임했지만[7]) 최신풍으로 빈자(貧者)의 작품을 연출하든 아니면 오펜바흐(Jacques Offenbach)의 오페라 각본을 연출하든 간에 늘 '상징'으로, '총체성'으로, '종합예술작품'으로 실현된다.

우리가 지금 특징지은 것은 교양(Bildung)의 연극이고 또 오락[정신분산, Zerstreuung]의 연극이다. 이 둘은 제아무리 서로 대립하는 양 보일지라도, 손만 대면 모든 것이 매혹이 되는 배부른 계층의 테두리 내에서는 상호 보완적 현상일 따름이다. 그러나 바로 이러한 연극이 복잡한 기계를 도입하고 대량의 엑스트라를 투입한다고 하더라도 수백만의 인파를 끌어모으는 영화의 매력과 경쟁하기는 헛된 일이며, 라디오방송과 영화관이 훨씬 더 작은 기계장치로 초현실주의의 새로운 시도들만큼이나 중국의 전통 연극에도 스튜디오 자리를 내어주는 판에, 연극이 자신의 레퍼토리를 모

---

7   [편역자 주] 오스트리아 태생의 독일 연극연출가이자 극장장, 극장 설립자인 막스 라인하르트(Max Reinhardt, 1873~1943)는 1932년 4월 22일 베를린 언론사를 통해 독일 연극의 관리 감독에서 물러날 것임을 알렸다.

든 시대와 국가로 확장하기는 헛된 짓일 것이다. [연극이] 라디오와 영화관이 기술적으로 지배하고 있는 것과 경쟁을 벌이는 일은 아무런 전망이 없다.

하지만 라디오와 영화관 사이 논쟁은 그렇지 않다. 논쟁은 무엇보다도 진보적 무대에서 기대할 수 있는 것이다. 진보적 무대 이론을 처음으로 전개한 브레히트는 그것을 서사적 무대라고 불렀다. 이 '서사극'은 전적으로 냉철하며, 특히 기술에 대해 그러하다. 여기는 서사극 이론을 전개할 자리가 아니거늘, 하물며 서사극의 제스처적인 것의 발견과 그 형상화가 무선방송과 영화에서 결정적 역할을 한 몽타주 방법을 기술적 사건에서 인간적 사건으로 되돌려놓은 것을 의미할 따름이라는 점을 굳이 해명할 필요가 있겠는가? 서사극의 원리는 몽타주의 원리와 마찬가지로 중단에 의거한다는 점을 지적하는 것으로 충분하다. 다만 여기에서 중단은 도발의 성격이 아니라 교육적 기능을 지닌다는 사실은 중요하다. 그것은 줄거리의 흐름을 멈추게 하고, 그럼으로써 청취자는 사건에 대해, 배우는 자신의 역할에 대해 입장을 취할 수밖에 없게끔 한다.

서사극은 드라마의 종합예술작품에 드라마의 실험실을 맞대응시킨다. 서사극은 새로운 방식으로 연극의 영광스러운 옛 기회를 다시 움켜쥐는데, 현전자(現前者, Anwesende)의 노출이 곧 그것이다. 서사극 시도들의 중심에는 위기에 처한 우리 인간이 있다. 그것은 라디오로부터, 영화로부터 배제된 인간, 조금 노골적으로 말하자면 서사극 기술 차량에 달린 다섯 번째 바퀴로서의 인간이다. 그리고 이 축소된, 차갑게 내동댕이쳐진 인간은 모종의 시험에 놓이고, 감정(鑑定)을 받게 된다. 이로부터 비롯하는 결과란 다음과 같다. 사건은 그 정점에서도, 덕행과 결단에 의해서도 변하지 않으며, 오로지 엄밀하게 습관에 따른 진행 속에서, 이성과 연습에 의해서만 변한다는 것이다. 아리스토텔레스적 희곡론에서 '행동하다' 라고 명명된 것을 행동방식의 최소 요소들로 구성하는 것, 이것이 바로 서사극의 의미다.

이렇게 서사극은 관습극에 맞선다. 교양 대신에 교육을 하고, 오락 대신에 그룹화를 꾀한다. 후자와 관련해서는 라디오방송의 움직임을 주의 깊게 지켜본 사람이라면 누구나 최근에 사람들이 사회계층, 이해관계자 집단, 환경에 따라 서로 인접한 청취자 그룹들을 보다 더 밀접한 연합체로 파악하려 얼마나 애쓰는지 익히 알고 있을 것이다. 이와 아주 비슷하게 서사극은, 비평이나 광고와는 상관없이, 완성된 앙상블 속에서 정치적 이해를 포함한 그들만의 고유한 이해를 일련의 (앞서 언급한 의미에서의) 행동으로 표현해 볼 생각이 있는 이해관계자 층을 끌어들이고자 한다. 특이하게도 이러한 경향은 옛 드라마는 적극적으로 개작된 반면(《에드워드 2세 Eduard II》[8] 〈서푼짜리 오페라Dreigroschenoper〉),[9] 새로운 드라마는 논쟁거리를 다루는 방식으로(《예스맨》〈노맨〉) 나타났다. 이는 동시에 (견문을 쌓는) 교양의 자리에 (판단의) 교육이 들어설 때, 그것이 의미

---

8   Bertolt Brecht, *Leben Eduards des Zweiten von England*(nach Marlowe), Potsdam, 1924.

9   Bertolt Brecht, *Dreigroschenoper*, Heft 3 1931, *Versuche*.

하는 바가 과연 무엇인지를 해명해줄지도 모른다. 옛 교양의 자산을 끌어들이는 데 각별하게 매진하고 있는 라디오 역시 기술뿐만이 아니라 그 기술의 동시대인인 청중의 요구에도 부응하는 개작들을 통해 이와 같은 경향을 촉진할 것이다. 오직 이렇게 함으로써 라디오는 기계장치를 (쇤이 표현한 것처럼) "거대한 국민교육 사업"의 후광에서 벗어나게 해, 그것을 인간다운 포맷으로 환원할 수 있을 것이다.

통속성의 두 부류* 1
: 라디오방송극의 원칙

이 잡지의 독자라면 여기에 실린 견본(『메가폰과 청취자Rufer

Und Hörer』, 1932년 제2권 6호, p. 274)을 통해 〈독일 고전작가들이 쓰

* 〔편역자 주〕 Zweierlei Volkstümlichkeit. Grundsätzliches zu einem Hörspiel
  (Walter Benjamin, *Gesammelte Schriften*, Bd. IV/2, Frankfurt a. M., 1972-1992, pp.
  671-673).
  이 글은 잡지 『라디오방송2 월간지(Monatshefte für den Rundfunk2)』 1932년 9월
  호 6집에 발표된 글이다.
1 〔편역자 주〕 여기에서 통속성으로 옮긴 "Volkstümlichkeit"는 순수 독일어 "Volk"
  에 담긴 함의와 떼어놓고 생각할 수 없다. Volk는 전통적으로 "하층민" "평민" "사
  람들의 무리" "군중"이라는 뜻으로, 관(官)의 통치나 지배의 기반, 그리하여 지배층
  일반을 가리키며, 이로부터 방언으로는 "종" "노비" "하인"을 뜻하기도 한다. 이 용
  어는 근대에 이르러 "nation" "people"과 중첩되면서 "민족" "국민" "인민"을 뜻하게
  되지만, 나치 정권에 이르러 Volksgemeinschaft(인민공동체), das Neue Volk(새
  로운 인민)와 같은 의미의 남용 및 오용을 겪는다. 이처럼 역사적 변천과정에 각인
  된 다의성은 우리말로 옮길 때 단정적 판단을 어렵게 하는데, 벤야민의 경우 Volk
  는 근/현대의 의미 질서에 한정된 것이 아니라, 오랜 전통 속에 놓인 역사적 세계
  질서들을 광범위하게 포괄한다는 점이 지적되어야 할 것이다. 이러한 의미에서 통
  치나 지배의 대상으로서 억눌린 피지배층을 가리킬 경우 "Volkstümlichkeit"는
  "민중"의 뜻에 근접하지만, "민중"은 우리나라의 역사적 경험을 그대로 이전할 위
  험이 있어 오히려 "민(民)"의 뜻이 더 적합해 보인다. 이 모두를 고려해 여기에서
  "Volkstümlichkeit"는 서양의 오랜 전통 문화사(풍속사)의 결을 따라 "속(俗)"의 의

는 동안 독일인들이 읽었던 것(Was die Deutschen lasen, während ihre Klassiker schrieben)〉이라는 방송극[2]을 알게 되었을 터인데, 거기에서는 라디오방송이 문학의 시대축소판(Querschnitten)에서 추구해야 할 통속성에 대해 몇 가지 원칙적 숙고를 꾀하고 있다. 라디오방송은 이처럼 많은 측면에서 변화를 촉발함으로써 이제는 우리가 통속성으로 이해하는 것만큼 고려하지 않으면 안 되는 것도 없게 되었으며, 또 그래야 마땅하다. 옛 견해에 따르면, 대중적 묘사란 —그것이 제아무리 값지다 할지라도— 파생적인 것이다. 이와 같은 견해는 그야말로 충분히 설명된다. 라디오방송 이전에 우리는 본래 통속적이거나 인민교육적 목적들과 일치하는 출판방식을 거의 알지 못했다. 책이 있었고, 강연이 있었고, 잡지가 있었지만, 이들 모두는 학문[과학, Wissenschaft]적 연구가 전문 분야의 진보를 매개해준 것과 아무런 차이도 없는 교류형식이었다. 이에 따라 민(民)에 적합한 묘사는 학문적 묘사의 형식 속에서 이루어졌고, 그리하여 그 방법론적 본원성(本源性)이 결여될 수밖에 없었다. 민에 적합한 묘사는 특정 지식 영역의 내용을 거론하는 정도의 형식을 걸치거나, 경우에 따라서는 생각의 실마리도 경험이나 건전한 상식에서 찾는 것에 한정되었다. 하지만 민의 적합한 묘사를 부여한 것은 늘 2차적 산물이었다. 대중화는 종속된 기술이었고, 대중화의 공식적 가치 평가가 이를 증명한다.

미로 이해하고, 그 안에서 통용된 습속의 성질을 가리키기 위해 "통속성"으로 옮긴다.

2 〔편역자 주〕 이 방송극은 벤야민의 작품으로서 앞서 언급한 잡지에 요약문이 실렸다.

라디오방송은 이러한 상황을 근본적으로 바꾸어놓았다. ─이것이 가장 주목할 여파들 중의 하나다. 라디오방송이 열어놓은 기술적 가능성, 곧 같은 시간에 무한한 대중을 상대하는 힘으로 대중화는 선의의 인간친화적 의도를 지닌 성격을 뛰어넘어 번창했고, 현대 광고기술은 이전 세기의 시도들과 차별성을 보이는 것 못지않게 자기만의 종형법칙들(Form-Artgesetze)[3]로 옛 숙련방식과 뚜렷한 대조를 보이는 것을 과업으로 삼았다. 경험과 관련해 이는 다음과 같은 사실을 웅변해준다. 대중화의 옛 양식은 입증된 학문의 안전한 존속에서 비롯되었다. 물론 학문 자체가 이 양식을 발전시켜온 것처럼 대중화도 학문의 존속을 이어가지만, 보다 더 대중화는 난해한 사유과정의 생략 속에서 학문의 존속을 실어 나른다. 이런 종류의 대중화에서 본질적인 것은 생략이었다. 대중화 양식의 개요는 대체로 늘 큰 글씨로 인쇄된 본론과 작은 글씨로 인쇄된 보론으로 꾸며진 교과서였다.

하지만 이보다 훨씬 더 폭넓고 훨씬 더 강도 높은 통속성, 곧 라디오방송이 과업으로 삼는 종류의 통속성은 그러한 처리방식으로 만족할 수는 없다. 그것은 대중성의 관점에서 전면적 개조와 소재의 재편을 요구한다. 그래서 〔라디오방송의 과업은〕 대충 시한이 다한 그 어떤 기회를 미끼 삼아 〔청자의〕 관심을 유도하고, 잔뜩 호기심에 부푼 청자에게 닥치는 대로 교육 강좌를 거듭 제공하는

---

3 〔편역자 주〕 종형법칙: 벤야민이 고안한 개념으로, 형식에 근거하고 동일 부류로 파악할 수 있는 법칙.

것만으로는 충분치 않다. 외려 자신의 관심사가 소재 자체에 실질적 가치를 가지며, 자신의 의문점이 마이크 앞에서 직접 말해지지는 못할지언정, 〔그 의문점이〕 새로운 학문적 소견에 문의된다는 확신이 청취자에게 전달되느냐에 이 모든 것이 달렸다. 이로써 이전에 우위를 차지했던 학문과 통속성의 피상적 관계가 학문이 그 자체로 슬그머니 지나치는 일이 불가능한 처리방식으로 대체된다. 왜냐하면 여기서 중요한 것은 공공성에 정향된 지식을 활성화하는 대중성뿐 아니라 그와 동시에 지식에 정향된 공공성을 활성화하는 대중성이기 때문이다. 요컨대, 진정한 통속적 관심은 늘 능동적이고, 지식의 소재를 변형하며, 학문 자체에 영향을 미친다.

생동적 활기가 이와 같은 교육 작업이 이루어지는 형식을 요구하면 할수록, 이 형식이 단순하게 추상적인, 검증이 불가한, 일반적 활기만이 아니라, 진정 살아 움직이는 **지식**을 펼쳐나가길 요구하기는 더욱더 불가피해진다. 그러므로 언급한 사항은 가르침의 성격을 지닌 한에서 각별하게 라디오방송극에 유효한 것이다. 특히 문학 방송극과 관련해 유명 구절이나 작품 대목 또 편지 대목으로 공예품처럼 요리한 이른바 대담들은 이에 하등 도움이 되지 않으며, 마이크 앞에서 시나리오 작가의 언어로 괴테나 클라이스트(Heinrich von Kleist)를 암송하는 대담함도 역시 의심스럽기는 마찬가지다. 후자도 전자도 의문스럽기는 마찬가지여서, 탈출구는 단 하나 곧 학문적 물음으로 직접 웅전하는 것이다.

내가 의도한 바가 바로 이것이다. 여기에서는 독일의 정신적 영웅 자체가 등장하지 않으며, 우리는 여전히 가능한 한 많은 수의 작품을 시범용으로 들을 수 있게 만드는 것이 옳다고 생각했다. 우리는 심오함에 도달하기 위해, 외려 의도적으로 피상적인 것에서 시작했다. 실제로 시도된 것은 이토록 흔히 일어나고, 멋대로 존재하는 것을 전형화해 청취자에게 재현되도록 하는 일이었는데, 그것은 문학이 아니라 그날그날 이루어지는 문학**대담**이었다. 그러나 이러한 대담은 카페나 박람회, 경매장이나 산책길로 정처 없이 옮겨 다니며, 문인의 유파와 신문, 검열과 출판업, 청소년 교육과 도서 대여점, 계몽주의와 반(反)계몽주의를 관찰해왔고, 그와 동시에 이제는 시대적 상황이 문학적 창작에 부여했던 조건들을 보다 더 탐구해보려는 진보적 문학의 문제제기들과 밀접한 관계를 맺게 되었다. 책 가격, 신문 논설, 비방문, 신간 서적을 둘러싼 토론을 다시 짜맞춰보는 것―〔이는〕 그 자체로는 생각할 수 있는 일 중에서도 가장 피상적인 일이겠으나―, 이와 같은 차후적인 새로운 창출도 문헌에 기초한 사실관계의 연구를 상당 정도 요구한다는 점에서 학문의 가장 덜 피상적인 관심사 중의 하나다. 간단하게 말하자면, 지금 문제가 되고 있는 방송극은 최근 이른바 공중(公衆)의 사회학이라 불리는 연구 시도와 밀접하게 연결될 수 있게끔 애쓰고 있다. 이는, 이유야 서로 다를지언정, 문외한 못지않게 전문가를 사로잡을 수 있는 가장 훌륭한 확증을 제공해줄 것이다. 이로써 새로운 통속성의 개념도 또한 가장 간단명료한 규정을 알게 된 것으로 보인다.

라디오방송의 상황[*]

비경제적이고 개관하기 어려운 혼란에 대처하기 위해 이제 (라디오방송) 프로그램은 단계마다 보다 더 많이 다른 방송국으로 이전되어야만 한다. 그래야 모든 것이 순조롭고, 그 결과로 (라디오방송) 작업에서 단순화가 일어날 것이다. ―그러나 이와 동시에 다음과 같은 일이 벌어지고 있다. 외국은 몇몇 대형 방송국을 가지고 있는데, 그것이 보다 작은 독일 방송국의 방송 수신 반경을 40~50킬로미터를 넘지 못하도록 빈번하게 방해하는 것이다. 사람들은 목적에 맞는 주파수 고정을 통해 이와 같은 폐해를 없애는 것에 협의했다. 지금으로선 이 협의가 성공하리라는 기대도 없이 대형 방송국 9~10개를 구축하기로 결정한 것이다. 이른바 언술한 이유로 사람들은 장애 없는 수신을 안전하게 확보하길 원한다. (물론 이러한 방송국을 위해 다시 별도의 프로그램이 추가될 것이다. 한편으로는

---

* 〔편역자 주〕 Situation im Rundfunk(Walter Benjamin, *Gesammelte Schriften*, Bd. II/3, Frankfurt a. M., 1972-1992, p. 1505).
  이 글은 1930년 또는 1931년, 정확하게는 1931년 11월 이전에 쓰인 글이다.

단순화된 것이 다른 한편으로는 상실된다. 완전히 동시 방송의 승리다.) 하지만 이런 방송국 구축의 진짜 이유는 다른 데 있다. 이 구축은 정치적인 것이다. 사람들은 전쟁 발발 시 활용할 광범위한 선전도구를 갖길 원한다.

정시에[*]

몇 달간의 지원 후에 나는 D방송국으로부터 내 전문 분야인
도서학의 보도로 20분간 청중과 환담을 나누어달라는 청탁을 받
았다. 내 담소가 공감을 얻어낼 경우를 생각해, 그들은 이번과 같
은 보도의 정례화도 약속했다. 결정적인 것은 이와 같은 고찰의 구
축 외에도 (라디오방송이) 토크 방식이라는 점을 내게 지적해줄 만
큼 보도국장은 충분히 호의적이었다. "초보자는 단지 우연히 모이
지만 보이지 않을 따름인 다소 대규모의 청중 앞에서 말하고 있다
고 믿는 오류를 범합니다"라고 그는 말했다.

하지만 이보다 더 전도된 생각도 없습니다. 라디오 청취자는 거의 항
상 개별자이고, 당신은 수천 명을 상대한다고 가정해도 늘 수천 명

---

[*]   [편역자 주] Auf die Minut(Walter Benjamin, *Gesammelte Schriften*, Bd. IV/2,
       Frankfurt a. M., 1972-1992, pp. 761-763).
       이 글은 1934년 12월 6일 자 『프랑크푸르트신문(Frankfurter Zeitung)』에 데트레프
       홀츠(Detlef Holz)라는 가명으로 발표된 글이다.

의 개별자와 연결될 뿐입니다. 그러니 당신은 늘 마치 한 사람에게
—이렇게 말해도 된다면, 다수의 개별자에게 말을 거는 듯한 태도를
취해야지 결코 다수의 군집자를 대하는 것처럼 행동해서는 안 됩니
다. 이것이 첫째 문제입니다. 둘째는, 시간을 정확하게 지키십시오. 그
렇지 않으면 우리가 끼어들어 가차 없이 스위치를 꺼야만 합니다. 우
리는 경험으로 알고 있습니다. 지체되면 매번, 아무리 사소한 것일지
라도 프로그램의 진행이 몇 배로 가중되는 경향이 있다는 것을 말
입니다. 우리가 그 순간에 개입하지 않으면 프로그램은 혼란에 빠집
니다. —그러니 잊지 마십시오, 자유분방한 토크 방식과 정시에 끝
내야 함을!

이 지시를 나는 매우 정확하게 받아들였고, 내게는 처음인 강
연 녹음에 많은 것이 달려 있었다. 나는 정해진 시간에 방송국에
들고 가야 할 원고를 집에서 큰 소리로 읽고 시간을 재면서 점검
했다. 아나운서는 상냥하게 나를 맞아주었고, 그가 인접한 칸막이
방에서 내 〔라디오방송〕 데뷔를 감독하지 않기로 한 것이 〔나에 대
한〕 각별한 신뢰의 표시로 이해할 만했다. 방송 시작의 예고와 그
종료 사이에 나는 나 자신의 주인이었다. 처음으로 나는 모든 것이
화자(話者)의 완벽한 쾌적함, 그 능력의 자유로운 전개에 이용되는
현대적 방송실에 서 있었다. 화자는 스탠딩 책상에 서거나 널찍한
안락의자에 앉을 수도 있었고, 천차만별의 조명 광선을 선택할 수
도 있었으며, 더군다나 이리저리 오가면서 마이크를 들고 다닐 수
도 있었다. 마침내 숫자판이 시(時)가 아닌 분(分)으로만 표시된 쾌

종시계가 이 밀폐된 작은 방에서는 얼마나 순간이 중요한지 화자에게 생생하게 각인시켰다. 시곗바늘이 40을 가리키면 나는 일을 끝내야만 했다.

내가 초침이 분침보다 동일 궤도를 60배 빠르게 돌아가는 괘종시계로 시선을 돌렸을 때, 나는 원고의 절반 정도를 읽어 내려가고 있었다. 집에서 준비에 실수가 있었던 것일까? 지금은 속도를 놓쳤단 말인가? 하나는 분명했다. 내 발화 시간의 3분의 2가 지나 버린 것이다. 나는 한 마디 한 마디를 구속력 있는 말투로 계속 읽어 내려가면서도, 내심으로는 빠져나갈 출구를 성급하게 찾고 있었다. 오로지 단락 전체를 버리고 그 대신 종료를 이끌 판단을 즉흥적으로 연출할 대담한 결단만이 도움이 될 수 있었다. 내가 텍스트에서 벗어나는 일이 위태롭지 않은 건 아니었다. 하지만 나에게는 선택의 여지가 없었다. 나는 온 힘을 모아 긴 주기 하나를 궁리하면서 원고의 몇몇 페이지를 건너뛰었고, 결국에는 파리가 비상구역에 착륙하듯 종결 부분의 사유 궤도에 가까스로 안착했다. 곧이어 숨을 들이마시며 원고를 한데 모았고, 극한의 성과를 거두었다는 환희 속에서 코트를 걸치기 위해 태연하게 스탠딩 책상에서 벗어났다.

원래는 이제 아나운서가 들어왔어야 했다. 하지만 그는 기다렸고, 나는 문 쪽으로 몸을 돌렸다. 내 시선은 한 번 더 괘종시계로 향했다. 그런데 분침은 36을 가리키고 있었다! —40분까지는 아직도 4분이 충분히 남아 있었던 것이다. 내가 조금 전 순식간에 파악했던 것은 **초침** 상태였음에 틀림없다! 그제야 나는 왜 아나운서가 머뭇거렸는지를 이해했다. 그런데 동시에 여전히 쾌적한 느낌을 주는 고요가 그물망처럼 나를 감쌌다. 이 방에서, 기술과 기술에 의해 지배되는 인간으로 규정된 이 방에서, 우리가 태곳적부터 알고 있었던 것과 비슷한 새로운 전율이 나를 엄습했다. 나는 나 자신에게 귀를 기울였는데, 그러자 갑자기 나 자신의 침묵이나 다를 바 없는 소리가 울려 퍼졌다. 그렇지만 나는 그 침묵을 바로 지금 수천 명의 청자와 수천 개의 방에서 동시에 나를 앗아가는 죽음의 침묵으로 알아차린 것이다.

형언할 수 없는 두려움이 나를 엄습했고, 이어서 거친 결단이 그 뒤를 따랐다. 아직 구제될 수 있는 것은 구제하라, 그렇게 나는 나 자신에게 말했고, 코트 주머니에서 원고를 꺼내 생략한 지면들 중에서 먼저 손에 잡히는 쪽을 들고 내 심장박동 소리를 능가하는 목소리로 읽어 내려가기 시작했다. 나는 더는 나에게 기발한 착상을 요구해서는 안 되었다. 그리고 손에 쥔 텍스트 대목이 짧았던지라 나는 음절을 길게 늘어뜨렸고, 모음은 떨림을 주어 울리게 했고, r 자는 굴렸으며, 문장의 휴지(休止)를 사려 깊게 끼워 넣었다. 이렇게 한 번 더 나는 엔딩에 다다랐다. ─이번에는 올바른 종료였다. 아나운서가 다가와 이전에 나를 맞았던 것처럼 정중하게 나를 보내주었다. 하지만 나의 동요는 계속되었다. 그러고는 그 이튿날 내 방송을 들었다는 내 친구 한 명을 만났을 때, 나는 지나가는 소리로 그가 받은 인상을 물었다. "매우 즐거웠어요"라고 그는 말했다. "(방송은) 수신기와는 매번 안 맞아요. 내 수신기는 또 1분이 완전히 멈췄어요."

통속성의 문제*
: 헤르만 슈나이더, 『실러, 작품과 유산』

학문적으로 "가능한 한 폭넓은 독자층"[1]에 다가가려면 ─헤르만 슈나이더의 『실러』가 의도하는 것처럼─ 지식 이상의 것이 필요하다. 이에 대해 가장 훌륭한 교훈을 준 것이 현대물리학을 대중화한 위대한 사람들이다. 그들은 독자를 놀이와 융합했고, 또 독자에게 〔독자 자신이〕 앞서 나아가고 있다는 확신을 주었다. 이러한 확신은 단연코 소재에 집착할 필요가 없다. ─독자에게 상대성이론이 쓸모 있을 리가 만무할 것이다. 하지만 무언가 다른 것이 도움이 되는데, 말하자면 독자는 자신에게 새롭기만 한 것이 아닌 어떤 사유를 지식으로 전유한다는 점이다. 한번쯤 살면서, 그것도 짧

---

* 〔편역자 주〕 Volkstümlichkeit als Problem(Walter Benjamin, *Gesammelte Schriften*, Bd. III, Frankfurt a. M., 1972-1992, pp. 450~452).
이 서평은 잡지 『프랑크푸르트 신문 문학지(Literaturblatt der Frankfurter Zeitung)』 1935년 6월 30일(68집 26호)에 데트레프 홀츠라는 가명으로 발표된 글이다.

1 Hermann Schneider, *Schiller, Werk und Erbe*, Stuttgart und Berlin, J. G. Cotta'sche Buchhandlung Nachfolger 1934, X, 116 S.

은 인생에, 오늘날 학문 아방가르드의 입장을 취해보는 것이다. 이것이 결정적이다.

대중화 작업이 이와 같은 속인(俗人)의 감정을 전위부대로 조성할 수 없다면, 그게 어떤 것이든 사라져버릴 거라고 말해도 될 것이다. 물리학은 혁명의 상태에 놓여 있고, 아방가르드의 구호가 자기 영역 전체에 울려 퍼지고 있기 때문에, 바로 오늘날 ―에딩턴[2] 같은― 탁월하기 그지없는 대중화된 인물을 보유하고 있는 것이다. 한편으로, 이는 지식의 대상이라면 모두가 언제든지 대중화될 수 있음을 뜻하는 것이 아님을 말해준다. 물적 어려움이 아니라 역사적 형세의 그르침이 사정에 따라서는 현실적 장애가 된다. 그렇다면 당연하게도 기념행사를 연다고 해도 달라질 건 아무것도 없다.

헤르만 슈나이더는 1933년에 출간된 견실하고 읽을 가치가 있는 『발렌슈타인에서 데메트리우스까지』(1934년 7월 29일 자 『프랑크푸르트신문 문학지』)[3]라는 연구서에서 오늘날 독자가 실러

---

2   〔편역자 주〕 아서 스탠리 에딩턴(Arthur Stanley Eddington, 1882~1944): 20세기 천체물리학을 개척한 영국의 과학자. 항성(恒星)의 질량과 광도(光度)의 관계를 이론적으로 증명하고 항성의 에너지원이 핵에너지라는 가설을 제안했다. 상대성이론과 양자론의 연구 등에도 기여해 현대과학을 대중화하는 데 커다란 족적을 남겼다. 벤야민은 카프카 해석에서 에딩턴을 특히 주목한다. '게르숌 숄렘에게 보내는 1938년 6월 12일 자 벤야민의 편지'는 벤야민의 카프카론에서 중요한 의미를 지니는데, 여기에서 에딩턴의 『물리적 세계의 본성(The Nature of the Physical World)』(1928)이 길게 인용되고 있다.

3   이 참조사항은 벤야민 자신의 해당 서평이 실린 곳을 가리킨다. 슈나이더의 해당 저서로는 Hermann Schneider, *Vom Wallenstein zum Demetrius. Unter-*

(Friedrich Schiller)로부터 느끼게 되는 독특한 '낯섦의 감정'이 자기 연구에 자극제 역할을 했음을 고백한바 있는데, 이번에는 실러 탄생 175주년을 맞아 이 감정의 "기본적으로 빈약한 벽"[4]을 허물 작정이다. 그것을 그는 쉽게 할 생각은 없다. 그의 생각은 이러하다.

125년 동안 축제 연사, 교사, 가족등기부는 완성된, 창백한 하늘빛의 실러로 우리를 지루하게 만들었다.[5]

하지만 이러한 총괄적 판단은 단지 아무 거리낌 없이 ―이것이 대중적 묘사의 한 조건임은 의심할 여지가 없다― 실러 문제에서 생산적이고 흥미로운 것을 즉각 생생하게 떠올리게 하는 일의 어려움을 입증할 따름이다. 그런데 125년이라는 세월은 오늘날 실러 토론에서 각별한 주의를 요하는 바로 그 시기에 해당되는데, 1859년에 행해진 대규모의 실러 기념은 실러의 이미지를 궁정의 바이마르 배경으로부터 처음 떼어내 독일의 시민생활로 옮겨 조명했다. 당시 실러는 그 어느 때보다도 대중적 인물이었다. 시민계급의 아방가르드는 그에게서 구호를 끄집어냈고, 그리하여 시민계급의 학문은 광범위한 공중 앞에 그를 재현할 수 있

suchungen zur stilgeschichtlichen Stellung und Entwicklung von Schillers Drama, Stuttgart, Verlag W. Kohlhammer, 1933. VIII을 참조할 것.
4   Hermann Schneider, *Schiller* ⋯, 위의 책, p. 116.
5   같은 책, VII.

었다.

저자〔슈나이더〕가 이 시기를 짚지 않고 슬쩍 넘어가려 할 때,
줄리안 히르슈의 『명성의 발생사』[6]가 준 흥미로운 암시에 따르면,
여전히 학문이 풀어야 할 미해결로 남은 실러 명성의 역사를 그
〔슈나이더〕가 무시해버릴 때, 그것은 분명 이해할 만하다. 왜냐하면
그는 이와 같은 고찰을 지켜낼 수 없었을 것이며, 또 자기 텍스트
의 진정성이 위협받았을지도 모를 일이었기 때문이다. 다만 이 진
정성이 공허해진 것이 유감스러울 따름이다. 그리고 그것은 바로
이 작업에 최상의 기반을 제공한 대목—말하자면 실러의 드라마
양식을 서술한 장에서 명약관화해진다. '실러 양식'의 대중적 진술
확보라는 외부에서 비롯된 계기는 당연하게도 저자가 정확하게 알
고 있는 실러의 개별 드라마 무대 이야기를 해명하는 데 적절한
방법은 아닌 것이다.

마지막으로, 출판사가 실러 기념과 때를 같이하는 기념행사를
통해 설령 제한된 독자층을 위해서라도 실러와 코타[7]와 관련된 권
장도서들을 출간했다면 좋았을 것이라는 바람을 아주 접을 순 없

---

6   Julian Hirsch, *Die Genesis des Ruhmes. Ein Beitrag zur Methodenlehre der
     Geschichte*, Leipzig, 1914.
7   〔편역자 주〕요한 프리드리히 코타(Johann Friedrich Cotta, 1764~1832): 독일 출판업
     자. 1787년 가업으로 출판사를 이어받아 독일의 주요 출판사로 만들어냈다. 코타
     출판사의 전속 작가 명단에는 실러, 괴테, 훔볼트, 헤겔, 피히테, 횔덜린 등이 올라
     있었으며, 특히 실러와는 그의 사망 전까지 협력관계를 유지했다. 수익성이 없어 보
     이지만, 실러가 출간하길 원한 미학 잡지 『호렌(Die Horen)』을 기꺼이 발행해준 곳
     도 바로 코타다. 『알게마이네 신문(Allgemeine Zeitung)』 등 많은 정기간행물을 발
     행하기도 했다.

다. 출판사가 뒤늦게라도 〔그 권장도서들을〕 보충하길 우리는 기대해본다.

제2장

언어, 반성, 문자, 이미지

언어 일반과 인간 언어에 대하여[*]

인간적 정신생활을 표출한 것은 무엇이든 일종의 언어로 파악될 수 있으며, 이런 파악은 진정한 방법론만 따른다면 어디에서든 새로운 문제제기로 나아간다. 우리는 음악의 언어, 조형예술의 언어를 이야기할 수 있고, 독일 판결문이나 영국 판결문이 작성된 것과는 직접적 아무런 상관이 없는 법정의 언어도 이야기할 수 있으며, 기술자의 전문용어가 아닌 기술의 언어 또한 말할 수 있다. 언어란 이와 같은 맥락에서 해당 대상 곧 기술, 예술, 법률, 또는 종교라는 대상에서 정신적 내용의 전달(Mitteilung)에 정향된 원리를 뜻한다. 한마디로 말해, 정신적 내용을 전달하는 것이면 모두가 언어인데, 이때 말을 통한 전달은 인간의 언어 그리고 (법, 포에지Poesie와 같이) 인간 언어의 기초가 되거나 그것을 바탕으로 성립한 특수

---

[*] 〔편역자 주〕 Über Sprache überhaupt und über die Sprache des Menschen (Walter Benjamin, *Gesammelte Schriften*, Bd. II/1, Frankfurt a. M., 1972~1992, pp. 140~157).
이 글은 1916년 11월에 쓰인 글이다.

한 경우에 불과할 것이다. 하지만 언어의 현존은 어떤 의미에서든 항상 언어가 내재해 있는 인간의 정신표출의 제반 영역에 걸쳐 있는 것이 아니라 전적으로 모든 것에 펼쳐져 있다. 생물계에서든 무생물계에서든 어떤 방식으로건 언어에 관여하지 않는 사건이나 사물은 없다. 왜냐하면 사건이나 사물이라면 모두 다 그 자체의 정신적 내용을 전달하는 것이 본질적이기 때문이다.

하지만 이런 용법에서 '언어'라는 말은 결코 메타포가 아니다. 왜냐하면 표현 속에서 정신적 존재방식(Wesen)을 전달하지 않는 그 어떤 것도 우리는 전혀 생각할 수 없다는 게 내용적으로 온전한 인식이기 때문이다. 이와 같은 전달과 외견상 (아니면 실제로) 결부된 의식수준은 물론 높거나 낮을 순 있겠지만, 그렇다고 해서 우리가 언어의 전적인 부재를 어떤 경우에든 상상할 수 없다는 사실에는 변함이 없다. 언어와 전혀 관계를 맺지 않을 현존이 있다면, 그것은 하나의 이념이다. 하지만 이러한 이념은 그 주변 권역을 신의 것이라 부르는 이념들의 영역에서도 생산적으로 작용할 수 없다.

이와 같은 전문용어로 보면, 표현은 모두 다 그것이 정신적 내용의 전달인 한에서 언어에 귀속된다는 점만은 옳다. 또한 표현은 그 자신의 극히 내적인 전(全) 존재방식에 따라 오직 **언어**로만 이해될 수 있다. 또 다른 한편, 어떤 한 언어적 존재방식을 이해하기 위해서는 그것이 도대체 어떤 정신적 존재방식에 대한 직접적 표현인지 항상 물을 수밖에 없다. 즉 예컨대 독일어란 우리가 독일어를 **통해** ―이른바― 표현할 수 있는 모든 것에 대한 표현이 결코 아니라 독일어 속에서 **자기 자신**을 전달하는 것((**자기 자신**이) 전달되는 것)[1]의 직접적 표현이다. 이 '자기 자신(Sich)'이 정신적 존재방식이다. 이로써 우선 자명한 것은 언어 속에서 자기 자신을 전달하는(언어 속에서 자기 자신이 전달되는) 정신적 존재방식은 언어 그 자체가 아니라 뭔가 언어와는 구별되는 것이다. 사물의 정신적 존재방식이 바로 그 언어에 있다는 견해—이 견해는 가설로 이해할 경우 모든 언어이론이 금방 빠져들 거대한 심연이며,[2] 바로 그 심연 위에 계류하며 몸을 지탱하는 일이 언어이론의 과제다. 정신적 존재방식과 전달행위가 이루어지는 언어적 존재방식의 구별은 언어이론 연구에서 가장 근원적인 구별이며, 그 구별은 의심의 여지가 없어 보인다. 그래서 줄곧 주장된 정신적 존재방식과 언어적 존재

---

1 (편역자 주) 여기에서의 어법은 'mitteilen(전달하다)'이라는 타동사가 재귀대명사와 결합해 재귀동사가 되는 'sich mitteilen'이다. 그래서 다음 문장에서 재귀대명사 'Sich'가 별도로 부각될 수 있는 것이다. 벤야민의 논법은 재귀의 논리를 따르는 것으로 보인다. 재귀가 '원래 자리로 되돌아가거나 되돌아오는 것'을 뜻한다면, 타동사가 목적어를 취하는 경우처럼, 재귀동사는 재귀동사 '그 자체'를 '자기 자신' 전체 혹은 그 일부를 목적어로 취한다고 볼 수 있다. 동사의 전환으로 주어는 자기 자신으로 되돌아감으로써(또는 되돌아옴으로써) 자기 분열 또는 이중화의 구조를 낳게 된다. 재귀동사는, 주지하다시피, 자동사나 수동의 뜻이 된다. 요컨대 'Das geistige Wesen teilt sich in der Sprache mit'이라는 문장은 '정신적 존재방식은 언어 속에서 전달한다' 또는 '정신적 존재방식은 언어 속에서 전달된다'라고 보통 옮길 수 있지만, 이 뜻에는 벤야민이 파고드는 논증이 그리 명료하게 드러나지 않는다. 반면, 같은 문장을 '정신적 존재방식은 언어 속에서 자신을 전달한다'라고 옮기면 부자연스러울지언정 이중화 구조가 가시화된다. 이 점을 염두에 두고 앞으로는 텍스트를 읽어나가는 흐름을 굳이 방해하지 않기 위해 각별하게 강조해야 할 경우를 제외하고는 '전달하다'의 재귀동사는 통상적 의미에서 자동사, 수동의 뜻으로 옮긴다.

2 아니면 그것은 오히려 모든 철학함의 심연을 이루는 이 가설을 시발점으로 삼으려는 유혹일까?

방식의 동일성은 해명할 수 없는 심원한 패러독스를 이루며, 그러한 패러독스는 λόγος[3]라는 말의 이중적 의미에서 표현되고 있다. 그럼에도 이 패러독스는 해결 지점으로서 언어이론의 중심을 이루지만, 여전히 패러독스로 머물며, 패러독스가 시작되는 곳에서는 미해결로 남아 있다.

언어는 무엇을 전달하는가? 언어는 그 언어에 조응하는 정신적 존재방식을 전달한다. 기본적으로 알아야 할 것은, 이 정신적 존재방식은 언어 **속에서** 전달되는 것이지 언어를 **통해** 전달되는 것이 아니라는 점이다. 따라서 언어의 발화자란, 그것이 이 언어를 **통해** 전달되는 자를 뜻한다면, 존재하지 않는다. 정신적 존재방식은 언어 속에서 전달되지 언어를 통해 전달되는 것이 아니다. —이는 언어적 존재방식에 부합하는 것은 외부에서 오는 게 아니라는 뜻이다. 정신적 존재방식은 오로지 그것이 전달**가능한 한에서만** 언어적 존재방식과 동일하다. 정신적 존재방식에서 전달가능한 것, 그것이 바로 정신적 존재방식의 언어적 존재방식이다. 그러니까 언어는 사물의 언어적 존재방식을 그때그때 전달하지만, 언어가 사물의 정신적 존재방식을 전달할 때에는 오로지 정신적 존재방식이 언어적 존재방식에 직접 포함되어 있는 한에서만, 정신적 존재방식이 전달**가능한** 한에서만 그러한 것이다.

언어는 사물의 언어적 존재방식을 전달한다. 그러나 언어적 존

---

3   〔편역자 주〕 그리스어 λόγος 곧 로고스는 '말' '언설'을 뜻하지만, 동시에 '정신적 능력' 또는 그 능력을 만들어내는 '이성' '이성의 원리'를 의미하기도 한다.

재방식의 가장 명백한 현상은 언어 자체다. 언어는 **무엇**을 전달하는가라는 물음에 대한 답은 이렇다. **언어는 저마다 자기 자신을 전달한다.** 예를 들어, 이 전등의 언어는 전등을 전달하는 것이 아니라 (왜냐하면 전등의 정신적 존재방식은 그것이 전달**가능한** 한에서 전적으로 전등 자체가 아니기 때문이다), 언어-전등, 전달 속의 전등, 표현 속의 전등을 전달한다. 언어에서는 **사물의 언어적 존재방식이 그 사물의 언어**라는 관계에 놓이기 때문이다. 언어이론의 이해는 이 문장을 동의이어(同義異語) 반복의 가상까지도 불식하도록 명료하게 만드는 데 달려 있다. 이 문장이 동의이어 반복이 아닌 까닭은 정신적 존재방식에서 전달가능한 것이 그것의 언어**이다** 라는 것을 뜻하기 때문이다.

이 '이다(ist, '직접적이다'〔직접적으로 존재한다〕와 같은 말이다)'에서 모든 것이 기인한다. ―정신적 존재방식에서 전달가능한 것이 바로 도중에 말한 바대로 그 언어에서 가장 명료하게 **현상하는** 것이 아니라 이러한 전달**가능한** 것이 직접적으로 언어 자체다. 달리 말해, 정신적 존재방식의 언어는 정신적 존재방식에서 직접 전달가능한 바로 그것이다. 어떤 정신적 존재방식**에서** 전달가능한 것은 그 **안에서** 자기 자신을 전달한다. 이는 언어라면 모두 자기 자신을 전달함을 뜻한다. 보다 정확하게 말하자면, 모든 언어는 자기 안에서 자신을 전달하며, 그것은 지극히 순수한 의미에서 전달의 '매체'다. 매체적인 것, 그것은 모든 정신적 전달의 **직접성 (Unmittelbarkeit)**이며 언어이론의 근본 문제이자, 우리가 이 직접성을 마법적이라고 부르고자 한다면, 언어의 근원 문제는 그 마법인 것이다. 이와 동시에 언어의 마법이라는 말은 또 다른 것을 가리키는데, 바로 언어의 무한성(Unendlichkeit)이다. 무한성은 직접성에 의해 제약을 받는다. 왜냐하면 바로 언어를 **통해서**는 아무것도 전달되지 않기 때문인데, 언어 **속에서** 전달되는 것은 외부에 의해 제한되거나 측정될 수 없으며, 그래서 모든 언어에는 그 통약불가의 유일무이한 종류의 무한성이 내재해 있다. 이 무한성의 언어적 존재방식이 언어의 한계를 가리키지 언어의 구두(口頭)적 내용들이 그러한 것이 아니다.

사물의 언어적 존재방식은 사물의 언어다. 이 문장을 인간에게 적용하면, 인간의 언어적 존재방식은 인간의 언어라는 말이 된다. 이는 인간은 자기 언어 **속에서** 자신의 고유한 정신적 존재방식을 전달한다는 뜻이다. 그러나 인간의 언어는 말로 표명된다. 그러니까 인간은 자기 고유한 정신적 존재방식을 (그것이 전달가능한 한에서) 온갖 다른 사물을 **명명함**으로써 전달한다. 그런데 우리는 사물을 명명하는 또 다른 언어를 알고 있는가? 인간의 언어 외에 다른 어떤 언어도 알지 못한다고 반박할 수는 없을 것이다. 그것은 진실이 아니다. 다만 우리는 인간의 언어 외에 다른 어떤 **명명하는** 언어도 알지 못할 따름이다. 언어이론은 〔인간이〕 명명하는 언어를 언어 일반과 동일시함으로써 심오한 통찰을 놓치게 된다. ─따라서 **인간의 언어적 존재방식이란 사물을 명명하는 것이다.**

무엇 때문에 명명하는가? 인간은 누구에게 자기 자신을 전달하는가? ─그런데 인간에게 제기되는 이러한 물음은 다른 전달들(언어들)에서 제기되는 것과 다른 물음일까? 전등은 누구에게 자기 자신을 전달하는가? 산맥은? 여우는? ―그 답은 인간에게다. 그것은 의인관(擬人觀, Anthropomorphismus)이 아니다. 이 답의 진실은 인식에서 입증되며, 어쩌면 예술에서도 입증될 수 있다. 더군다나 만약 전등, 산맥, 여우가 인간에게 자기 자신을 전달하지 않는다면, 인간이 어떻게 그것들을 명명한단 말인가? 그런데 인간은 그것들을 명명한다. **인간은 그것들을** 명명함으로써 자기 자신을 전달한다. 인간은 누구에게 자기 자신을 전달하는가?

이 물음에 답하기 전에 한 번 더 검토할 게 있는데, 인간은 어떻게 자기 자신을 전달하는가가 바로 그것이다. 언어를 둘러싼 그릇된 견해를 본질적으로 확연하게 드러내는 대안을 제시할 심층적 구별이 필요하다. 인간은 자신의 정신적 존재방식을 그가 사물에 부여하는 이름을 **통해서** 전달하는가, 아니면 이름 **속에서** 전달하는가? 그 답은 이 문제제기의 패러독스에 있다. 인간이 자신의 정신적 존재방식을 이름을 **통해** 전달한다고 믿는 사람은 한편으로 그가 전달하는 것이 자신의 정신적 존재방식이라고 가정할 수는 없다. ―왜냐하면 그런 일은 사물의 이름을 통해, 그러니까 인간이 어떤 사물을 지칭하는 말을 통해 일어나지 않기 때문이다. 또 다른 한편으로 인간은 다만 어떤 사태(사상事象, 물건, Sache)를 다른 인간에게 전달할 뿐이라고 가정될 수 있는데, 왜냐하면 그런 일은 내가 어떤 사물을 지칭하는 말을 통해 벌어지기 때문이다. 이러한 견해는 언어에 대한 부르주아적 파악 방식이며, 그 근거 없고 공허한 성격은 다음의 논의에서 더더욱 분명해질 것이다. 이 견해는 전달의 수단은 말이며, 전달의 대상은 사태이고,

전달의 수신자는 인간이라는 뜻이다. 이와 정반대로 또 다른 견해는 전달의 수단도, 대상도, 수신자도 알지 못한다. 그것은 **이름 속에서 인간의 정신적 존재방식은 신에게 자기 자신을 전달한다**는 뜻이다.

이름은 언어 영역에서 유일하게 이 의미, 이 비할 데 없이 지고한 의미를 갖는다. 곧 이름은 언어의 가장 내적인 존재방식 그 자체다. 이름이란 그것을 **통해서**는 전혀 전달되지 않고, **그 속에서** 언어 그 자체가 또 절대적으로 자기 자신을 전달하는 그러한 것이다. 이름 속에서 자기 자신을 전달하는 정신적 존재방식이 언어다. 자기 자신의 전달 속에 있는 정신적 존재방식이 자신의 절대적 전체성 속에 있는 언어 자체인 곳, 거기에만 이름이 있고 또 거기엔 오로지 이름만 있다. 그리하여 인간 언어의 유산으로서 이름은 **언어 일반**이 인간의 정신적 존재방식임을 보증한다. 다만 그렇기 때문에 인간의 정신적 존재방식이 모든 정신적 존재 중에서 유일하게 남김없이 전달가능한 것이다. 이것이 인간의 언어가 사물의 언어와 구별되는 근거다. 그러나 인간의 정신적 존재방식이 언어 자체이기에, 그렇기 때문에 인간은 언어를 통해 전달할 수 없고, 오로지 언어 속에서만 전달할 수 있다. 인간의 정신적 존재방식으로서 이와 같은 언어의 내포적 총체성을 총괄하는 개념이 이름이다. 인간은 명명하는 자이며, 이로써 우리는 그로부터 순수 언어가 발현됨을 알 수 있다. 모든 자연은 그것이 전달되는 한에서 언어 속에서 전달되고, 그리하여 궁극에는 인간 속에서 전달된다. 그러기에 인간은 자연만물의 영장이며 또 사물을 명명할 수 있는 것이다. 인간은 오로지 사물의 언어적 존재방식을 통해서만 자기 스스로 인식에 도달하는데, ―곧 이름 속에서 그러하다. 신의 창조는 사물이 자신의 이름을 인간으로부터 부여받음으로써 완성되고, 인간으로부터 이름 속에서 언어가 독자적으로 발현된다. 우리는 이름을 언어의 언어라 부를 수 있으며(단 이때 2격은 수단의 관계가 아니라 매체의 관계라 부른다는 전제하에서), 또한 이런 의미에서 인간은 물론 그가 이름 속에서 말한다는 점에서 언어의 발화자고, 바로 이 점에서 언어의 유일한 발화자다. 인간을 발화하는 자로 지칭할 때에는(하지만 이를테면 그것은 성경에 따르면 주지하다시피 이름을 부여하는 자다. "인간이 온갖 살아 있는 동물을 명명한 대로 그 동물은 그렇게 **불릴 것**이다."[4]) 많은 언어에 이러한 형이상학적 인식이 함께 포함되어 있다.

그러나 이름은 최후의 외침(알림, 공표, Ausruf)이기만 한 것이 아니라 언어의 본래적 부름(Anruf)이기도 하다. 이로써 이름에서는 자기가 자신을 알리고(표명하고, sich selbst aussprechen) 다른 모든 것을 부르는(ansprechen) 것이 매한가지로 작용하는 언어의 존재법칙이 나타난다. 언어는 ―그리고 언어 안에 있는 어떤 정신적 존재방식은― 이름 속에서 말하는 곳에서만, 곧 보편적 명명 속에서만 순수하게 표명된다. 이렇듯 이름에서는 절대적으로 전달 가능한 정신적 존재방식으로서 언어의 내포적 총체성과 보편적으

---

4 *Die Bibel oder die ganze Heilige Schrift des Alten und Neuen Testamentes, nach der deutschen Übersetzung Dr. Martin Luthers*, Berlin, Frankfurt a. M., Köln, 1888, p. 6(I Mose 2.19), 강조는 벤야민.

로 전달하는(명명하는) 존재방식으로서 언어의 외연적 총체성이 정점에 이르게 된다. 언어란 그 전달하는 존재방식, 그 보편성에 따르자면, 언어에서 발현되는 정신적 존재방식이 자기 전체 구조로 보아 언어적이지 않을 때 다시 말해 전달가능하지 않을 때 불완전하다. **인간만이 오로지 보편성과 내포성에 따른 완전한 언어를 지니고 있다.**

이와 같은 인식을 마주하고 물음 하나가 가능한데, 이 문제를 통해 이제는 혼란에 빠질 위험 없이 형이상학적으로는 지극히 중요하지만, 여기에서는 우선 전적으로 명확성이 전문용어의 면에서 확보될 수 있다. 즉 정신적 존재방식이 ―인간의 정신적 존재방식뿐 아니라 (왜냐하면 그것은 필연적이기에), 사물의 정신적 존재방식, 더 나아가 정신적 존재방식 일반까지도― 언어이론적 관점에서 언어적 존재방식으로 불릴 수 있는가가 바로 그것이다. 정신적 존재방식이 언어적 존재방식과 동일하다면, 사물은 그 정신적 존재방식에 따라 전달의 매체일 것이며, 그 속에서 전달되는 것은 ― 매체적 관계에 상응해― 바로 이 매체(언어) 자체일 것이다. 그렇다면 언어는 사물의 정신적 존재방식이다. 그러니까 정신적 존재방식은 애초부터 전달가능한 것으로 정립되거나, 아니면 오히려 전달가능성 **속으로** 정립된다. 또한 사물의 언어적 존재방식은 정신적 존재방식이 전달가능한 한에서 그 정신적 존재방식과 동일하다는 테제는 "그 한에서"라는 단서에서 동어반복이 된다. **언어의 내용이란 없다. 전달로서 언어는 어떤 정신적 존재방식 곧 전달가능성 일반을 전달한다.** 언어들의 차이는 말하자면 그 밀도에 따라, 그러니까 정도에 따라 구별되는 매체들의 차이다. 그것도 전달하는 자(명명하는 자)의 밀도와 전달 속에서 형성되는 전달가능한 것(이름들)의 밀도라는 두 가지의 관점에서 그러하다. 순수하게 나뉘어 있으면서도 인간의 이름언어에서만은 결합하는 이 두 영역은 물론 끊임없이 서로 조응한다.

언어의 형이상학 측면에서 정신적 존재방식이 단지 정도의 차이만을 아는 언어적 존재방식과 동일시됨으로써 그 정도의 차이 속에서 모든 정신적 존재(Sein)의 등급화가 생겨난다. 정신적 존재방식의 내면 자체에서 일어나는 이와 같은 등급화는 그 어떤 상위의 범주로도 더는 파악될 수 없으며, 그리하여 그것은 정신적 존재방식과 관련해 스콜라철학에서 익히 관례였던 것처럼 실존의 정도나 존재의 정도에 따라 언어적 존재방식과 마찬가지로 모든 정신적 존재방식의 등급화로 이어진다. 그러나 정신적 존재방식의 언어적 존재방식과의 동일시는 언어이론적 관점에서 참으로 엄청난 형이상학적 파급효과를 낳는다. 까닭인즉 이러한 동일시가 그 자체로 거듭 반복해 언어철학의 진원지에서 제기되고 종교철학과 극히 밀접하게 연결되는 개념을 시사하기 때문인데, 다름 아닌 계시 개념이 그것이다. —모든 언어적 형성체 내에서는 표명된 것과 표명할 수 있는 것이 표명할 수 없는 것과 표명되지 않은 것과 빚어지는 불화가 존재한다. 이 불화를 고찰해보면, 우리는 표명할 수 없는 것의 전망 속에서 최후의 정신적 존재방식을 동시에 보게 된다. 정신적 존재방식을 언어적 존재방식과 동일시함으로써 이제는 이 둘 사이 반비례관계에 대해 이론(異論)이 제기됨이 분명해진다.

왜냐하면 여기에서 제시되는 테제란, 정신이 심오하면 심오할수록 곧 실존적이고 현실적이면 또 그러할수록 정신은 더욱더 표명할 수 있는 것이고 표명된 것이라는 점인데, 이와 마찬가지로 정신과 언어 사이 관계를 완전히 일의적으로(명백하게, eindeutig) 만드는 것이 바로 앞서 말한 동일시의 의미이기 때문이다. 그리하여 언어상 가장 실존적인 표현, 즉 가장 집착적인 표현, 언어상 가장 간명하고 또 가장 확고한 표현, 한마디로 말해 가장 뚜렷하게 표명된 것(속내를 다 털어놓는 것, Ausgesprochenste)이 동시에 순수하게 정신적인 것이 된다.

계시 개념이 바로 정확하게 이것을 의미한다. 물론 이 개념이 말씀의 불가침성을 그 말씀 속에서 표명되는 정신적 존재방식의 신성(神性)에 대한 유일하고도 충분한 조건이자 특징으로 간주한다면 말이다. 종교의 지고한 정신영역은 (계시 개념에서) 동시에 표명될 수 없는 것을 알지 못하는 유일한 영역이기도 하다. 왜냐하면 그것은 이름 속에서 호출되고, 계시로 표명되기 때문이다. 그러나 여기에서 예고되는 것은 오직 지고의 정신적 존재방식만이, (그것이) 종교에서 현상하는 것처럼, 순수하게 인간과 인간 속의 언어에 의거한다는 점이다. 반면 포에지를 비롯한 모든 예술은 언어정신의 궁극적 총괄개념에 의거하는 것이 아니라 설령 그 완성된 아름다움 속에서일지라도 사물적 언어정신에 의거한다. "**언어**, 이성의 **어머니**이자 **계시**, 그 알파와 오메가"[5]라고 하만[6]은 말했다.

5   프리드리히 하인리히 야코비에게 보낸 1785년 10월 18일 자 요한 게오르크 하만의 편지, C. H. Gildemeister, *Johann Georg Hamanns, des Magus in Norden,*

언어 자체는 사물 자체에서는 완전하게 표명되지 않는다. 이 문구에는 비유적 의미와 감각적 의미에 따라 이중적 의미가 있다. 사물의 언어는 불완전하고 또 말이 없다. 사물에는 순수한 언어적 형식원리—소리—가 없다. 사물은 오로지 다소간의 질료적 공동체를 통해서만 서로 전달할 수 있다. 이 공동체는 언어적 전달 모두가 그렇듯이 직접적이고 무한하다. 이 공동체는 마법적이다(왜냐하면 물질의 마법이란 것도 존재하기 때문이다). 비할 데 없는 인간 언어의 탁월함은 인간 언어가 사물과 맺는 마법적 공동체가 비물질적이고 순수하게 정신적이라는 점이며, 그렇기 때문에 소리가 상징인 것이다. 성경은 신이 인간에게 숨결(Odem)을 불어넣었다[7]라고 말함으로써 이러한 상징적 사실을 표명하고 있다. 숨결은 생명이자 정신이고 또 언어다.

다음에서 언어의 존재방식을 「창세기」 1장을 바탕으로 고찰할 때, 그것이 뜻하는 바는 성경 해석을 목표로 삼으려는 것도, 이 자리에서 성경을 계시된 진리로서 숙고의 객관적 근거로 자리매김하려는 것도 아니다. 그런 뜻이 아니라, 언어의 본성 자체를 고려해 성경 텍스트로부터 생기는 결과를 찾아보자는 것이다. **무엇보다도**

Leben und Schriften, Bd. 5, Gotha 1868, p. 122(Briefwechsel Hamanns mit F. H. Jacobi)

6 〔편역자 주〕요한 게오르크 하만(Johann Georg Hamann, 1730~1788): 독일의 철학자·시인. 당시 계몽주의의 합리를 중시하는 사조에 반대하고 감정과 신앙을 중시하는 신비 사상을 제창해 독일 낭만주의에 영향을 끼쳤다.

7 *Die Bibel oder die ganze Heilige Schrift des Alten und Neuen Testamentes*, 앞의 책, I Mose 2.7.

먼저 이와 같은 의도에서 성경은 대체가 불가한데, 까닭인즉 이 논의가 원칙적으로 언어를 그 전개과정 속에서 고찰될 수 있는 최종적 현실 곧 설명될 수 없고 또 신비로운 현실로 전제하는 가운데 성경을 따라가보는 것이기 때문이다. 성경은 자기 자신을 계시로 바라봄으로써 필연적으로 언어적 기본 사실들을 전개할 수밖에 없다. ―「창세기」 2장은 〔인간에게〕 숨결을 불어넣는 것을 이야기함과 동시에 인간이 흙으로 빚어졌다고 말한다.[8] 이는 「창세기」 전체에서 조물주의 물질에 대해 이야기하는 유일한 구절인데, 이 물질 속에서 조물주는 게다가 직접적으로 창조하는 것으로 생각된 자신의 의지를 표현하고 있다. 이 「창세기」 2장에서 인간의 창조는 신은 말씀하셨고,[9] ―또한 인간의 창조가 일어났다는 식으로―말씀을 통해 이루어지지 않고, 오히려 말씀으로 창조되지 않은 이 인간에게 이제는 언어의 **재능**이 부여되며, 또한 인간은 자연을 넘어서게 된다.

그러나 인간에게 정향된 이러한 창조행위의 독특한 혁명은 「창세기」 2장에 못지않게 「창세기」 1장에도 명확하게 기록되어 있으며, 아주 다른 맥락에서 동일한 확고함으로 인간과 언어 사이의 각별한 연관성을 창조행위로부터 보증하고 있다. 그런데 1장에서 창조행위의 다중적 리듬은 일종의 기본 형식을 가능하게 하는데, 인간을 창조하는 행위만 이로부터 벗어나 있음은 의미심장하다.

---

8   같은 곳.
9   앞의 책, I Mose I. 3,6,9,11,14,20,26,29.

그러니까 여기에서는 인간이든 자연이든 그 어디에서도 이들이 창조된 물질과의 명시적 관계를 다루고 있지 않은 것이다. "신이 만드시다"[10]라는 말이 그때마다 물질로부터의 창조를 염두에 둔 것인지 아닌지는 여기서 논외로 하자. 하지만 (「창세기」 1장에 따르자면) 자연의 창조가 실행되는 리듬은, 있으라—그는 만드셨다(창조하셨다)[11]—그는 칭하셨다—이다. 개별적 창조행위들(1:3; 1:11)에서는 "있으라"만이 등장한다. 행위의 시작과 끝에 등장하는 이 "있으라"와 "칭하셨다"[12]에서 매번 창조행위가 언어와 맺는 관계가 심오하고 명료하게 나타난다. 창조행위는 언어의 창조하는 전권을 가지고 시작하며, 종국에는 언어가 창조된 것을 마치 하나의 몸으로 흡수 통합 하듯이 그것을 명명한다. 따라서 언어는 창조하는 것, 완성하는 것이며, 언어는 말이고 이름이다. 신 속에서 이름은 창조적인데, 그 까닭은 이름이 말씀이기 때문이며, 신의 말씀은 이름이기 때문에 인식적이다. "하나님이 보시기에 좋았더라",[13] 이는 신은 이름을 통해 인식했다는 뜻이다. 이름이 인식과 맺는 절대적 관계는 단지 신에 있으며, 이름은 내심에선 말씀과 동일하기 때문에, 이름은 신 속에서만 인식의 순수한 매체인 것이다. 이것이 뜻하는 바란, 신은 사물을 그 이름 속에서 인식가능하게 만들었다는 점이다. 하지만 인간은 인식을 척도로 삼아 사물을 명명한다.

---

10 같은 책, I Mose I. 7,16,25.
11 같은 책, I Mose I. 21,27.
12 같은 책, I Mose I. 1,5,8,10.
13 같은 책, I Mose I. 4,1012,18,21,25,31.

인간의 창조에서는 자연 창조의 3중 리듬이 아주 다른 질서에 자리를 내준다. 그러니까 인간을 창조할 때 언어는 아주 다른 의미를 갖는다는 것이다. 행위의 3중성은 여기에서도 유지되지만, 그럴수록 더욱더 강력하게 드러나는 것은 바로 병행관계 속의 간격 즉 3중에서 "신은 창조하셨다"이다(1:27).[14] 신은 인간을 말씀으로 창조하지 않았고, 인간을 명명하지도 않았다. 신은 인간을 언어의 지배 아래 두려 하지 않았으며, 신은 **자신에게** 창조의 매체로 쓰였던 언어를 자신으로부터 인간 속에 자유롭게 풀어놓았다. 신은 인간에게 자신의 창조적인 것을 스스로 위임하고 쉬었다. 이 창조적인 것은 신적 현행성에서 벗어나 인식이 되었다. 인간이 언어의 인식자라면, 이 언어 속에서 신은 창조자다. 신은 인간을 자기 형상대로 창조했고, 인식하는 자를 창조하는 자의 형상대로 창조했다. 그래서 인간의 정신적 존재방식은 언어다 라는 문구는 설명이 필요하다. 인간의 정신적 존재방식이 언어라면, 언어 속에서 인간의 존재방식이 창조된 것이다. 〔인간의 정신적 존재방식은〕 말씀 속에서 창조되었고, 신의 언어적 존재방식은 말씀이다. 인간의 언어는 모두 이름 속에 비친 말의 반사작용일 따름이다. 이름은 말씀에 이르지 못하고, 인식은 창조에 이르지 못한다. 모든 인간 언어의 무한성은 신의 말씀이 지닌 절대적이고 무제한적이며 창조적인 무한성에 견주어 늘 제한적이고 분석적인 존재방식에 머문다.

---

14 〔편역자 주〕 "하나님이 자기 형상 곧 하나님의 형상대로 사람을 창조하시되 남자와 여자를 창조하시고."

이러한 신적 말씀의 지극히도 심오한 모사(模寫), 인간 언어가 그저 빈말(das bloße Wort)의 신적 무한성에 긴밀하게 관여하는 지점, 곧 인간 언어가 유한한 말과 유한한 인식이 될 수 없는 지점, 그것이 인간의 이름이다. 고유명사(자기 이름, Eigenname)이론은 유한언어가 무한언어에 대해 갖는 경계이론이다. 인간은, 모든 존재방식 중에서 신이 명명하지 않은 유일한 존재방식이 인간이었던 것처럼, 자기와 같은 것을 그 자체로 명명하는 유일한 존재방식이다. 어쩌면 〔「창세기」〕 2장 20절[15]의 후반부를 이러한 맥락에서 거명하기는 모험이 따르는 일일지도 모르나 그렇다고 아예 불가능한 것도 아니다. 즉 인간은 모든 존재를 명명했**지만**,[16] "인간에게는 그 주변을 돌볼 여성 조력자가 없었다." 어쨌든 아담은 자기 아내를 얻자마자 그녀를 명명한다(〔「창세기」〕 2장에서는 여자Männin라 칭했고,[17] 3장에서는 하와Heva라 칭했다.[18]) 〔아이들에게〕 이름을 부여함으로써 부모는 아이들을 신에게 바친다. 그들이 여기서 부여한 이름에는 —어원학적이 아니라 형이상학적으로 이해했을 때— 어떤 인식도 조응하지 않는데, 이는 부모가 갓 태어난 아이에게 이름을 붙이는 일과 같은 이치다. 엄격한 정신에서도 역시 인간은 이름에 (그 어원학적 의미에 따라) 조응하지 않을 것인데, 그 까닭은 고유명

15 〔편역자 주〕 "아담이 모든 가축과 공중의 새와 들의 모든 짐승에게 이름을 주니라 아담이 돕는 배필이 없으므로."
16 강조는 벤야민.
17 같은 책, I Mose I. 2,23.
18 같은 책, I Mose I. 3,20.

사가 인간의 소리에서 나온 신의 말씀인 탓이다. 고유명사로 인간에게는 신을 통한 자신의 창조가 보증되며, 이러한 의미에서 인간에게는 자기 이름이 운명이라는, (드물지 않게 찾아볼 수 있는) 관(觀)에서 신화적 지혜가 표명하고 있듯이 고유명사 자체가 창조적이다. 고유명사는 **창조적인** 신의 말씀과 함께하는 인간의 공동체다 (이것은 유일한 공동체가 아니며, 인간은 신의 말씀과 맺는 또 다른 언어 공동체를 알고 있다).

　　말을 통해 인간은 사물의 언어와 연결된다. 인간의 말은 사물의 이름이다. 이로써 언어의 부르주아적 견해와 일치하는 관념, 곧 말이 사태와 맺는 관계는 우연적이며 〔말은〕 어떤 인습에서 비롯된 사물(또는 그 인식)의 기호라는 생각은 더는 나올 수가 없다. 언어는 결코 **그저 단순한** 기호들을 제공하지 않는다. 하지만 신비주의적 언어이론을 통한 부르주아적 언어이론의 거부도 잘못되었다. 신비주의적 언어이론에 따르면, 말 일반은 사태의 존재방식이다. 이것이 옳지 않은 까닭은 사태 자체에는 말이 없고, 사태는 신의 말씀으로 창조되었으며 그 이름 속에서 인간의 말에 따라 인식되기 때문이다. 그러나 사태의 이러한 인식은 자연발생적 창조가 아니며, 이러한 창조처럼 언어로부터 절대적으로 무제한적이고 무한하게 일어나는 것도 아니다. 오히려 인간이 사태에 부여하는 이름은 사태가 어떻게 인간에게 전달되느냐에 의거한다. 이름 속에서 신의 말씀은 창조적으로 머물러 있지 않으며 그 일부에서 비록 언어 수용적일지라도 수용적으로(empfangend) 되었다. 이와 같은 수용성은 다시금 소리 없이 그리고 자연의 말 없는 마법 속에서 신의 말씀이 방출되는 사물의 언어 자체로 정향된다.

그런데 수용성과 자연발생성, 유일무이한 이 둘의 동시적 결합은 언어 영역에서만 찾아볼 수 있는데, 이것들에는 언어에 자기 고유의 말이 있고, 또 이 말은 이름 속에서 무명(無名)의 것을 받아들이는 수용에도 해당된다. 사물의 언어를 인간의 언어로 번역하는 일이 그러하다. 번역 개념을 언어이론의 심층에서 근거 지우는 일은 필요한데, 왜냐하면 이 개념은 그간 생각되어온 것처럼 어떤 관점에서든 차후에 논의되기엔 너무나 엄청나고 파급효과 또한 크기 때문이다. 번역 개념은 (신의 말씀을 제외하고) 모든 상위의 언어는 모든 다른 언어의 번역으로 볼 수 있다는 통찰에서 온전한 의미를 획득한다. 이미 언급한 바 있는, 언어들의 관계가 곧 상이한 밀도의 매체들의 관계라는 규정과 더불어 언어의 상호 번역가능성(Übersetzbarkeit)이 주어진다. 번역은 변형의 연속체를 통해 한 언어를 다른 언어로 옮기는 일이다. 번역이 횡단하는 것은 변형의 연속체들이지 추상적인 동일성 영역이나 유사성 영역들이 아니다.

사물의 언어를 인간의 언어로 번역하는 것은 소리 안 나는 것을 소리 나는 것으로 번역하는 일일뿐더러 무명의 것을 유명의 것으로 번역하는 일이기도 하다. 따라서 그것은 불완전한 언어를 보다 더 완전한 언어로 번역하는 일이며 무언가 덧붙일 수 있는 일과 다름없는데, 곧 인식이 그것이다. 그러나 이러한 번역의 객관성은 신 안에 보증되어 있다. 왜냐하면 신이 사물을 창조했고, 사물속에서 나타나는 창조하는 말씀이 신이 각 사물을 창조한 후 맨 마지막에 그것을 명명했던 것처럼 인식하는 이름의 맹아이기 때문이다. 하지만 이 명명은 창조하는 말씀과 신 안에서 인식하는 이름의 동일성을 표현하는 것일 뿐, 신이 명시적으로 인간에게 그 자체로 넘긴 과제 곧 사물을 명명하는 과제의 실행된 해결이 아님은 명백하다. 인간은 사물의 이름 없는 무언의 언어를 수용해 그것을 소리 나는 이름으로 옮김으로써 이 과제를 해결한다. 인간의 이름 언어와 사물의 이름 없는 언어가 신 속에서 친화적이지 않고, 바로 그 창조하는 말씀으로부터 자유롭게 풀려나오지 않았다면, 창조하는 말씀이 사물에서는 마법적 공동체 속에서 물질의 전달이 되고 인간에게는 복된 정신 속에서 인식과 이름의 언어가 되지 않았다면, 이 과제는 해결될 수 없었을 것이다. 하만은 다음처럼 말했다.

인간이 태초에 귀로 듣고 눈으로 보고 (…) 손으로 만진 모든 것은 (…) 생동하는 말이었다. 왜냐하면 신은 말씀이었기 때문이다. 입과 가슴속의 이 말씀으로서 언어의 근원은 아이들의 놀이처럼 이토록 자연적이고 이토록 친근하며 또 쉬운 것이다.[19]

화가 뮐러는 『아담의 최초 깨어남과 복된 첫 밤들』이라는 시집에서 신이 다음과 같은 말로 인간으로 하여금 이름을 부여하도록 호소하고 있다.

---

19   Johann Georg Hamann, *Sämtliche Werke, historisch-kritische Ausgabe von Josef Nadler*, Bd. 3: *Schriften über Sprache, Mysterien, Vernunft*, Wien 1951, p. 32(Des Ritters von Rosencreuz letzte Willensmeynung über den göttlichen und menschlichen Ursprung der Sprache).

흙으로 빚어진 사람이여, 가까이 오라, 바라봄으로써 더 완전해지고, 말을 통해 더 완전해질지니![20]

직관과 명명의 이러한 결합에서 사물(동물)의 전달하는 무언성은 내적으로 이름 속에서 이 무언성을 받아들이는 인간의 말 언어를 향해 있다. 이 시집의 같은 장에서는 사물들이 창조된 말씀만이 인간에게 그 사물의 명명을 허용한다는 인식이 시인으로부터 발현되고 있다. 그것은 비록 무언일지언정 동물들의 여러 가지 언어 속에서 다음과 같은 이미지 속에서 전달되는데, 곧 신은 동물들에게 차례차례 기호를 주었고, 동물들은 그것을 징표 삼아 명명되기 위해 인간 앞에 등장하는 모양새다. 거의 고상하다 싶을 모습으로 말 없는 창조물이 신과 맺은 언어 공동체가 기호의 이미지 안에 주어져 있다.

사물의 현존 속에서 말 없는 말이 인간의 인식 속에서 명명하는 말 아래 이처럼 한없이 오래 살아남았듯이, 다시금 이 명명하는 말이 창조하는 신의 말씀 아래 이토록 한없이 오래 살아남았듯이, 인간 언어의 다양성에 대한 이유도 이처럼 주어져 있다. 사물의 언어는 오직 번역을 거쳐 인식과 이름의 언어에 들어설 수 있다. ─말하자면 인간이 옛날 옛적 단 하나의 언어만을 알았던 낙원 상태에서 쫓겨나자마자 그만큼 많은 번역이 이루지고 또 그만

20　Friedrich Müller, *Adams erstes Erwachen und erste seelige Nächte*, 2. verb. Aufl., Mannheim 1779, p. 49.

큼 많은 언어도 생겨났다. (성경에 따르면 낙원에서의 추방에서 비롯된 이와 같은 결과는 물론 나중에 일어난다.) 낙원 상태의 인간 언어는 완전하게 인식하는 언어였음에 틀림없다. 반면 나중에는 한 번 더 모든 인식은 언어의 다양성 속에서 무한하게 분화되어, 이름 속의 창조보다 더 낮은 단계에서 분화될 수밖에 없었다. 즉 낙원의 언어가 완전하게 인식하는 언어였다는 것은 인식의 나무라는 현존으로도 감출 수 없는 일이다. 이 나무의 사과들은 무엇이 좋고 나쁜지에 대한 인식을 부여하기로 되어 있었다.[21] 그러나 신은 일곱 번째 날 창조의 말씀으로 이미 알아보았다. 하느님께서 보시니, 참 좋았다.[22] 뱀이 유혹한 인식, 곧 무엇이 선이고 악인지를 아는 것은 이름이 없다. 그것은 가장 심오한 의미에서 무(無)의 것(헛된 것, nichtig)이며, 이러한 지식이 바로 그 자체로 낙원 상태가 알고 있는 유일한 악인 것이다. 선악에 대한 지식은 이름을 버리고 떠나며, 그것은 외부로부터의 인식이고, 창조하는 말씀의 비창조적 흉내다. 이름은 이런 인식 속에서 자기 자신으로부터 빠져나온다.

인류의 타락(원죄, Sündenfall)은 **인간의 말**이 탄생한 순간으로서, 이 말 속에서 이름은 더는 훼손됨 없이 살아가지 못하며, 인간의 말은 고의로, 말하자면 외부로부터 마법적이 되기 위해 이름 언어에서, 인식하는 언어에서, 이렇게 말해도 된다면, 내재적 자기 고유의 마법에서 뛰쳐나온 것이다. 말은 (자기 자신 외에) **무언가를**

21   *Die Bibel oder die ganze Heilige Schrift des Alten und Neuen Testamentes*, 위의 책, I Mose 3.5.
22   같은 책, I Mose I. 1.31.

전달해야만 한다. 이것이야말로 진짜 언어정신의 타락이다. 말하자면 외적으로 전달하는 것으로서의 말, 흡사 명시적으로 직접적인 말 곧 창조하는 신의 말씀에 대해 명시적으로 간접적인 말이 행하는 패러디처럼, 복된 언어정신, 아담적 언어정신의 타락, 그 둘 사이에 선 타락인 것이다. 즉 실제로 뱀의 약속에 따라 선악을 인식하는 말과 외적으로 전달하는 말은 근본적으로 동일하다. 사물의 인식은 이름에 근거를 두지만, 선악의 인식은 키르케고르가 심오한 의미에서 파악한 '수다(Geschwätz)'[23]여서, 수다스러운 인간, 죄인이 처한 입장처럼 단지 정화와 승격만을 알 따름인데, 곧 재판이 바로 그것이다. 판정하는 말에는 물론 선악에 대한 인식이 직접적이다. 이 말의 마법은 이름의 마법과 다르지만, 마법이라는 점에서는 똑같다. 이 판정하는 말이 최초의 인간들을 낙원에서 추방했다. 인간들 스스로가 영원한 법에 따라 그 추방을 자극했는데, 그 법에 따르면 이 판정하는 말은 자기 자신을 일깨우는 일을 유일한, 가장 극심한 죄로 처벌하며 —또 그러길 기대한다. 이름의 영원한 순수성이 훼손된 타락에서는 판정하는 말, 판단(판결, Urteil)의 보다 더 엄격한 순수성이 고양된다.

언어의 존재방식이라는 맥락에서 타락은(그 외 다른 의미는 여기서 언급하지 않는다면) 3중의 의미가 있다. 인간은 이름의 순수 언어 밖으로 나옴으로써, 언어를 수단으로(즉 이름에 부적절한 인식으

---

23 Sören Kierkegaard, *Kritik der Gegenwart.* Zum ersten mal übertragen und mit einem Nachwort versehen von Theodor Haecker, Innsbruck 1914, p. 44.

로) 만들며, 그와 동시에 〔언어〕 일부를 어찌되었든 **그저 단순한** 기호로 만든다. 이는 나중에 언어의 다수성이라는 결과를 낳는다. 두 번째 의미는 타락으로부터 이제 이름의 훼손된 직접성을 복원하는 것으로서 새로운 마법 곧 판단의 마법이 생긴다는 점인데, 이 마법은 더는 자기 안에서 복된 안식을 찾지 못한다. 세 번째 의미는, 감히 추측해보건대, 언어정신의 한 능력으로서 추상화의 근원 또한 타락에서 찾을 수 있다는 점이다. 즉 선악은 명명할 수도 이름도 없는 것으로서, 인간이 바로 이 선악 문제제기의 심연 속에서 버리고 떠난 이름언어의 외부에 존재한다. 그러나 이름은 이제 현존하는 언어와 관련해 그 구체적 요소들이 뿌리를 둔 기초만 제공할 따름이다. 하지만 추상적 언어요소는 ―추측컨대― 판정하는 말, 판단에 뿌리를 둔다. 추상을 전달가능하게 하는 직접성(이것이 실상 언어적 뿌리다)은 판정자적 판단에 놓여 있다. 추상의 전달속에 있는 이와 같은 직접성은, 인간이 타락으로 구체적인 것의 전달 속에 있는 직접성, 곧 이름들을 버리고 떠나, 모든 전달의 수단성이라는, 수단으로서의 말이라는 심연으로, 수다의 심연으로 추락했을 때, 판정하며 출현한다. 왜냐하면 ―한 번 더 강조컨대― 수다가 바로 창조 이후의 세계에서 제기된 선악에 대한 물음이었기 때문이다. 인식의 나무는 그것이 제공했었을 수도 있는 선악에 대한 해명으로서가 아니라 묻는 자에 대한 재판의 징표로서 신의 정원에 서 있었다. 이 종잡을 수 없는 아이러니가 법의 신화적 근원을 가리키는 표식이다.

　언어를 수단가능하게 만듦으로써 언어의 다수성의 기초를 놓왔던 인류의 타락 이후 언어의 혼란에 이르기까지에는 단 한걸음만으로도 충분하다. 인간이 이름의 순수성을 훼손했기에 이제 이미 교란된 언어정신의 공동 기반을 인간에게서 빼앗기 위해서는 (인간이) 사물을 바라봄으로써 그 언어가 인간에게 쉽게 이해되는 직관행위로부터 (인간을) 등지게 하는 일이 일어나기만 하면 되었다. 기호는 사물이 뒤엉키는 곳에서는 혼란을 일으킬 수밖에 없다. 난무한 야유 속에서 일어난 사물의 노예화는 거의 그 필연적 결과로 수다 속에서 일어난 언어의 노예화로 이어진다. 노예화를 초래한 사물로부터의 이반에는 바벨탑의 축조 계획, 그리고 그와 함께 언어의 혼란이 발생한다.

순수 언어정신에서 인간은 복된 삶을 영위했었다. 그러나 자연은 말이 없다. 이 인간에 의해서 명명되었던 무언성이 어떻게 낮은 단계에 불과한 축복 그 자체가 되었는지는 창세기 2장[24]에서 명확하게 느낄 수 있다. 화가 뮐러는 아담에 의해 명명된 이후 그를 버리고 떠난 동물들에 대해 아담으로 하여금 다음과 같이 말하도록 한다.

그리고 나는 그 동물들이 사람이 이름을 붙여주니 내게서 쏜살같이 뛰어가버리는 고결한 모습을 보았다.[25]

---

24 (편역자 주) "아담이 모든 가축과 공중의 새와 들의 모든 짐승에게 이름을 주니라(창 2:20)."
25 Friedrich Müller, *Adams erstes Erwachen* …, p. 51.

그러나 자연의 외양은 인류의 타락 이후 경작지를 저주한 신의 말씀과 함께 극도로 변한다. 이제 자연의 다른 무언성이 시작되는데, 이를 우리는 자연의 비애라고 생각한다. 모든 자연은 언어가 부여된다면 탄식하기 시작하리라는 것은 형이상학적 진리다. (이때 '언어의 부여'는 물론 '자연이 말할 수 있도록 만드는 것' 이상의 일이다.) 이 문구에는 이중적 의미가 있다. 먼저 이 문구가 의미하는 바는 자연은 언어 자체에 대해 탄식할 것이라는 점이다. 언어의 부재, 그것은 자연의 커다란 아픔이다. (또한 그 구원을 위해 자연 속에 존재하는 것이 **인간**의 삶과 언어이지 우리가 얼핏 추측하듯 시인의 삶과 언어만이 아니다.) 둘째로 이 문구가 말하는 바는 자연이 탄식할 것이라는 점이다. 하지만 탄식은 언어의 가장 세분화되지 못한 무력한 표현이며 감각적 한숨만 있을 따름이다. 또 식물이 살랑살랑 소리만 내는 곳에도 늘 탄식이 함께 울려 나온다. 자연은 말이 없기에 슬퍼한다.

그런데 이 문구의 도치는 더 심오하게 자연의 존재방식을 안내한다. 자연의 비애가 자연을 침묵하게 하는 것이다. 모든 비애에는 묵언(默言)의 성향이 있으며, 그러한 성향은 전달하지 못하는 무능이나 전달하고 싶지 않은 마음보다 훨씬 더 크다. 슬픈 자는 인식할 수 없는 것에 의해 〔자신이〕 속속들이 인식되었음을 느낀다. 명명된다는 것은 어쩌면 항상 ―명명하는 자가 신과 똑같이 닮았고 복되다 할지라도‐‐ 비애의 예감을 남기는 것인지도 모른다. 하물며 이름의 복된 낙원언어에 의해서가 아니라 이름이 이미 시들어버렸으나 그럼에도 신의 평결에 따라 사물을 인식하는 수백의 인간 언어에 의해서 명명된다는 것은 얼마나 많은 슬픔을 남기겠는가?! 사물은 신의 상태 밖에서는 고유이름〔고유명사, Eigenname〕이 없다. 왜냐하면 신은 창조하는 말씀 속에서 사물을 그 고유이름으로 불러냈기 때문이다. 하지만 인간의 언어에서는 사물이 과도명명(Überbenennung) 된다. 인간 언어가 사물 언어와 맺는 관계에는 사람들이 대략 '과도명명'이라 부를 만한 뭔가가 있다. 모든 비애와 (사물의 측면에서 보았을 때) 모든 말없음의 가장 심원한 언어적 이유로서 과도명명 말이다. 슬픈 자의 언어적 존재방식으로서 과도명명은 언어의 또 다른 기이한 관계를 암시하는데, 언어와 〔그것을〕 말하는 인간 사이의 비극적 관계를 지배하는 과도규정성(Überbestimmtheit)이 바로 그것이다.

조형예술의 언어가 있고, 회화의 언어가 있고, 포에지의 언어가 있다. 포에지의 언어가 인간의 이름언어와 더불어 ―그 안에서만은 아닐지라도 하여간 그와 더불어― 확립된 것처럼, 조형예술의 언어나 회화의 언어도 모종의 사물 언어를 바탕으로 확립되었고, 그 안에서는 사물 언어가 무한한 상위의 언어로, 어쩌면 동일 영역일 수도 있을 상위의 언어로 옮겨지는 번역이 존재한다고 충분히 생각해볼 수 있다. 여기에서 중요한 것은 이름 없는 언어들, 소리 없는 언어들, 물질로 이루어진 언어들이다. 이때 생각될 수 있는 것은 전달 속에서 이루어지는 사물들의 물질적 결속〔공통점, 유대, Gemeinsamkeit〕이다.

덧붙이자면, 사물들의 전달은 이와 같은 종류의 공통성〔공동성, 연대, Gemeinschaftlichkeit〕에서 비롯된 것으로서, 세계 일반을 나뉘지 않은 하나의 전체로 취급함이 분명하다.

예술형식을 인식하려면, 그 형식 모두를 언어로 파악하고, 자연 언어와의 연관성을 찾는 시도가 필요하다. 소리 영역에 속한 탓에 쉽게 떠오르는 예를 하나 들자면, 노래와 새들 언어 사이의 친화성을 꼽을 수 있다. 또 다른 한편, 예술의 언어는 기호학설과의 긴밀한 관계 속에서만 이해될 수 있음이 분명하다. 이 학설 없이 언어철학은 예외 없이 모두 단편에 그치고 마는데, 까닭인즉 언어와 기호 사이 관계가 (인간 언어와 문자 사이 관계는 그에 대한 아주 특수한 사례에 불과하다) 근원적이고 또 근본적이기 때문이다.

이를 계기로 언어의 전(全) 영역을 완전히 장악하고, 협의의 언어와 기호에 대해 앞서 언급한 대립과 주요하게 관련된 ─언어는 즉각 기호와 일치하지 않는다─ 또 다른 대립을 특징지어볼 수 있다. 즉 어떤 경우든 언어는 전달가능한 것의 전달만이 아니라 이와 동시에 전달불가능한 것의 상징이기도 하다. 언어의 이러한 상징적 측면은 언어가 기호와 맺는 관계와 관련이 있지만, 〔그 상징적 측면은〕 예를 들어 일정한 관계 속에서는 이름과 판단에도 전면에 펼쳐져 있다. 이름과 판단에는 어떤 전달하는 기능만이 아니라, 십중팔구 그것과 밀접하게 연결된, 여기서는 적어도 명확하게 언급한 바 없는 상징적 기능도 있을 것이다.

이에 따르면 지금까지의 숙고 뒤에는 비록 여전히 불완전할지라도 정화된 언어 개념이 남는다. 어떤 존재방식의 언어는 자기의 정신적 존재방식을 자체로 전달하는 매체다 이 전달의 부단한 물결은 가장 낮은 단계의 실존에서 인간에 이르기까지, 인간에서 신에 이르기까지 전 자연을 통해 흐른다. 인간은 그가 자연과 자기 동류에게 (고유명사로) 부여한 이름을 통해 자신을 신에게 전달하고, 자연에는 그가 자연으로부터 수용한 전달에 따라 이름을 부여한다. 왜냐하면 자연 전체에도 이름 없는 무언의 언어, 창조하는 신의 말씀의 잔여물이 가득 흐르고 있기 때문인데, 이 잔여물은 계류 상태에서 인간 속에서는 인식하는 이름으로, 인간에 대해서는 판정하는 판단으로 지탱되고 있다. 자연의 언어는 저마다의 직책이 자기 고유의 언어로 다음 직책으로 넘겨주는 비밀스러운 암호에 비견될 수 있지만, 암호의 내용은 직책의 언어 자체다. 모든 상위의 언어는 하위의 언어의 번역이며, 이와 같은 번역은 이 언어 운동의 통일체인 신의 말씀이 궁극적 명료함 속에서 전개될 때까지 계속된다.

반성매체로서의 예술[*][1]

(전략)

프리드리히 슐레겔(Friedrich Schlegel)은 절대자의 온전한 무한성을 어떻게 사고했는가? 『강의』에는 아래처럼 적혀 있다.

우리가 (…) 무한해야 한다는 것은 도무지 우리에겐 이해가 되지도

[*] 〔편역자 주〕 Kunst als Reflexionsmedium(Walter Benjamin, *Gesammelte Schriften*, Bd. I/1, Frankfurt a. M., 1972-1992, pp. 34-40, 62-66).

1 〔편역자 주〕 '반성매체로서의 예술'이라는 제목은 편역자가 붙인 것이다. 이 텍스트는 벤야민의 박사학위 논문 『독일 낭만주의의 예술비평 개념(Der Begriff der Kunstkritik in der deutschen Romantik)』(1920)의 일부를 발췌한 것이다. 벤야민은 학위 논문에서 예술을 언어를 기반으로 파악함과 동시에 예술의 언어를 매체로 파악하는데, 그 중심에 서 있는 것이 바로 '반성매체' 개념이다. '반성(Reflexion)'은, 주지하다시피, 피히테에서 출발해 슐레겔과 노발리스를 비롯한 낭만주의 철학으로 이어지는 주요 개념이다. 벤야민은 이 개념을 중심으로 이른바 '사유의 절대성'을 논하고 있고, 그러한 논의 속에서 낭만주의 예술론의 패러다임을 매체개념으로 규정한다. 예술을 반성매체로 규정한 것은 벤야민의 독자적 성과이며, 서양 근대 예술철학의 지평에서는 독자적 예술론/예술비평론을 정립하려는 시도로 볼 수 있다.

않거니와, 그와 동시에 자아란 모든 것의 저상 용기로서 전적으로 무한한 것 외의 다른 것일 수 없다는 점도 인정할 수밖에 없다. (⋯) 숙고해볼 때, 모든 것이 우리 안에 있음을 부인할 수 없다면, 제한성의 감정은 (⋯) 오로지 우리가 우리 자신의 한 조각에 불과함을 가정하지 않고선 달리 설명될 수 없다. 이와 같은 가정은 곧바로 어떤 너에 대한 믿음으로 이어지는데, 이때의 너란 (인생에 있는 것처럼) 나와 마주한 것, 나와 유사한 것이 아니라 (⋯), 통틀어 반(反)자아(Gegen-Ich)이며, 이로써 결국은 필연적으로 원(原)자아(Ur-Ich)에 대한 믿음으로 연결된다.[2]

이 원자아가 절대자, 곧 무한으로 충일된 반성의 총괄개념이다. 반성의 충일됨은, 이미 언급했듯, 피히테의 반성개념과 결정적으로 구별되는 슐레겔 개념의 특징이다. 다음은 아주 명확하게 피히테에 맞서는 [슐레겔의] 진술이다.

나의 생각이 세계의 개념들과 하나가 아닌 곳에서는 나의 생각의 이 순수한 사유는 오로지 영원한 나 자신의 반영으로, 항상 동일할 뿐 그 어떤 새로운 것도 포함하지 않은 무한 계열의 거울이미지로 귀결된다고 말할 수 있다.[3]

---

2   Friedrich Schlegel, *Philosophische Vorlesungen aus den Jahren 1804 bis 1806. Nebst Fragmenten vorzüglich philosophisch-theologischen Inhalts*. Herausgegen von C. J. H. Windischmann. Supplemente zu Fried. v. Schlegel's sämtlichen Werken. 4 Teile in 2 Bdn. Bonn 1846(2. Ausgabe), p. 19.

슐라이어마허(Friedrich Ernst Daniel Schleiermacher)의 다음과 같은 적절한 생각도 동일한 초기 낭만주의의 사상 권역에 속한다.

자기 직관과 우주의 직관은 상관개념이다. 그래서 반성은 저마다 무한하다.[4]

노발리스(Friedrich von Hardenberg Novalis) 또한 피히테의 이념과 대립하는 지점에서 슐레겔의 이 이념에 지극히도 왕성한 관심을 두었다. 그는 1797년에 이미 슐레겔에게 쓰고 있다.

자네는 발전을 추구하는 자기사유자들을 피히테의 마법으로부터 보호하기 위해 선택되었다네.[5]

노발리스는 이외에도 자기 스스로 피히테를 비난했다는 것은 다음의 진술에 암시되어 있다.

자아는 스스로 자기 자신을 제한할 수 없다는 명제에서 피히테는 일

3   같은 곳, p. 38.
4   Wilhelm Dilthey, *Leben Schleiermacher*, Bd. I. *Denkmale der innern Entwickung Schleichermachers*, Berlin 1870, p. 118.
5   Novalis, *Briefwechsel mit Friedrich und August Wilhelm, Charotte und Caroline Schlegel*, Herausgegeben von J. M. Raich, Mainz 1880, p. 38 f.

관성을 (…) 잃고 있지 않은가? 자기제한의 가능성은 모든 종합의, 모든 기적의 가능성이다. 그 기적 하나로 세계는 시작되었다.[6]

하지만 주지하다시피 피히테에게 자아는 그 자체로 비(非)자아를 통해 제한되는데 ―다만 무의식적으로만 그러하다.[7] 따라서 노발리스의 이런 소견은 진정한 "피히테주의"의 요구와 마찬가지로 "동인(Anstoß)[8]도 없고, 피히테주의적 의미에서 비자아도 없는",[9] 단지 자아의 제한은 무의식적 제한이 아니라 오로지 의식적임과 동

6   Novalis, *Schriften*. Kritische Neuausgabe auf den Grund des handschriftlichen Nachlasses von Ernst Heilborn², 2 Bde. Berlin 1901, p. 570.
노발리스의 반대 소견에 대해서는 Heinrich Simon, *Die theoretischen Grundlagen des magischen Idealismus von Novalis*, Heidelberg 1905, Freiburg Diss. p. 14 f.를 참조할 것. 노발리스 생각의 미완적 성격으로 인해, 또 거의 모든 것이 보존되는 전승의 예외적 상황으로 인해, 그의 진술들 중 매우 많은 대목에서 이와 정반대되는 진술도 찾아볼 수 있다. 그럼에도 이 대목에서는 방금 언급한 의미에서 응당 노발리스를 인용해도 좋고 또 그래야만 하는 문제사(史)적 연관이 존재한다.

7   (편역자 주) 앞서 벤야민은 피히테의 자아/정립의 문제를 논하면서 그로부터 파생되는 비자아의 기능을 이중적 의미로 규정한다. 하나는 인식에서의 기능으로서 '자아의 통일로 되돌아가는' 것이고, 다른 하나는 행위에서의 기능으로서 '무한으로 들어가는' 것이다. 이로써 '자아에서 형성되는 비자아'의 문제가 가시화하는데, 그것은 '자아의 무의식적 기능에 바탕을 둔다'는 피히테의 견해를 벤야민은 명료하게 부각한다.

8   (편역자 주) 'Anstoß'는 피히테의 주요 개념으로서 자아 정립 활동에서 운동의 '계기' '동인'을 의미한다. 그런데 이 용어 자체도 그러하지만, '동인'에는 '능동/수동' '작용/반작용'의 이중적 의미가 공존한다. 'Anstoß'는 일종의 '부딪힘' '충격'인데, 그럼으로써 '장애' '빙해' '지체'가 일어나고, 심리적으로는 '불쾌'를 일으키며, 그리하여 그 반작용으로 '저항' '반감'의 운동을 촉발한다. 그 연쇄작용을 통틀어 어떤 것의 '동인'으로 규정될 수 있다.

9   Novalis, *Schriften*. Herausgegegeben von J. Minor. Bd. 3, Jena 1907, p. 332.

시에 상대적 제한이기만 해도 된다는 의견일 수 있다. 실제로 여기에 초기 낭만주의적 이의제기의 경향이 있으며, 그러한 이의제기는 아래에서 볼 수 있는 것처럼 빈디쉬만(C. H. J. Windischmann) 강의에서도 여전히 발견된다.

원자아, 원자아 속에서 모든 것을 포괄한 것이 전부다. 그것 외부에서는 아무것도 아니다. 우리는 자아성 외에 아무것도 가정할 수 없다. 제한성이란 자아를 그저 뿌옇게 반사한 빛이 아니라 실재적 자아다. 비자아가 아니라 반자아고, 너다.[10] —일체는 무한한 자아성의 일부에 지나지 않는다.[11]

또는 반성과의 관계로 보다 더 명확해진다.

자기 자신으로 되돌아가는 활동의 능력, 자아의 자아일 수 있는 능력은 사유다. 이러한 사유는 우리 자신 외에 어떤 다른 대상도 지니고 있지 않다.[12]

낭만주의자들은 무의식적인 것을 통한 제한을 기피한다. 상대적 제한 외에 다른 제한이란 없으며, 상대적 제한은 의식적 반성 자체에 있어야 한다는 것이다. 강의에서 슐레겔은 이 문제에 있어

10 덧붙여도 좋다면, 제한성은 반성에서 형성된 것이다.
11 Friedrich Schlegel, *Philosophische Vorlesungen* …, 앞의 책, p. 21(Anm.).
12 같은 책, p. 23.

서도 자신의 이전 입장과 비교하면 보다 완화된 타협점을 제시하고 있다. 〔그에 따르면〕 반성의 제한은 반성 자체 속에서 이루어지지 않으며, 그래서 원래 상대적인 것이 아니라 의식적 의지에 의해 비롯된다. "반성을 붙잡아두고 직관을 임의적으로 어떤 특정 대상으로 정향하게 하는 능력"[13]을 슐레겔은 의지라고 부른다.

슐레겔의 절대자 개념은 피히테의 그것과 비교하면 충분히 규정되어 있는 셈이다. 이 절대자는 그 자체로 반성매체[14]로 특징짓는 편이 가장 올바를 것이다. 이 전문용어로 슐레겔의 이론적 철학 전체가 요약·정리될 수 있으며, 앞으로도 이 용어로 빈번하게 인용될 것이다. 그래서 이 용어를 보다 더 정확하게 설명하고 확실하게 할 필요가 있다. 반성은 절대자를 구성하되 하나의 매체로서 구성한다. 슐레겔은 매체라는 표현은 사용하고 있지 않지만 절대자 또는 체계 안에서 동일한 모양으로 부단하게 나타나는 연관에 최대 가치를 두는데, 우리는 이 절대자 혹은 체계라는 양자를 현실적인 것의 연관으로서 그 (어디에서나 동일한) 실체 속에서가 아니라, 그 명료한 전개의 정도 속에서 해석할 필요가 있다.[15] 그리하여 슐레겔은 이렇게 말한다.

---

13   같은 책, p. 6.

14   이 경우 이 명칭의 이중적 의미는 어떤 불명료함도 내포하지 않는다. 왜냐하면 한편으로, 반성은 그 자체로 ―그 연속적 연관의 힘으로 매체이고, 또 다른 한편으로, 문제가 되는 매체는 그 안에서 반성이 운동하는 바로 그것인데, 말하자면 이 반성은 절대자로서 자기 자신 안에서 운동하기 때문이다.

15   〔편역자 주〕 앞서 벤야민은 '반성단계'(요컨대 1단계-사유, 2단계-사유의 사유, 3단계-사유의 사유의 사유 등)의 분석을 바탕으로 피히테의 사상과 차이를 보이는 초기 낭만

의지는 (…) 자기 자신을[16] 절대적 최대치까지 증식하거나 그 최저치까지 감식하는 자아의 능력이다. 이 능력은 자유라는 점에서 한계가 없다.[17]

슐레겔은 이 관계에 대해 매우 명확한 생각을 제시하고 있다.

자기 자신으로 되돌아가는 것, 자아의 자아는 포텐츠의 고양(poten-zieren)[18]이다. 자기 밖으로 나오는 것,[19] [그것은] 수학에서 제곱근 구하기다.[20]

전적으로 유사하게 노발리스는 반성매체 속에서 이 운동을 기술했다. 그가 보기에 이 운동은 낭만주의의 본질과 밀접한 관계가 있어서, 이에 낭만화라는 표현을 붙였다.

주의 사상의 독특성을 규명한다. 이 독특성을 특징짓는 '반성의 무한성'은 제1의 공리적 전제로서 반성이 무한으로 공허하게 흐르는 게 아니라 실체를 담보한다는 것이며, 또 다른 한편으로 절대자를 향한 무한의 반성 운동은 그 명료성의 정도에 따라 현실성을 내포한다는 것이다.

16 즉 반성 속에서.

17 Friedrich Schlegel, *Philosophische Vorlesungen* …, 앞의 책, p. 35.

18 [편역자 주] '포텐츠(Potenz)'는 라틴어 '*potentia*'에서 유래된 말로 '힘' '능력' '생식력'이라는 뜻이다. 수학 용어로는 '(동일한 조작의) 반복' '제곱(승수)'을 의미하지만, 낭만주의 자연철학 내에서는 셸링·노발리스·슐레겔 등이 서로 공유한 주요 개념이다. 따라서 Potenz의 동사형 'potenzieren'은 '(힘을) 강화하다, 보강하다, 증식(증가)하다, 거듭 제곱하다'라는 뜻으로 쓰인다.

19 곧 반성 정도의 약화를 뜻한다.

20 Friedrich Schlegel, *Philosophische Vorlesungen* …, 앞의 책, p. 35.

낭만화란 질적인 포텐츠의 고양에 다름 아니다. 이러한 활동에서는 낮은 단계의 자아가 더 나은 자아와 동일시된다. 우리 자신이 이와 같은 질적인 포텐츠 계열인 것처럼 (…) 낭만주의 철학은 (…) 상호 고양이고 겸양이다.[21]

슐레겔은 자신이 생각하는 절대자의 매체적 본성을 전적으로 분명하게 표명하기 위해 그것을 빛에 비교한다.

자아의 생각은 (…) 모든 생각의 내적 빛으로 (…) 봐야 한다. 모든 생각은 이러한 내적 빛이 굴절된 스펙트럼에 불과하다. 각각의 생각에서 자아는 눈에 띠지 않는 빛이고, 그 안에서 사람들은 자신을 발견한다. 사람들은 늘 자신 혹은 자아만을 사유하는데, 물론 천박한, 파생된 자기가 아니라 더 높은 의미에서의 그것을 말이다.[22]

노발리스는 열성을 다해 절대자의 매체성과 동일한 생각을 자기 저작에서 직설적으로 털어놓았다. 그는 반성과 매체성의 통일을 '자기관철(자기침투, Selbstdurchdringung)'이라는 탁월한 표현으로 특징짓고, 정신의 이러한 상태를 거듭 반복해 예고하고 또 요구했다. "모든 철학의 가능성은 (…) 예지(叡智, Intelligenz)가 자기접촉을 통해 자기법칙에 따른 운동, 곧 활동의 고유한 형식을 자신에게 부여하는 것",[23] 따라서 반성은 그와 동시에 "결코 끝나지 않는 정

---

21   Novalis, *Schriften*, 앞의 책, p. 304 f.
22   Friedrich Schlegel, *Philosophische Vorlesungen* …, 앞의 책, p. 37 f.

신의 진정한 자기관철의 시작"[24]이다. "자신을 스스로 관철했던 카오스"[25]를 노발리스는 미래세계라 부른다.

자기 자신을 스스로 관철한 최초의 천재는 여기에서 헤아릴 수 없는 세계의 전형적인 맹아를 발견했다. 그는 세계사에서 가장 기이할 수밖에 없는 것을 발견해냈다. 왜냐하면 그 덕에 인류의 아주 새로운 시대가 시작되었기 때문이다. ─이 단계에 이르러서야 비로소 온갖 종류의 진정한 역사가 가능해진다. 지금까지 뒤로하고 걸어왔던 길이 이제는 고유의, 전적으로 설명가능한 전체를 이루기 때문이다.[26]

지금까지 서술된 빈디쉬만 강의 체계의 이론적 기본관은 결정적 지점 하나에서 아테네움(Athenäum) 시대 슐레겔이 견지한 기본관과 차이를 보인다.[27] 달리 말해, 이 슐레겔 후기의 사유 체계와 방법론은 전체로 보아 슐레겔 초기 사상의 인식론적 모티브들을 기록하고 보존하는 반면, 어떤 점에서는 전적으로 슐레겔 초기 사상의 궤도에서 벗어나 있다. 극히 대다수의 일치에도 불구하고 나타나는 이런 이탈가능성은 반성체계 자체에서 나타나는 특정한 독특성에 있다. 이 독특성은 피히테의 경우 아래와 같이 특징지어진다.

---

23   Novalis, *Schriften*. 앞의 책, p. 63.
24   같은 책, p. 58.
25   Novalis, *Schriften*. Herausgegeben von J. Minor II. 위의 책, p. 309.
26   Novalis, *Schriften*. 앞의 책, p. 26.
27   〔편역자 주〕'아테네움'은 슐레겔 형제가 창간한 낭만주의 기관지를 말한다.

주장되는바, 자아는 자기 자신 속으로 되돌아간다. 그렇다면 자아는 되돌아가기 이전에 또 그 되돌아가기와 무관하게 자기 자신에 대해 (대자對自, für sich) 이미 존재하지 않는가? 자신을 행위의 목적으로 만들기 위해서는 이미 자기 자신에 대해 존재할 수밖에 없지 않은가? (…) 결코 그렇지 않다. 이 행위를 통해서야 비로소 (…) 특정 행위에는 그 어떤 행위 일반도 선행하지 않기에, 행위 자체에 대한 행위를 통해서야만 비로소 자아는 근원적으로 자신에 대해 자기가 된다. 다만 철학자에게만 자아는 그 이전에 사실로서 존재하는데, 그 까닭은 그가 이미 경험 전체[28]를 했기 때문이다.[29]

빈델반트는 피히테 철학의 서술에서 이와 같은 생각을 특히나 명확하게 표명했다.

사람들이 대개 활동을 존재를 전제하는 무언가로 본다면, 피히테에게 존재란 근원적 행함의 산물에 불과하다. 그에게 어떤 기능을 하는 존재를 뺀 기능은 형이상학적 근원원리다. (…) 사유하는 정신은 우선 먼저 '있고' 어떤 동기를 통해 그 뒤를 이어 자기의식에 도달하는 것이 아니라 자기의식의 파생불가하고 설명불가한 행위를 통해 이루어진다.[30]

28 즉 자신의 선험적 자아로 관여하는 것을 바탕으로.
29 Johann Gottlieb Fichte, *Sämmtliche Werke*. Herausgegeben von I. H. Fichte, Bd. 1, Berlin 1845-1846, p. 458 f.
30 Wilhelm Windelband, *Die Geschichte der neueren Philosophie in ihrem Zusammenhange mit der allgemeinen Kultur und den besonderen*

슐레겔이 1800년『포에지에 대한 대화(Gespräch über die Poesie)』에서 관념론은 "흡사 무에서 발생한 것과도 같다"[31]라는 말로 이와 똑같은 생각을 한 것이라면,[32] 이러한 사고 전개 과정은 여기에서 지금까지 서술해온 전체를 고려해 반성은 논리적으로 맨 처음의 것이라는 명제로 요약해도 좋겠다. 왜냐하면 반성은 사유의 형식이기 때문에, 비록 반성이 사유와 같은 것을 지향할지언정 사유는 반성 없인 논리적으로 불가능하기 때문이다. 반성과 함께 비로소 반성이 지향하는 사유가 발원한다. 그래서 모든 단순한 반성은 절대적으로 어떤 무차별점(Indifferenzpunkt)[33]에서 발원한다고 말할 수 있다. 사람들이 반성의 이 무차별점에 어떤 형이상학적 특성을 덧붙일지는 아직 열려 있다. 다만 이 지점에서 문제가 되는 슐레겔의 두 사상 궤도가 서로 갈엇갈린다. 빈디쉬만 강의는

Wissenschaften, Bd. II: *Die Blütezeit der deutschen Philosophie. Von Kant bis Hegel und Herbart*, Leipzig 1911(5. Auflage), p. 221 f.

31   Friedrich Schlegel, *1794-1802. Seine prosaischen Jugendschriften*, Herausgegeben von J. Minor, Bd. II, Wien 1906 (2. (Titel-)Auflage), p. 359.

32   후기『강의』에서 슐레겔의 생각은 모호해졌다. 거기에서도 그는 어떤 존재에서 출발한 것은 아니지만, 사유행위도 또한 아니며, 순수 의지나 사랑에서 시발점을 찾고 있다(Friedrich Schlegel, *Philosophische Vorlesungen* …, 앞의 책, p. 64 f).

33   〔편역자 주〕 동일성 철학의 전통, 특히 셸링에게서 'Indifferenz'는 주관(인식의 주관성)과 객관(인식대상)의 동일성을 의미하는 용어로 사용되었다. 이에 따라 'Indifferenz'는 보통 '무차별성' '무차이성'으로 번역되며, 또 언어철학적 기호론의 맥락에서는 '무기점(無記點)'이라고 옮길 수도 있다. 다름(차이)에 마주해도 그것에 개의치 않는 주관적 태도를 가리킬 때 '무관심(Gleichgültigkeit)' '냉담함' '무반응'의 상태를 뜻하기도 하는데, 이는 어원상 스토아철학의 아파테이아(apatheia) 곧 부동심, 평정심으로 소급된다. 벤야민이 어떤 철학 전통을 염두에 둔 것인지는 명확하지 않다. 다만 'Indifferenz'개념은 벤야민의 초기 사상에서 상당히 비중 높은 범주라는 점에서 전문적 연구를 필요로 한다.

이 중심점, 절대자를 피히테와 결부해 자아로 규정한다. 아테네움 시대의 슐레겔 저작에서 이 개념은 피히테와 비교해서만이 아니라 노발리스와 비교해도 미미한 역할밖에 하지 않는다. 초기 낭만주의의 의미에서 반성의 중심점은 예술이지 자아가 아니다. 슐레겔이 절대적 자아의 체계로서 강의에서 제시한 각 체계의 기본 규정은 슐레겔 초기 사상의 흐름에서 예술을 대상으로 삼고 있다. 그래서 변화되어 사유된 절대자에서는 다른 반성이 작용한다. 낭만주의적 예술관이 의거하는 것은 사유의 사유에서는 어떤 자아-의식도 알지 못한다는 점이다. 자아로부터 자유로운 반성은 예술의 절대자 속에서의 반성이다. 여기서 제시된 원리에 따른 이 절대자의 고찰은 본 논문 제2부에 할애될 것이다. 논의될 점은 예술의 매체 속에 나타나는 반성으로서의 예술비평이다. 반성의 도식은 앞서 자아 개념이 아니라 사유 개념과 관련지어 명확하게 설명되었다. 까닭인즉 자아 개념이 여기에서 관심 대상인 슐레겔 시대에서 아무런 역할도 하지 않기 때문이다. 이에 반해 사유의 사유는 모든 반성의 원(原)도식으로서 슐레겔의 비평 구상에도 바탕을 두고 있다. 이 비평 구상은 이미 피히테가 결정적 형식으로 규정했다. 피히테 자신은 이 형식을 자아로, 세계의 지성적 개념의 원(原)세포로 해석했으나, 낭만주의자 슐레겔은 이 형식을 1800년경 미학적 형식으로, 예술 이념의 원세포로 해석했다.

(후략)

제2부 예술비평

1. 초기 낭만주의의 예술인식론

예술이란 반성매체의 한 규정인데, 이는 아마도 지금까지 받아들인 것 중 가장 풍요로운 규정일 것이다. 예술비평은 이런 반성매체 속에서 이루어지는 대상인식이다. 따라서 이어지는 고찰에서는 반성매체로서의 예술 파악이 예술 이념과 예술 형성물의 인식에, 또 이와 같은 인식 이론에 어떤 파장을 일으키는지 서술될 것이다. 마지막 물음은 앞서 서술된 모든 것을 통해 충분히 수행되었기에 이제는 낭만주의 예술비평의 방법에서 그 핵심사안적 성과로 이동하기 위해 단 하나의 요점만 반복할 필요가 있다. 물론 예술을 반성매체로 본 특별한 이유를 낭만주의자에게서 찾으려 한다면, 그것은 완전히 실패할 게 뻔하다. 그들에게는 모든 현실적인 것의 이러한 해석이, 예술을 또한 이렇게 해석한 것이 일종의 형이상학적 신조였다. 이미 서론에서 지적했듯, 그것은 그들 세계관의 중심적인 형이상학적 기본 명제가 아니다. 그러기에는 그 신조가 갖는 특유의 형이상학적 비중이 너무나도 보잘것없었다. 하지만 제아무리 이와 같은 맥락이 이 명제를 과학적 가설의 유비에 따라 다루거나, 이 명제를 그저 내재적으로 명확하게 설명하기만 하고 혹은 대상 파악을 위해 이루어낸 성과를 단서로 해 이 명제를 펼쳐 보이는 일을 필요로 한다고 해도 잊어서는 안 되는 것은, 낭만주의적 형이상학이나 낭만주의 역사개념 연구에서 현실적인 것을 사유하는 자의 것으로 간주되는 이러한 형이상학적 관은 무엇보다도 그 인식론적 내용이 중시되는 예술이론과의 관계 속에서 표명되는 것과는 한층 더 다른 측면을 드러내리라는 점이다. 본 논문에서는, 이와는 정반대로, 그 형이상학적 의미를 그 본래적 의미에서 파악하지 않고 오로지 낭만주의적 예술이론 속에서만 다룰 것이다. 물론 이 낭만주의적 예술론이야말로 훨씬 탁월한 노련함으로 직접적으로 낭만주의 사유의 형이상학적 깊이에 능히 도달할 수 있다.

빈디쉬만 강의에는 슐레겔을 강력하게 아테네움 시대로 옮겨가도록 하고 그의 예술이론을 규정했던 사상이 희미한 여운 속에서 여전히 울려나오게 하는 대목이 하나 있다.

> 뭔가 생산을 하고, 그렇기에, 우리가 자연의 자아와 세계-자아에 있다고 생각하는 어떤 창조적 능력과 형식상 너무나도 유사한 사유의 종류라는 것이 (…) 존재한다. 말하자면 창작하는 일, 그것은 어느 정도 자신의 소재 자체를 창조하는 일이다.[34]

이 생각은 빈디쉬만 강의에서는 더는 아무런 의미도 없다. 그럼에도 그 생각은 이전에 예술로 사유했던 반성이 절대적으로 창조적이고 내용적으로 충만한 것이라는 슐레겔의 꽤 오래된 입장을 명료하게 표현한다. 따라서 슐레겔은 이 연구와 관련된 시대

---

34 Friedrich Schlegel, *Philosophische Vorlesungen* …, Herausgegen von C. J. H. Windischmann. Supplemente zu Fried. v. Schlegel's sämtlichen Werken. 4 Teile in 2 Bdn. Bonn 1846(2. Ausgabe), p. 63.

에서는 반성개념에서 나타나는 온건주의 역시 아직 몰랐는데, 그 온건주의에 따라 빈디쉬만 강의에서 그는 제한하는 의지를 반성과 대립시킨다.[35] 이전에 그가 알았던 것은 자기 자신을 통한 반성의 상대적, 자율적 제한뿐이며, 이것은 이제 밝혀지듯 예술이론에서 중요한 역할을 한다. 〔슐레겔〕 후기 저작의 취약성과 신중함은 이전 슐레겔에게 예술에서 가장 명료하게 현현했던 반성의 창조적 전능을 제한하고 있는 데에 기인한다. 슐레겔이 초기 강의의 저 대목에서와 같은 명료함으로 예술을 반성매체로 특징지은 것은 오로지 저 유명한 「아테네움 단편(Athenaeum Fragment)」 116번에서였다. 거기에는 낭만주의적 포에지에 대해 적혀 있는데, 그것은 "대부분 서술된 것과 서술하는 것 사이에서[36] 모든 (…) 이해관계로부터 자유롭게 포에지적 반성의 날개를 달고 양극의 중간에서 두둥실 떠다니며, 이 반성의 포텐츠를 거듭 반복해 고양하고, 끝없이 줄지어 늘어선 거울 속처럼 이 반성을 배가"할 수 있다. 예술에 대한 생산적 및 수용적 관계에 대해 슐레겔은 이렇게 말하고 있다.

포에지적 감정의 본질은 어쩌면 사람들이 자신을 전적으로 자기 자신으로부터 촉발 (…) 할 수 있다는 데에 있을지도 모른다.[37]

---

35   〔편역자 주〕 82쪽 이하를 참조할 것.
36   시인과 그의 대상은 여기에서 반성의 양극(兩極)으로 생각될 수 있다.
37   Friedrich Schlegel, *Athenäum, Seine prosaischen Jugendschriften*, 앞의 책, p. 433.

이가 뜻하는 바는 반성의 무차별점, 곧 반성이 무에서 발원하는 바로 그 지점이 포에지 감정이라는 것이다. 이 정식화가 심성능력(마음능력, Gemütsvermögen)의 자유로운 유희라는 칸트 이론—여기에서 대상은 무가 되어 뒤로 물러서며, 오로지 정신의 자발적, 내적 정조의 동기만 될 뿐이다—과 관련이 있는지의 여부는 판단하기 어려울 것이다. 어찌되었든 초기 낭만주의 예술이론이 칸트의 예술이론과 맺는 관계에 대한 논의는 낭만주의 예술비평 개념을 주제로 다루는 이 자리에서는 파악될 수 없기에 이 학술서의 범위를 벗어난다. —노발리스 또한 여러 어법을 통해 예술의 기본 구조가 반성매체의 기본 구조임을 이해시키고자 했다. "시문학은 우리 감각기관(感覺器官, Organ)의 자의적이고 활동적이며 생산적인 사용이고 —아마 사유 자체도 그와 다르지 않을 것이다— 따라서 사유와 창작은 같은 종류의 것이다"[38]라는 명제는 앞서 끌어들인 강의에서의 슐레겔 진술과 너무나도 유사하며 또 그 방향으로 기운다. 노발리스가 다음과 같이 말할 때, 그는 예술을 아주 명료하게 탁월한(κατ' εξοχήν) 반성매체로 파악하며, 예술이라는 말을 바로 반성매체와 동일한 의미의 전문어(terminus technicus)로 사용한다.

자아의 시초는 그저 관념적이다. (…) 시초는 자아보다 나중에 생긴다. 그렇기 때문에 자아는 시작했던 것이 아닐 수도 있다. 그로부터

---

38   Novalis, *Schriften*. Herausgegegeben von J. Minor III. Bd. 3, Jena 1907, p. 14.

우리는 여기에서 우리가 예술의 영역에 있음을 깨닫는다.[39]

그리고 그가 "자료[데이터, Data] 없는 창작예술, 절대적 창작예술이란 과연 존재할까?"[40]라고 물을 때, 그것은 한편에서는 반성의 절대적으로 중립적인 근원에 대한 물음이고, 또 다른 한편에서는 그 자신이 자기 저술에서 매우 자주 시문학을 자료 없는 절대적 창작예술이라고 특징짓곤 했던 것이다. 그는 셰익스피어의 예술성에 대한 슐레겔 형제의 이론에 이의를 제기하고, 그들에게 예술은 "흡사 자기 자신을 정관(靜觀)하고(beschauen), 자기 자신을 모방하며, 자기 자신을 형성하는 자연과도 같은 것임"[41]을 상기시켰다. 이 견해는 자연이 반성과 예술의 배양지라기보다는 반성매체의 통합성과 통일성의 보존지가 되어야 한다는 뜻이다. 이 대목에서 노발리스에게는 예술보다 자연이라는 표현이 더 나아 보이며, 그에 따라 우리는 포에지의 현상들에 대해서도 비록 그것이 절대자에게만 들어맞는다 해도 이 자연이라는 명칭을 그대로 두어야 할 것이다. 하지만 그는 줄곧 슐레겔과 의견을 전적으로 같이해 예술을 반성매체의 전형으로 간주하고, 그러고는 다음과 같이 말한다.

---

39   Novalis, *Schriften*. 앞의 책, p. 496.
40   같은 책, p. 478.
41   같은 책, p. 277.

자연은 낳고, 정신은 만들어낸다. 자기가 자기 자신을 만드는 것보다 만들어지는 것이 훨씬 더 쉬운 일이다. (프랑스어 원문)[42]

따라서 반성은 모든 정신적인 것에서나 예술에서나 원천적인 것이고 건설적인 것이다. 그리하여 단지 "마음이 (…) 자각해서"[43]만 종교가 발생하며, "자기 자신을 형성하는 존재"[44]라는 점은 포에지에 해당된다.

반성매체 속에서 이루어지는 예술인식은 예술비평의 과제다. 이 인식에는 일반적으로 대상인식을 위해 반성매체에 존재하는 모든 법칙이 적용된다. 따라서 비평은 관찰이 자연대상과 마주하는 것과 동일하게 예술작품과 마주하고 있으며, 그것은 동일한 법칙들로서 서로 다른 대상들에 변형되어 각인될 뿐이다. 노발리스가 "동시에 생각이자 관찰인 것은 비판적 (…) 맹아다"[45]라고 말할 때, 그는 ―관찰은 하나의 사유과정이기에 동의이어를 반복하고 있지만― 비평과 관찰 간의 인접한 친화성을 표명한 것이다. 따라서 비평은 흡사 예술작품에서 수행되는 실험과도 같고, 이 실험을 통해 예술작품의 반성이 환기되고, 또한 자기 자신을 의식하고 인식하기에 이른다.

---

42   같은 책, p. 490.
43   같은 책, p. 278 f.
44   같은 책, p. 331.
45   같은 책, p. 440.

진정한 평론은 (…) 문헌학적 실험과 문학적 탐구의 결과와 그 서술이어야만 한다.[46]

슐레겔은 또 다른 한편으로 "소위 탐구를 (…) 역사적 실험"[47]이라 칭하고 자신이 1800년에 시도한 비판적 행위를 회고하며 다음과 같이 말하고 있다.

나는 지금까지 그래왔던 것처럼 앞으로도 나 자신과 학문을 위해 포에지적, 철학적 예술작품으로 실험하는 일을 포기하지 않을 것이다.[48]

기본적으로 반성의 주체는 예술형성물 그 자체이고, 실험은 형성물에 **대한** 반성에 있는 것이 아니다. 이러한 반성은 낭만주의적 예술비평의 의미에 담겨 있는 것과는 달리 본질적으로 형성물을 변화시킬 수 없다. 반성의 주체는 그러한 것이 아니라 반성의 전개에, 말하자면 낭만주의자에게는 정신의 전개에, 어떤 형성물 **속에** 있는 것이다.

(후략)

---

46 Friedrich Schlegel, *Athenäum*, 앞의 책, p. 403.
47 같은 책, p. 427.
48 Friedrich Schlegel, *Seine prosaischen Jugendschriften*, 앞의 책, p. 423.

| 서평 |

『잊힌 옛 아동도서들』*

"책을 왜 수집하시나요?"—일찍이 이와 같은 설문으로 애서
가에게 자성을 촉구한 적이 있었던가? 그 응답들은 얼마나 흥미
로울까?! 적어도 솔직한 대답이라면 말이다. 왜냐하면 오직 문외
한만이 여기에서는 속일 것도 미화할 것도 없다고 생각할 수 있
기 때문이다. 오만, 고독, 쓸쓸함—이것이 대부분 교양 있고 운 좋
은 수집가의 본성에 드리워진 어두운 면이다. 모든 열정은 때로 데
몬적(dämonisch) 성향들을 드러낸다. 이에 대해 서적 애호의 역사
는 열정 단 하나만 이야기해도 안다. 하지만 거대한 아동도서 수
집을 자신의 작품[1]을 통해 독자에게 알린 카를 호브레이커[2]의 수
집 신조는 이와 같은 데몬적 성향을 전혀 모른다. 수집에 대해 친
절하고 세심한 이야기를 듣지도 못했거니와 책 어디에서도 가르침

---

* 〔편역자 주〕 Alte vergessene Kinderbücher(Walter Benjamin, *Gesammelte
   Schriften*, Bd. III, Frankfurt a. M., 1972-1992, pp. 14-22).
   이 글은 잡지 『화보신문(Illustrierte Zeitung)』 1924년 4161호에 발표된 글이다.

1   Karl Hobrecker, *Alte vergessene Kinderbücher*, Berlin, Mauritius-Verlag,
   1914, p. 160.

을 받지 못한 이에게는 그저 다음과 같은 생각만으로도 충분할 것이다. 오로지 어린애 같은 즐거움에 충실한 사람만이 이 수집의 영역—아동도서—을 발견할 수 있었다고 말이다. 이 즐거움이 그의 장서(藏書)의 원천이고, 그것의 번영을 위해서는 유사한 것은 제각각 같은 부류를 필요로 할 것이다. 책 한 권, 아니 책 한 페이지, 유행이 지난 책에 덩그러니 그려진 그림 한 장, 어쩌면 어머니 아니면 할머니로부터 유래한 것인지도 모를 책 한 권이 이러한 욕망의 첫 연약한 뿌리가 타고 올라갈 지지대가 될 수도 있다. 책 표지가 헐겁다거나, 페이지가 빠졌다거나, 아니면 때론 〔책 표지가〕 거친 손길로 그려진 목판화라 해도 아무 상관 없다. 멋진 책 견본을 찾아 나서는 일은 그 나름대로 정당하지만, 꼬치꼬치 따지길 좋아하는 현학자에게는 목을 조르는 일이다. 그래서 어린아이의 씻지 않은 손이 책장들을 고색(古色)으로 창연하게 물들이는 것처럼, 고색이 서책 속물을 멀리하는 건 좋은 일이다.

25년 전 호브레이커가 수집을 시작했을 때 옛 아동도서는 쓸모없는 것이었다. 그는 우선 머지않아 휴지조각으로 전락할 옛 아동도서가 안전하게 보호될 망명지를 마련했다. 그의 책장을 가득 채운 수천 권의 책 중에서 100권의 아동도서만이 이 망명 속의 마지막 견본 상태로 발견될지 모른다. 이 최초 아동도서 기록수집관이 작품으로 독자들 앞에 나타났을 때 〔그것이〕 위엄과 거드름

---

2   〔편역자 주〕 카를 호브레이커(Karl Hobrecker, 1876~1949): 독일의 화학자, 아동도서 수집가. 그의 수집품 대다수는 1933년 제국청년도서관에 이전되었다가 전쟁 이후에는 브라운슈바이크교육대학에 옮겨졌다.

을 피우는 모습이 아니었음은 분명하다. 호브레이커가 원했던 것은 자기 작업의 인정이 아니라 그 작업이 열어놓은 멋진 부분의 공유였다. 모든 것이 학자다웠고, 특히 약 200여 개 주요 〔아동도서의〕 제목을 모아둔 부록인 참고문헌은 수집가가 환영할 만한 부속품이지만, 그렇다고 이와 거리가 먼 사람을 성가시게 하지도 않는다.

독일 아동도서는 ―저자는 이야기를 이렇게 시작하는데― 계몽주의와 함께 생겨났다. 박애주의자들은 거대한 휴머니즘적 양성 프로그램을 실례 삼아 교육을 실험했다. 인간이 천성적으로 유순하고 선하며 사교적이라면, 어린아이가, 즉 전적으로 자연적인 존재에서 가장 유순하고 가장 선하며 가장 사교적인 인간이 양성될 수 있어야 했다. 또 온갖 이론적으로 조율된 교육에서 실질적 영향을 끼치는 기술이 뒤늦게 발명되고 또 문제시되는 경고가 시작되자, 아동도서도 첫 10년간은 교화적이고 도덕적으로 변했으며, 그 해석에서까지도 모조리 이신론적(理神論的) 의미에서의 교리문답이 변주되었다. 이러한 텍스트를 호브레이커는 가차 없이 심판대에 올려놓았다. 무미건조함, 아동에게조차 느껴지는 무의미는 종종 부정하기 어려울 것이다. 그래도 이 시정된 오류는 천진난만한 존재에 대한 감정이입 탓에 오늘날 확산되고 있는 과오, 예를 들자면 운율에 맞춘 이야기를 절망적으로 왜곡한 익살스러움이나 신마저 등 돌린 아이의 즐거움을 표현한 히죽대는 유아의 면상에 비하면 경미한 편이다. 아이가 어른에게 요구하는 것은 명확하고 이해하기 쉬운 표현이지 천진난만한 표현이 아니다. 하지만 적어도 그것은 세상에서 흔히 그렇다고 간주하는 것이다. 또 깊은 숙고 없이 솔직한 진심에서 우러나온 것이라면 통례에서 벗어난 심각한 진지함도 어린아이는 정확하게 이해하는 만큼 유행에 뒤떨어진 옛 텍스트에 대해서도 모두 더러는 그렇게 말할 수 있을지도 모른다.

아동도서 〔발행〕 초반기에는 초보용 교재와 교리문답서 외에도 그림사전, 삽화 형식의 단어집, 또는 이전에 사람들이 아모스 코메니우스의 '세계도해'[3]〔〈그림 2-3-1〉〈그림 2-3-2〉 참조〕라고 부른 것이 있었다. 계몽주의는 자기 방식대로 이 형식도 장악해, 기념비적 작품인 바제도[4]의 『초등독본(Elementarwerk)』〔〈그림 2-3-3〉 참조〕을 창출했다. 이 책은 텍스트로서 몇 배 더 즐겁다. 왜냐하면 —수학의 유용성이든 공중곡예의 유용성이든 똑같이— 시대 조

3 〔편역자 주〕요한 아모스 코메니우스(Johann Amos Comenius, 1592~1670): 보헤미아의 교육학자, 자연주의 교육의 제창자. 루소나 페스탈로치의 선구자로 알려져 있다. 교육학설서로 『대교수학(大教授學, Didactica Magna)』(1632)과 『세계도해(世界圖解, Orbis Pictus)』(1658)가 있다. 『세계도해』에서는 유희와 여러 신체운동에 관한 풍부한 자료를 통해 경주·구기·수영·검술 등이 상세하게 기술되어 있고 신체운동의 학급별 일제 지도가 논의되어 있다. 그의 교육학설은 '건강한 정신은 건강한 신체에 깃든다'는 원리에 바탕을 두고 있으며, 이에 따라 근대 교육론의 성격을 띠지만, 그 종교적 영향력 또한 간과하기 어렵다.
4 〔편역자 주〕요한 베른하르트 바제도(Johann Bernhard Basedow, 1724~1790): 독일의 계몽주의 교육자이자 사상가. 교육 영역에서 박애주의 창시자로서, 루소·로크 등의 영향을 받았다. 부유한 가정의 학생에게는 일반 교육을, 가난한 가정의 학생에게는 교사가 되는 교육을 실시하고, 고어(古語) 학습을 줄이는 한편, 자연지식 교육과 체육을 중시하는 교육방법으로 명성을 얻었다. 그의 교육사상은 학교교육의 무종파성과 국가 관리의 중요성, 교재 선택의 원리로서 생활 실용성의 강조, 지육(智育)에 대비한 훈육의 중시, 교수방법 원리로서의 직관성과 자기 활동성의 중시 등을 특징으로 한다. 독일 체조의 창시자로도 유명하다.

〈그림 2-3-1〉 코메니우스의 『세계도해』

〈그림 2-3-2〉 코메니우스의 『세계도해』

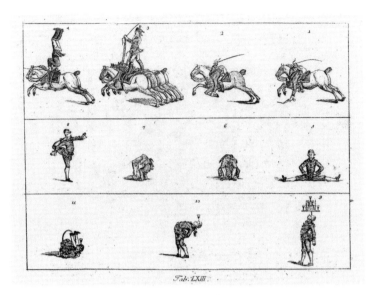

〈그림 2-3-3〉 바제도의 『초등독본』

류상 만물의 '유용성'을 올바르게 해석하는 장황한 보편 수업과 나란하게, 교훈적 이야기들이 희극적인 것을 억지스럽지 않게 스치듯 가볍게 다루는 담대함으로 등장하기 때문이다. 이 두 작품 중 나중에 나온 『아동그림책(Bilderbuch für Kinder)』이 언급할 가치가 있을 것이다. 이 책은 총 12권으로 권마다 100여 개 착색 동판화로 꾸며져 있고, 베르투흐[5]의 주도하에 1792년에서 1847년까지 바이마르에서 출간되었다(〈그림 2-3-4〉〈그림 2-3-5〉 참조). 이 이미

5 〔편역자 주〕 프리드리히 요한 유스틴 베르투흐(Friedrich Johann Justin Bertuch, 1747~1822): 독일의 출판업자. 출판업에 종사했을 뿐만 아니라, 수목원 조성, 화원 공장 운영 등 다양한 분야에서 활동한 예술애호가다. 자신의 활동을 독일 산업을 활성화해 식량과 복리를 전국에 보급하는 확실한 수단으로 이해했다. 계몽주의적 정신자산을 시장경제에 적절하게 적용한 인물로 평가된다.

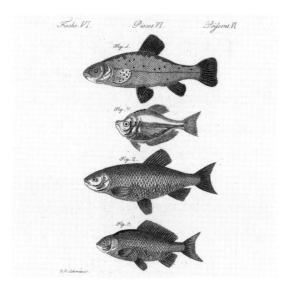

〈그림 2-3-5〉 베르투흐의 『아동그림책』 속 물고기 착색 동판화

〈그림 2-3-4〉 베르투흐의 『아동그림책』 속 상상의 동물 착색 동판화

지 백과사전은 베르투흐가 얼마나 당시에 꼼꼼한 일솜씨로 아동을 위해 헌신적으로 일했는가를 입증해준다. 오늘날 부모들은 대부분 이와 같은 귀중품을 아이의 손에 쥐어주자는 터무니없는 요구에 기겁할 것이다. 베르투흐는 서문에서 아주 태연하게 그림 오리기를 요청하고 있다. 결국에는 동화와 노래란, 일정한 격차를 둔다면 통속서(Volksbuch)와 우화 역시 아동도서의 텍스트에 숱하게 내용을 제공하는 원천이다. 물론 가장 순수한 원천으로서 말이다. 그런데도 그것이 철두철미하게 근대적 선입견이라는 것이고, 그 선입견에서 최신 소설류의 청소년 저작물이, 혼탁한 기운으로 가득한 근본 없는 창작물이 생겨났다. 말인 즉은, 아동이란 이처럼 유별난, 헤아리기 어려운 실존들이라는 것이고, 사람들은 이들 오락거리의 생산을 위해 아주 각별하게 발명의 재간을 부릴 수밖에 없다는 것이다. 물건 제작―시각교재, 장난감 혹은 책처럼―에 있어 아이들에게 맞는 것에 전력을 다해 신경 쓰는 건 쓸데없다. 그것은 계몽주의 이래로 교육학자가 골똘히 생각한 가장 케케묵은 일들 중의 하나다.

교육학자는 자기 편견에 갇혀서 지구상에는 어린아이의 관심을 끄는 그야말로 순수하게 깨끗한 물질들로 가득하다는 점을 간과하고 있다. 그것도 극히 특정 물질들로 가득한데도 말이다. 특이하게도 어린아이들에게는 사물로 일하는 과정이 눈에 보이는 작업장을 찾아가는 성향이 있다. 어린아이들은 건축일, 정원일, 목공일, 재단일, 아니면 그 외 다른 일에서 늘 생기는 쓰레기에 끌린다. 바로 이 폐기물에서 어린아이들은 사물의 세계가 바로 자신들을 향해 보여주는, 오로지 자신들에게만 보여주는 얼굴을 알아본다. 이 폐기물로 어린아이들은 어른들의 작업을 모방하기보다는, 이 쓰다 남은 것과 폐기된 재료들을 비약적으로 새로운 관계에다 접목한다. 이로써 어린아이들은 자신의 사물세계, 곧 커다란 세계 안에 있는 작은 세계를 스스로 형성한다.

이와 같은 폐기물이 동화다. 그것은 어쩌면 인류의 정신적 삶에서 가장 위력적인 폐기물인데, 말하자면 전설의 발생 및 쇠퇴 과정에서 생기는 쓰레기다. 동화 재료를 어린아이는 마치 누더기 천과 건축용 석재처럼 주권을 행사하듯 자유자재로 다룰 수 있다. 동화 모티브 속에서 자기 세계를 구축하거나, 적어도 그 세계의 구성요소들을 연결하는 것이다. 노래와 관련해서도 비슷하다. 그리고 우화의 경우에는

훌륭한 형식의 우화는 불가사의한 심연에서 유래한 정신적 산물을 표현할 수 있는데, 그 가치를 극소수의 경우에 어린아이들이 잘 알아본다. 그동안 육아실이라곤 전혀 모르던 현자가 추측하고, 무엇보다도 그러길 원했던 것처럼, 청소년 독자는 도덕의 천착으로 우화를 소중하게 여긴다거나, 아니면 오성의 단련을 위해 우화를 활용한다는 생각에 우리는 의구심을 품어보아도 좋을 것이다. 어린아이들은 확실히 지극히도 풍부한 사유가 담긴 텍스트보다는 인간처럼 말하고 이성적으로 행동하는 동물에게서 더 많은 즐거움을 느낀다.[6]

6   Karl Hobrecker, *Alte vergessene Kinderbücher,* 앞의 책, p. 54.

다른 대목에는 이렇게 적혀 있다.

특별한 청소년 문학은 위대한 실패에서 시작된다는 점, 이것만은 확실하다.[7]

이에 덧붙여도 되겠다. 그것은 매우 많은 경우에 그래왔다고 말이다.

단 한 가지가 이 시대에 가장 유행에 뒤떨어지고 가장 편파적인 작품들에 흥미를 불러일으켰는데, 바로 삽화다. 삽화는 박애주의 이론의 통제에서 벗어났으며, 이를 통해 예술가와 어린아이들은 교육학자 두뇌들을 뛰어넘어 재빠르게 서로 소통했다. 마치 [예술가와 어린아이들이] 삽화만을 고려해 배타적으로 일했다는 건 아니다. 우화 도서에서는 동일한 종류의 도식들이 서로 아주 다른 대목에서 다소간 변화되어 나타난다. 또한 예를 들어 세계 7대 기적의 묘사에서 볼 수 있는 시각 도서들은 17세기 동판화로, 어쩌면 훨씬 더 멀리 거슬러 올라가는 것인지도 모른다. 말하자면 추측컨대, 이 작품들의 삽화가 바로크 엠블럼과 역사적으로 연관이 있다는 것이다. 이 분야는 우리가 생각하듯 그렇게 낯설지 않다. 18세기 말경에 종이 위에 다수의 사물이 ―그 어떤 형상적 매개도 없이― 알록달록하게 짜 맞추어진 그림책이 등장했다. 그것은 같은 알파벳으로 시작하는 대상들이다. Apfel(사과), Anker(닻),

7   같은 책, p. 77.

Acker(경작지), Atlas(아틀라스) 등등처럼 말이다. 이 단어들의 하나 혹은 여러 외국말 번역도 첨부되었다. 이렇게 보면 예술적 과제는 알레고리적 대상의 상형문자류 조합이 바로크의 도안사에게 제기한 바로 그 과제와 비슷한데, 이 두 시대에서 의미심장하게 명민한 해결책들이 생겨났다. 보편지식의 성장을 위해 이전 세기의 문화 자산을 이토록 엄청나게 희생할 수밖에 없었던 19세기에, 아동도서는 텍스트상으로도 삽화의 측면에서도 손실을 겪지 않았다는 것, 이 사실보다 더 이목을 끄는 일도 없을 것이다. 요컨대 빈 사람의 『이솝 우화(Fabeln des Äsopus)』(제2판, 하인리히 프리드리히 뮐러 발행, 빈, 출간연도 알 수 없음)[8]와 같이 이처럼 세련된 교양서들이 등장하면서, 그것이 호브레이커의 목록에 추가될 수 있음을 나는 기쁘게 생각하지만, 1810년 이후에는 더 이상 나타나지 않고 있는 것이다. 19세기의 아동도서가 그 선행 도서들과 경쟁할 수 있었던 것은 동판 제작과 채색 효과의 정교함이 결코 아니다. 19세기 아동도서의 매력은 상당 부분 미개한 것, 옛 매뉴팩처가 신기술의 개시와 씨름한 한 시대의 증거 자료에 있었다. 이전 [아동도서의] 동판화에서는 여전히 18세기 모티브를 자주 만나볼 수 있었던 반면, 1840년 이후에는 석판화가 [아동도서를] 지배했다. 1920년대와 1930년대에 걸친 비더마이어 시대는 오로지 채색 효과만 특색이 있고 새로웠다.

---

8   [편역자 주] 하인리히 프리드리히 뮐러(Heinrich Friedrich Müller, 1779~1848): 오스트리아의 미술상·악보상, 최초의 독일 우수 그림책 발행인.

그 비더마이어 시대에는 진홍색, 오랜지색, 감청색이 선호되었던 것으로 보이며, 반짝이는 녹색도 사용되었을 것이다. 이러한 번쩍이는 예복, 창공의 하늘색, 화산과 대형 화재로 격렬하게 타오르는 불꽃 외에, 권태로운 다수의 사람이 일반적으로 충분히 좋아했던 단순한 흑백 동판화와 석판 인쇄물은 과연 어디에 있는가? 과연 어디에서 이와 같은 장미가 다시 활짝 피어나고 있으며, 어디에서 이와 같은 붉은 뺨을 한 사과와 얼굴이 빛을 내고 있고, 과연 어디에서 초록색 모피 윗옷을 노란색 끈으로 묶고 꼭두서니 빛깔의 갑옷을 입은 경기병이 아직도 시선을 던지고 있다는 말인가? 기품 있는 부친의 소박한 쥐색 실린더와 아름다운 모친의 샛노란 두건조차도 우리에게는 경탄을 불러일으킨다.[9]

그 자체만으로도 충분히 화려한 색채의 세계는 전적으로 아동도서의 몫이다. 회화는 색채, 톤의 투명성이나 화려한 혼합이 평면과의 관계를 훼손하면 효과가 없어진다. 그런데 아동도서의 그림에서는 대부분 그래픽 바탕의 대상과 독립성이 색과 평면의 종합에서는 생각될 수 없는 것을 만들어낸다. 이러한 색채놀이에서는 구속력 없이 그저 단순한 판타지가 출현한다. 그렇다. 아동도서는 자기 관찰자를 대상, 동물, 인간의 세계로 이른바 삶으로 직접 안내하는 데 봉사하지는 않는다. 아동도서의 의미는 아주 천천히 외부에서 다시 발견되는데, 이 또한 단지 그 관찰자들에게 적합한 내

9   Karl Hobrecker, *Alte vergessene Kinderbücher* 앞의 책, p. 88.

면으로서 그들에게 친숙해진 만큼만 발견된다. 이와 같은 직관의 내면성은 색채에 있고, 아이들의 정신 속에서 사물이 이끄는 꿈같은 삶이 색채의 매체 속에서 펼쳐진다. 아이들은 다채로움에서 배운다. 왜냐하면 색채만큼 이토록 갈망하지 않는 감각적 관조의 터란 그 어디에도 없기 때문이다.

하지만 비더마이어 시대 말경인 1940년대에 기술문명의 도약과 이와 아주 연관이 없지 않은 문화의 평준화와 때를 같이해 가장 기이한 현상들이 출현했다. 중세기의 분야별로 서열화된 삶질서는 당시에 완전히 철폐되었다. 그러한 와해 속에서 바로 지극히도 세련되고 고귀한 비축물들이 밑바닥으로 추락하는 일이 흔했고, 그리하여 깊은 안목의 통찰자가 공인된 문화 증거 자료에서 부질없이 찾아 헤맨 이 기본 요소들을 바로 다름 아닌 아동도서와 같은 문자와 이미지 작품이라는 골짜기에서 찾아내는 일이 벌어졌던 것이다. 완성도가 가장 높지만 당연히 희귀하기도 했던 몇몇 아동도서가 빛지고 있었음에도 불구하고, 유감스럽게도 호브레이커의 서술에선 찾아볼 수 없는 당대 보헤미안의 실존에서는 모든 정신적 계층과 행동양식의 맞물린 몰락은 아주 명확히 드러난다. 저널리스트이자 작가이며 화가이자 음악가인 요한 페터 리저[10]의 경우가 바로 그렇다. 리저의 그림이 담긴 A. L.

---

10 〔편역자 주〕 요한 페터 리저(Johann Peter Lyser, 1804~1870): 독일의 작가·화가. 인쇄공, 장식화가, 미술교사, 음악비평가로서 유랑생활을 했다. 자신을 적극 지지해주었던 하인리히 하이네(Heinrich Heine)의 친구다. 전 생애에 걸쳐 아동도서 만드는 일에 종사했다.

그림¹¹의『우화집(Fabelbuch)』(그리마, 1827),『교양계층의 자녀들을 위한 동화집(Buch der Mährchen für Töchter und Söhne gebildeter Stände)』(라이프치히, 1834,〔130쪽〈그림 2-4-4〉참조〕), 리저의 텍스트와 그림,『리나의 동화집(Linas Mährchenbuch)』(그리마, 출판연도 없음), A. L. 그림의 텍스트, 리저의 그림(그리마, 출판연도 없음)—이것이 그("호브레이커")의 가장 훌륭한 아동도서 세 권이다. 그 석판인쇄의 빛깔은 비더마이어의 작열하는 채색과 현격한 대조를 이루며, 그럴수록 더욱더 형상이 대부분 슬픔에 젖은 듯이 초췌한 표현, 희미한 풍경, 아이러니와 사탄이 뒤섞인 듯한 동화의 정취에 잘 어울린다. 이런 진짜 예술의 발전에 기반이 되었던 통속 문학의 수준은 자체 제작의 석판화로 꾸며진 여러 권의『서양 천일야화(Abendländische tausendundeine Nacht)』가 가장 명확하게 입증해주고 있다. 그것은 원칙 없이 미심쩍은 출전에서 동화, 전설, 지역 설화, 괴기동화가 뒤섞인 잡동사니로서, 1930년대에 마이센의 F. W. 괴체(Goedsche) 출판사에서 출간되었다. 수집가에겐 가장 평범한 중부 독일 도시들—마이센, 랑겐잘차, 포트샤펠, 그리마, 노이할덴스레벤—이 한 지형학적 연관으로 마법적으로 한데 묶인다. 그곳에서는 학교 선생이 주로 작가이자 삽화가로 활동했었을 수도 있고, 사람들은 랑겐잘차의 청춘을 그린 32페이지 8장의 석

---

11   〔편역자 주〕일베르트 루트비히 그림(Albert Ludwig Grimm, 1786~1872): 독일의 작가·교육자·정치가. 1809년 아동동화집을 처음 펴낸 후 많은 아동도서를 썼다. 1829에서 1838년까지 바인하임 시장을 역임했고, 온건 진보당 추종자로서 여러 차례 바덴 연방의회 하원의 대의원을 지냈다.

판화로 에다(Edda) 신들을 소개하는 작은 책 한 권이 어떤 모습일지 마음속에 그려본다고 한다.

하지만 호브레이커의 관심은 여기라기보다 1940~1960년대에 초점이 맞추어져 있다. 보다 정확하게 말하자면, 소묘가인 테오도르 호제만(Friedrich Wilhelm Heinrich Theodor Hosemann)이 사랑스러운 재능을 무엇보다도 청소년도서의 삽화에 썼던 베를린이 바로 주된 관심이다. 덜 완성된 판화에도 색채의 우아한 차가움, 인물 표현의 호감 가는 무미건조함이 베를린 태생이라면 누구나 즐길 만한 특징으로 각인되어 있다. 물론 호브레이커의 호화로운 수집품인 『너무나도 귀여운 인형(Puppe Wunderhold)』의 자극적인 삽화와 같이 예전의, 덜 도식적이고 덜 대가다운 작업들은 전문가가 보기에 모든 고서점에서 볼 수 있는 획일적 포맷과 '베를린 빙켈만과 죄네(Berlin Winckelmann & Söhne)'의 출판 기재물에 특징적인 친숙한 작업들보다 앞서 있다.

호제만 외에도 활동했던 사람으로는, 다소 변변치 못한 사람은 빼더라도, 람베르크(Johann Heinrich Ramberg), 리히터(Ludwig Richter), 스페크터(Otto Speckter), 포치(Franz von Pocci)가 있다. 이들의 흑백 목판화에서는 어린아이의 직관에 고유한 세계 하나가 보이기 시작한다. 이 세계의 본원적 가치는 채색계의 가치와 동일한데, 말하자면 자기 반대극의 보완인 것이다. 유색(有色) 이미지는 [우리가] 꿈꾸듯이 어린아이의 판타지를 자기 자신에 침잠시킨다. 흑백 목판화, 곧 산문처럼 무미건조한 모사(模寫)는 어린아이의 판타지를 자기 밖으로 내보낸다. 이 모사는 이와 같은 이미지들

속에서 기술(記述)되길 강압적으로 요청함으로써 어린아이의 마음에 말을 일깨운다. 하지만 이미지들이 말로 기술될 때에는 행위 속에서 이루어지는 것이다. 그것("기술")은 이미지 안에 거주한다. 이 이미지의 평면은 유색의 평면과는 달리 '놀리 메 탄게레(Noli me tangere)'[12]가 아닌데, 평면 그 자체도 어린아이에게도 아니다. 오히려 이런 평면은 말하자면 암시적으로만 소환되고, 또 일종의 시화(詩化) 능력을 갖추고 있다. 어린아이는 이 평면 안에 시를 지어 넣는다. 그리고 다른, 감각적 의미에서 이 이미지들을 '기술'하는 일도 일어난다. 이미지들을 마구잡이로 낙서하는 것이다. 이미지를 접함과 동시에 언어로 문자를 익히는 것인데, 바로 상형문자다. 이 것이 바로 다름 아닌 그래픽 아동도서로서, 그것의 진정한 의미는 무딘 대담함과는 거리가 멀지만, 사실 합리주의적 교육학은 이러한 대담함을 위해 아동도서를 권장했었다. 하지만 여기에서도 확인되는 점이 있다. 곧 '속물은 흔히 사안에서는 옳지만 이유에서는 결코 옳지 않다'는 것이다. 왜냐하면 이와 다른 그 어떤 이미지도 어린아이를 언어와 문자로 안내하지는 않기 때문이다. ―일종의 진실, 진실의 느낌 속에서 우리는 옛 초보용 교재들의 첫 단어들에 그것이 의미하는 바의 도화(圖畫)를 함께 부여했던 것이다. 지금 번성하고 있는 것으로 보아, 유색의 초보용 교재 그림은 길을 잃었다. 다채로운 이미지 제국에서 어린아이가 꿈을 전부 다 꾸었

---

12 〔편역자 주〕'나를 만지지 말라'라는 접촉을 금하는 경고를 뜻한다. 「요한복음」 20장 17절에 나오는 말로, 부활한 예수가 막달라 마리아와 만나는 장면을 주제로 한 그림을 뜻하기도 한다.

다면, 무색 이미지의 제국에서 어린아이는 잠에서 깨어난다.

모든 사료편찬에서 바로 지나간 과거와의 씨름은 논란의 여지가 많은 편에 속한다. 이는 대수롭지 않은 아동도서의 역사에서도 별반 다를 게 없다. 19세기 마지막 사반세기에서 시작된 청소년도서의 평가와 관련해서는 견해가 극명하게 엇갈리기 십상이다. 호브레이커가 볼썽사나운 교사의 말투를 공개적으로 모욕했을 때, 어쩌면 그는 최신 청소년저술문화에 보다 더 은밀하게 숨어 있는 폐해들에 주의를 덜 기울였는지도 모른다. 그것은 또한 그의 과업과도 동떨어진 일이다. 깊이와 생명의 가치에서 장 파울의『레바나』[13]와 같은 옛 교육학과 결코 비교될 수가 없는, 아동의 내면적 삶에 대한 심리학적 지식의 자부심, 이것은 독자의 주목을 끌기 위해 자아도취에 빠져 인륜적 내용을 상실해버린 문학을 육성했고, 그러한 내용은 실상 지극히도 까칠한 고전주의적 교육학의 시도들에 존엄성을 부여해왔다. 잃어버린 그 자리에 일간신문 표어에 의존하는 종속성이 들어섰다. 익명의 수공업자와 천진난만한 관찰자 간의 은밀한 소통은 탈락한다. 작가 역시 삽화가와 마찬가지로 점점 더 땜빵식의 돌봄과 유행이라는 옳지 못한 매개물을 통

---

13 〔편역자 주〕 장 파울(Jean Paul, 1763~1825): 독일의 작가. 본명은 요한 파울 프리드리히 리히터(Johann Paul Friedrich Richter)다. 독일 문학에서 장 파울에 대한 평가는 엇갈린다. 최상의 찬사를 받지만, 또 다른 면에서는 전적으로 외면을 받기도 한다. 그의 작품은 기지에 찬 아이러니와 혹독한 풍자 또 온화한 유머가 공존해서, 냉철한 리얼리즘 속에서도 아이러니한 변용의 목가성이 공명한다. 벤야민은 일찍이 장 파울을 낭만주의 표현기법에 능한 알레고리가로 높이 평했으며, 특히『레바나 또는 교육론(Levana oder Erziehlehre)』(1807)에서 제시된 쾌락주의를 유토피아적 유머로 규정했다.

해 시선을 어린아이에게 던진다. 어린아이가 아니라, 이들에 대한 몹쓸 상상에 부합하는 귀여운 제스처에 그림이 익숙해진다. 포맷은 고상한 수수함을 상실하고 볼썽사나워지고 있다. 물론 이 모든 키치 안에 가장 가치 있는 문화-역사의 증거자료가 놓여 있지만, 그것은 순수한 즐거움일 수 있기엔 여전히 너무나도 새롭다.

어찌되었든, 호브레이커의 작품에는 그 자체로 외적·내적 형상에 따르면 가장 사랑스러운 낭만주의적 아동도서의 매력이 존재한다. 텍스트의 목판화, 유색 전면 삽화, 실루엣, 섬세하게 채색된 묘사는 지극히도 즐거운 가정도서를 만드는데, 그것으로 어른들만 재미삼아 즐기는 것이 아니라, 어린아이들도 곧잘 옛 초보용 교재 텍스트를 한 자 한 자 읽어 내려가거나, 아니면 그림 속에서 색채 놀이 도안을 찾는 시도를 할 수 있다. 다만 수집가에겐 책값이 오를 것이라는 우려가 즐거움 뒤에 어두운 그림자를 드리운다. 이와 관련해 부주의로 파괴될 위험에 노출된 그 어떤 작은 책의 보존이 이 작품들의 덕분일 것이라는 희망이 수집가에겐 남아 있다.

아동도서에 대한 전망[*]^{**}

저녁놀에 벌써 어슴푸레 깜박이는 초록빛

― C. F. 하인레¹

안데르센 이야기에는 "왕국 절반"을 주고 사들인 그림책이 하
나 나온다. 거기에서는 모든 것이 살아 움직였다. "새들은 노래를
했고 인간은 책 밖으로 나와 말을 했다." 하지만 공주가 책장을 넘
길 때면 "그들은 곧바로 다시 책 안으로 들어가, 어떤 혼란도 생기

---

* 〔편역자 주〕 Aussicht ins Kinderbuch(Walter Benjamin, *Gesammelte Schriften*,
Bd. IV/2, Frankfurt a. M., 1972~1992, p. 609 f.)
이 글은 잡지 『문학세계(Die literarische Welt)』 1926년 2권 49호에 발표된 글이다.
** 〈그림 2-4-1〉~〈그림 2-4-4〉 참조.
1　〔편역자 주〕 크리스토프 프리드리히 하인레(Christoph Friedrich Heinle, 1894~1914):
독일의 시인. 벤야민의 젊은 시절 친구다. 벤야민은 대학 시절에 구스타프 비네켄
(Gustav Wyneken)의 영향 속에서 청년운동을 주도하는 와중에 하인레를 만났다.
전쟁이 발발하자 비네켄은 전쟁 옹호의 입장을 천명하면서 운동그룹 일부와 갈등
을 빚게 되고, 비네켄의 태도에 대한 저항의 표시로 하인레는 애인과 함께 자살을
택한다. 이 사건으로 큰 충격을 받은 벤야민은 비네켄과 작별을 고하면서 청년운동
시절을 마감한다.

<그림 2-4-1> 「이솝 우화」(벤야민 수집품)

지 않았다." 이 작은 동화도, 안데르센이 집필한 수많은 이야기가 그러하듯, 역시 귀엽고 명료하진 않지만, 중요한 것을 너무나도 정확하게 슬쩍 지나친다. 사물이 책의 그림을 바라보는 어린아이 쪽으로 튀어나오는 것이 아니라 —그림을 바라보는 가운데 아이는 그림 세계의 휘황찬란한 색채로 꽉 들어찬 구름덩어리 그 자체로서 사물로 침잠해 들어간다. 그것은 그림이 그려진 책 앞에서 도교(道敎)적 깨달음을 얻은 자의 예술을 구현하고 있다. 평면의 가상 막을 능수능란하게 다루는 것인데, 색 조직, 색의 알록달록한

〈그림 2-4-2〉『빨강 기적의 우산』(벤야민 수집품)

칸막이 사이에 동화가 살아 움직이는 무대가 들어선다. 호아(hoa) 곧 중국어로 '그리다'는 쿠아(kua) 곧 '접붙이다'와도 같다. 말하자면 다섯 가지 색깔을 사물에 붙이는 것이다. 독일어로 그것은 색을 '붙이다'(Farben 'anlegen')라고 말한다.

　이와 같이 색을 매단, 한 단계 진행될 때마다 모든 것이 바뀌는 틈새의 세계는 아이를 협연자로 받아들인다. (아이는) 읽고 바라볼 때 쫓게 되는 온갖 색깔로 장식해 가장무도회의 한복판에서 함께 참여하는 것이다. 읽는 동안에는 ─왜냐하면 말도 또한 이 가장무도회에 등장해야 했기 때문에 〔그것은〕 가장무도회의 일부로서 같이 작용하며, 이리저리 흩날리는 소리를 내는 눈송이와도 같다. "왕자는 별을 걸쳐 입은 말(言, Wort)이야"라고 일곱 살짜리 사내아이가 말한다. 어린아이들이 이야기를 지어 만들어낼 때, 그는 '의미'에 의해 검열 받지 않는 감독이다. 이에 대해서는 아주 쉽게 시험해볼 수 있다. 특정 단어 4개를 제시하고 재빠르게 문장 하나로 짜 맞춘다면, 깜짝 놀랄 만한 산문이 출현할 것이다. 아동도서에 대한 전망이 아니라 그것에 다다를 이정표로서 말이다. 그때 단어들은 단숨에 의상을 걸치고, 깜빡할 사이에 논쟁, 애정 행각, 싸움에 얽힌다. 어린아이들은 이렇게 쓰고, 또 텍스트도 이렇게 읽는 것이다.

또한 이와 유사한 놀이가 그림으로 펼쳐지는 희귀하고 열광하게 만드는 알파벳-책이 있다. 거기에는 예컨대 글자판 A에 물체를 쌓아올린 정물화 하나가 있어, 그것이 Aal(뱀장어), ABC-Buch(알파벳-책), Adler(독수리), Apfel(사과), Affe(원숭이), Amboß(모루), Ampel(교통신호등), Anker(닻), Armbrust(석궁), Arznei(약제), Ast(나뭇가지), Aster(과꽃), Axt(도끼)가 한데 모아진 것이라는 사실을 뒤늦게 깨달을 때까지는 〔우리 눈에 그것은〕 아주 수수께끼처럼 보인다. 아이들은 이와 같은 그림들을 마치 제 주머니 속처럼 잘 알고 있고, 아주 작은 헝겊조각이나 실오라기도 잊지 않기 위해 주머니를 샅샅이 뒤집어 뒤져본다.

컬러 동판화에서는 어린아이의 판타지가 꿈꾸듯이 자기〔어린아이〕 자신에게 침잠한다면, 흑백 목판화, 곧 산문처럼 무미건조한 모사(模寫)는 어린아이의 판타지를 자기〔어린아이〕 밖으로 내보낸다. 이와 같은 이미지들은 기술(記述)로의 강압적 요청으로 어린아이의 마음속에서 말을 일깨운다. 하지만 이러한 이미지들이 말로 기술될 때에는 행위 속에서 '기술된다.' 이미지들을 마구잡이로 낙서하는 것이다. 유색 평면과는 달리 이러한 이미지의 평면은 말하자면 암시적으로만 소환되고, 또 일종의 시화 능력을 갖추게 된다. 어린아이는 이 평면 안에 시를 지어 넣는다. 이미지를 접함과 동시에 언어로 문자를 익히는 것인데, 바로 다름 아닌 상형문자다. 오늘날에도 여전히 이 문자의 기호에 달걀·모자와 같이 초보용 교재의 첫 철자에 물체의 윤곽이미지를 함께 붙인다. 이와 같이 소박한 그래픽 아동도서의 진정한 가치는 무딘 대담함과는 거리가 멀지만, 사실 합리주의적 교육학은 그러한 대담함을 위해 아동도서를 권장했다. ─눈과 손가락으로 이미지풍경을 여행하며 '어떻게 어린아이들이 작은 장소를 알아차리는지' 옛 그림책에 나오는 다음과 같은 모범적 동요가 말해주고 있다.

작은 도시 앞에 난쟁이가 앉아 있어,
난쟁이 뒤에는 작은 산이 서 있어,
작은 산에는 작은 개울이 흘러,
작은 개울 위에는 삭은 지붕이 떠다녀,
작은 지붕 아래에는 작은 방이 숨어 있어,
작은 방 안에는 사내아이 하나가 앉아 있어,
사내아이 뒤에는 작은 걸상이 놓여 있어,

작은 걸상 위에는 작은 장이 걸려 있어,

작은 장 안에는 작은 상자가 놓여 있어,

작은 상자 안에는 작은 둥지가 놓여 있어,

작은 둥지 앞에는 작은 고양이가 앉아 있어,

난 작은 장소를 알아두려 해.

— J. P. 비히(J. P. Wich), 『목마와 인형(Steckenpferd und Puppe)』

　(뇌르틀링겐, 1843)

어린아이는 수수께끼그림(Vexierbild) 속에서 체계란 거의 없이, 그때그때 기분에 따라, 거칠게 '도둑' '게으른 학생' '숨어 있는 선생님'에 몰두한다. 오늘날 테스트로 인정받는 모순과 배리(背理)를 담은 도화(圖畵)와 유사해 보이는 이런 그림들도 역시 단지 가장무도회, 인간이 머리로 거꾸로 서고, 큰 나뭇가지 사이에 다리와 팔을 끼며, 지붕을 외투로 걸치는 원기 발랄한 즉흥 익살극에 불과한 것이다. 이 카니발은 철자책과 독본의 보다 진지한 공간에까지 뛰어들어 날뛰며 법석댄다. 뉘른베르크의 인기 상품으로는 이전 세기 전반기에 철자가 저 스스로 변장을 하고선 —이렇게 말해도 된다면 그야말로— 상연을 하는 24장의 판화 연작이 간행되었다. F는 프란체스코수도회 수도사(Franziskaner)로, K는 관청서기(Kanzlist)로, T는 화물운반인(Träger)으로 변장했다. 이 놀이(연극, Spiel)는 오늘날까지도 이러한 옛 모티브를 잡다한 변형 속에서 접할 수 있을 만큼 즐거움을 선사했다. 그림수수께끼(Rebus)는 마침내 이와 같은 말과 활자 사육제의 종을 울려 재의 수요일²의 시작을 알린다. 그것은 가면 벗기기다. 휘황찬란한 옷차림을 하고선 금언, 메마른 이성은 어린아이들의 얼굴을 바라본다.

이러한 그림수수께끼는 ―기이하게도 이전에는 사물(res) 대신에 꿈꾸다(rêver)로 설명했었다― 출생이 지극히도 고귀해, 바로 르네상스의 상형문자와 극히 값진 르네상스 활자본 『히프네로토마키아 폴리필리』³에서 유래한 것이기에, 어느 정도는 귀족증명서라고도 할 수 있다. 어쩌면 독일에서는 이 그림수수께끼가 1840년경 이미지문자 속에 텍스트를 단 매혹적인 웨하스 과자가 유행이었던 프랑스와 달리 그렇게 엄청나게 널리 확산된 것이 아니었는지도 모른다. 어찌되었든 독일 아동들에게도 역시 너무나도 예쁜 '교육학적' 그림수수께끼 서적이 있었다. 『신분을 막론한 아동

---

2 〔편역자 주〕재의 수요일: 사순절이 시작되는 첫날로 사순 제1주일 전 수요일. 자신의 죄를 참회하는 상징으로 재를 머리에 뿌리는 예식을 행한다.

3 Fra Francesco Colonna, *Hypnerotomachia Poliphili*, Venedig 1499.
〔편역자 주〕1499년 르네상스 시대에 베네치아에서 간행된, 이탈리아의 도미니코회 수도사 프란체스코 코론나(Francesco Colonna, 1433/1434~1527)의 소설. 제목은 무엇을 뜻하는지 해독하기 어려워 수수께끼와도 같다. *Hypnerotomachia Poliphili*는 보통 '폴리필리오의 꿈'이라 번역되어 독일("Der Traum des Poliphilo") 과 프랑스("Le songe de Poliphile")에 통용되었지만, 1592년도 영문판은 "꿈속에서의 사랑싸움(The Strife of Love in a Dream)"이라 옮겼는데, 이 번역은 그리스어 Hypnerotomachia를 복합어('hypnos+eros+mache')로 간주하고 그 의미('꿈〔잠〕+사랑+투쟁')를 짜 맞추었다는 점에서 시사하는 바가 크다. 주인공의 이름인 폴리필로(Poliphilo)도 또한 그리스어에서 유래하는 '많은 애인'이라는 뜻의 메타포다. 소설의 내용은 주인공 폴리필로가 꿈속에서 자신의 이상적 사랑인 폴리아를 찾기 위해 여정에 나서면서 벌어지는 모험담이다. 꿈속에서 용과 늑대, 온갖 환상적인 긴 축물이 등장하고, 폴리필로는 또다시 꿈을 꾸게 되며, 거기서 애타게 기다렸던 폴리아를 만나지만, 두 사람이 키스하려는 순간 그만 꿈에서 깨어난다는 줄거리다.

과 청소년을 위한 예수 시락서의 도덕률』[4](〈그림 2-4-3〉 참조)은 늦어도 18세기 말경에 유래했는데, 그 책에 그려진 "그림들은 가장 고상한 단어들을 표현했다." 텍스트는 동판에 기품 있게 새겨졌고, 뭐든 상관없이 수록가능한 명사(名詞, Substantiva)는 모두 아름답게 그려진 사실적 또는 알레고리적 작은 그림을 통해 의미화되었다. 〔라이프치히의〕 B. G. 토이프너(Teubner) 출판사는 1842년에도 여전히 이와 같은 삽화가 460장이 실린 『작은 아동성경책(Kleine Bibel für Kinder)』을 발간했다. 또한 이전 아동도서에서는 움직이는 손조차도 사유와 판타지처럼 폭넓은 활동 영역으로 작용했다. 거기엔 익히 알려진 (가장 빠르게 퇴화했고, 일반적으로 장르로서나 표본으로서도 가장 생명력이 짧았던 것으로 보이는) 잡아당기는 그림책이 있었다. 예쁜 작품으로는 ―추측컨대 1940년대에― 파리의 자네(Janet) 출판사가 출간한 『책 주주(Livre Jou-Jou)』가 있었다. 그것은 페르시아 왕자의 소설이다. 이야기의 전환 국면들이 모두 가장자리의 줄무늬를 움직이면 삽시간에 재미있고 구사일생의 사건이 나타나는 그림으로 포착되었다. 그림 형태의 문·커튼 등이 접힐 수 있었고, 접으면 그 뒤에 작은 그림이 나타나는 책들도 이와 비슷하게 만들어졌다. 마침내 ―잡아당기는 인형이 소설로 나왔듯이― (『이자벨렌의 변신 혹은 여섯 가지 모습의 소녀. 7개의 움직이는 컬러 동

---

[4]   Sittensprüche des Buchs Jusus Sirach für Kinder und junge Leute aus allen Ständen mit Bildern welche die vornehmsten Wörter ausdrücken, neu übersetzt von Jakob Friedrich Feddersen, Nürnberg 1784.
〔편역자 주〕 예수 벤 시락(Jesus Ben Sirach)이 기원전 175년경에 집필한 것으로 추정되는 유대교 문서.

〈그림 2-4-3〉 「신분을 막론한 아동과 청소년을 위한 예수
시락서의 도덕률」(벤야민 수집품)

판화가 수록된 소녀용 오락서적Isabellens Verwandlungen oder das Madchen
in sechs Gestalten. Ein unterhaltendes Buch fur Madchen mit sieben kolorierten
beweglichen Kupfern』, 빈)— 그 아름다운 플레이아치(Spielbogen)두
책으로 옮겨갈 것인데, 이 유아용 아치 모양의 장난감에 부착된
작은 마분지 인물상이 보이지 않는 틈새를 통해 고정되어 다양한
방식으로 배치될 수 있었다. 이렇게 이야기의 상이한 상황에 따라

풍경 혹은 방이 꾸며질 수 있도록 만들어졌다.

하지만 이와 정반대로 어린아이로서 —혹은 수집가로서— 마법책이나 수수께끼책에 맞닥뜨리는 것이 행운이었던 소수에겐 이와 다른 책자들은 모두 점차 사라졌을 것이다. 이 기지에 찬 책자들은 그 안에서 책장을 넘기는 손의 위치에 따라 연속적으로 책장이 바뀐다. 이와 같은 작품은 그것을 다루는 사람에게 손의 위치가 바뀔 때까지 페이지가 새로 열릴 때마다 같은 그림을 열 번씩 보여주며, 이제는 마치 손에 쥔 상태에서 책이 변하는 것처럼 아주 다른 그림들이 그만큼 여러 번 나타난다. (18세기에 유래하는 4절판으로 작가 앞에 제시된) 이러한 책에는 경우에 따라 꽃병 외에 아무것도 그려져 있지 않거나, 때로는 늘 그렇듯이 악마의 낯짝, 앵무새, 흑백 동판화, 풍차, 궁정의 익살광대(Hofnarr), 피에로(Pierrot) 등등이 그려져 있다. 또 다른 책은 책장을 넘길 때마다 착한 어린아이용으로는 일련의 장난감과 군것질거리를, 나쁜 아이용으로는 일련의 형벌도구와 무시무시한 얼굴을 계속해서 보여준다.

이전 세기(19세기) 전반기에 나타나는 아동도서의 화려한 개화는 구체적인 (그리고 오늘날 대부분 우세한) 교육학적 통찰에서라기보다는 당시 시민적 삶의 계기 그 자체에서 비롯했다. 한마디로 말해, 비더마이어 시대에서 생겨난 것이다. 극히 작은 도시들에 출판사가 자리하고 있었는데, 세간에 가장 널리 통용된 출판사의 작품들은 마치 당시 검소한 중고 가구의 서랍 안에 100년 동안 잠들어 있었던 것처럼 기품이 있었다. 그래서 베를린 사람, 라이프치히 사람, 뉘른베르크 사람, 빈 사람들에게만 아동도서가 있는 것은 아니었으며, 오히려 수집가의 정신 속에 출판 지역으로 마이센, 그리마, 고타, 피르나, 플라우엔, 마그데부르크, 노이할덴슬레벤 같은 이름이 멀리까지 퍼지는 전도양양한 울림이 있었다. 거의 모든 곳에서 삽화가들이 일했지만 무명으로 남았을 뿐이다. 때론 이들 가운데 어떤 사람은 발탁되어 자신의 전기(傳記)를 남길 수 있었다.[5] 일례로, 화가·음악가·저널리스트의 경력을 거친 요한 페터 리저가 (Johann Peter Lyser)의 경우가 그러하다. 리저의 그림이 담긴 A. L. 그림의 『우화집』(그리마, 1827),[6] 『교양계층의 자녀들을 위한 동화집』 (라이프치히, 1834, 〈그림 2-4-4〉 참조), 리저의 텍스트와 그림, 『리나의 동화집』(그리마, 출판연도 없음),[7] A. L. 그림의 텍스트, 리저의 그림, 이것이 리저가 작업한 가장 훌륭한 아동도서다. 그 석판인쇄는 비더마이어의 작열하는 색깔과 달리 색이 바랬으며, 그럴수록 더욱더 형상 대부분이 메마르고, 줄곧 슬픔에 젖은 장인, 희미한 풍경, 아이러니와 사탄이 뒤섞인 듯한 동화의 정취에 곧잘 어울린다. 이 도서들에서 나타나는 수공예술은 완전히 소시민적 일상의 덕분도 아니고, 향유된 것도 더욱 아니었으며, 오히려 요리법이나 속담처럼 사용되었다. 그것은 일찍이 낭만주의가 지극히 열광적으로

5 Leopold Hirschberg, Johann Peter Lyser, *Zeitschrift für Bücherfreunde*, Jh. 10, Heft 8 (November 1906).

6 Albert Ludwig Grimm, *Fabel-Bibliothek Für Kinder oder Die auserlesensten Fabeln alter und neuer Zeit*, 3Bde., Frankfurt, Grimma 1827.

7 Albert Ludwig Grimm, *Linas Märchenbuch*. Eine Weihnachtsgabe, Frankfurt, Grimma 1816.

〈그림 2-4-4〉『교양계층의 자녀들을 위한 동화집』(벤야민 수집품)

꿈꾸었던 것을 통속적으로, 그러니까 천진난만한 버전으로 표현하고 있다.

　그런 까닭에 장 파울은 이들 도서의 수호신이다. 그의 중부 독일 요정세계 이야기는 작은 그림에 반영되어 있다. 그의 것보다 그 자체만으로 충분히 돋보이는 색채계에 유사하게 근접하는 문학은 없다. 왜냐하면 장 파울의 천부적 재능(Ingenium)은, 색채의 성질(Ingenium)과 마찬가지로, 판타지에 깃들어 있지 창조력에 있지 않기 때문이다. 색을 볼 때 판타지 직관은 창조적 상상력과는 정반대로 원현상(源現象, Urphänomen)으로 알아본다. 색을 보는 것은 원현상을 일으키는 능력 속에서 모든 형태에, 말하자면 인간이 지각하는 모든 윤곽에 스스로 조응한다. 신체는 춤을 추는 가운데 스스로 〔원현상을 모사·전유하고〕, 손은 그림을 그리는 가운데 원현상을 모사하고 또 전유한다. 하지만 이러한 능력은 색채계에서 한계를 드러낸다. 인간의 신체는 색채를 생산할 수 없다. 인간 신체는 색채에 창조적으로서가 아니라 수용적으로 조응한다. 요컨대 색이 희미하게 가물거리는 눈 속에서 말이다. (또한 인간학적으로 말하자면, 보는 것은 형태와 색을 동시에 파악한다는 점에서 감각의 분수령이다. 이처럼 능동적 조응 능력은 오른쪽으로 보는 것에 속한다. 형태를 보는 것과 운동, 청각과 소리도 그러하다. 하지만 피동적 조응능력은 왼쪽이다. 색을 보는 것은 냄새와 맛의 감각 영역에 속한다. 언어 그 자체는 인간 주어와 〔타동사〕 마찬가지로 목적어에 〔자동사〕 적용되는 '보고[보이고]' '냄새 맡고' '맛보는' 가운데 이와 같은 군群들을 통합해 파악한다.) 간단하게 말해, 순수 색채는 판타지의 매개물〔매체, Medium〕이며, 놀이를 즐기는 어린아이의 구름 낀 고향이지 축조예술가의 엄정한 교리가 아니다. 괴테가 전적으로 낭만주의의 의미에서 파악한 순수 색채의 '감각적-인륜적 작용'은 이와 관련이 있다.

투명한 색깔은 그 음영에 있어 불과 물이 절정과 심연으로 간주될 수 있는 것과 마찬가지로 경계선이 없다. (…) 빛과 투명한 색의 비율 안으로 침잠해 들어가보면 예쁘기가 하이 없으며, 색이 불타오르고 점점 희미해지는 현상, 또다시 생겨나고 소실되는 현상은 마치 영원에서 영원으로 기다란 숨을 쉬는 것처럼 가장 밝은 빛에서 더없이 깊은 색조의 고적하고 영원한 고요에까지 이른다. 불투명한 색깔들은 이와 정반대로 감히 천상계와 우열을 다투려 하지는 않지만, 한 측면의 결함, 흰색, 다른 측면의 결함, 악, 흑색에 관여하는 꽃과도 같다. 그러나 불투명한 색깔들은 (…) 바로 이토록 우아한 변이와 이토록 자연스럽게 작용하는 능력을 가졌으며, (…) 투명한 색깔들은 이에 비해 결국 마치 유령처럼 그러한 변이와 작용의 놀이를 벌이거나 색을 한층 더 선명하게 하는 데 봉사할 따름인 것이다.[8]

이 말로 [괴테의] 『색채론』의 「부록」은 이 점잖은 색채가의 자각과 더불어 어린아이 놀이의 정신조차도 정당하게 평가하고 있다. 모두가 판타지 속에 행해지는 순수 직관으로 거슬러 올라가는 많은 것을 생각해보자, 예컨대, 비누거품 불기, 잎차 놀이, 마법 환등기(Laterna magica)의 축축한 색깔, 묵으로 칠하기, 판박이 그림처럼 말이다. 이들 모두에서는 색채가 사물 위를 날듯이 어른거린다. 왜냐하면 색이 있는 사물이나 그저 죽은 빛깔이 아니라 색이 비치는 가상(假象), 광채, 빛남에 색채의 마법이 드리워져 있기 때문이다. 색의 파노라마가 끝나는 지점에서는 아동도서에 대한 전망이 비더마이어풍으로 꽃이 만발한 암석에 이른다. 시인은 선율이 아름다운 손으로 하늘처럼 푸른 여신에 기대어 그곳에서 휴식을 취한다. 시인에게 뮤즈가 불어넣은 것은 그의 옆에 선 날개를 단 동자(童子)를 그려 넣고 있다. 하프와 라우테(Laute[구식 현악기의 일종])가 드문드문 주위에 놓여 있다. 산기슭 성안에서 난쟁이가 나

---

8   *Goethes Farbenlehre*, hg. von Hans Wohlbold, Jena 1928, pp. 440-442.

팔을 불고 바이올린을 켜고 있다. 하지만 하늘에선 해가 지고 있다. 이렇게 한때 리저는 다채로운 풍경의 불꽃 속에서 어린아이의 시선과 뺨이 책 위로 반사되는 풍경을 그린 적이 있다.[9]

9   이 그림은 『리나의 동화집』에 나온다.

정신병자의 책들[*]
: 나의 수집품에서

성공의 원천에는, 눈에 띠지는 않지만, 당혹스러운 상태가 존속한다.

내가 10년 전보다 더 성실하게 책 정리를 시작했을 때, 나는 곧바로 몇 권의 책에 맞닥뜨렸다. 나는 그것들을 버릴 결단은 내릴 수 없었지만, 그렇다고 〔그것들을〕 발견했던 그 장소에 그대로 두는 것 또한 용납되지 않았다.

헤르만 폰 길름의 시집[1]은 독일〔어권〕 문학에서 진기한 것에 속한다. 하지만 나는 횔덜린(Johann Christian Friedrich Hölderlin)을 떠올렸던 그 시절에 이와 같은 것을 '독일 서정시'로 분류하려 들지 않았음을 잘 알고 있다. 나는, 부지중에 나타나는 더 잘 알려

---

[*] 〔편역자 주〕 Bücher von Geisteskranken(Walter Benjamin, *Gesammelte Schriften*, Bd. IV/2, Frankfurt a. M., 1972-1992, 615 f.).
이 글은 잡지 『문학세계(Die literarische Welt)』 1928년 4권 27호에 발표된 글이다.

[1] Hermann von Gilm, *Gedichte*, Leipzig 1894.
〔편역자 주〕 헤르만 폰 길름(Hermann von Gilm, 1812~1864): 오스트리아의 법률가·시인.

진 저자들의 처녀작 대부분도 그렇듯, 에밀 싯차의 처녀작 『에케 호모-울크(Eccehomo-Ulk)』[2]가 없다고 해서 오늘날 아쉬워하고 싶지는 않다. 하지만 길름 시집에서 그리 멀리 떨어지지 않은 곳에서 결국 그것의 은신처를 발견할 때까지 나는 이 분야에서 저 분야로 사냥몰이를 했다. 그래도 나는 블뤼어의 『나사렛 예수의 최선』[3]을 내 종교철학적 서재에 흡수 합병 하려 들지는 않았다. 하지만 이 책이 반(反)유대주의적 혐오의 병리학에 한몫한 것을 보자면, 내게 그것은 배척하기에는 너무나 값져 보였다.

이렇듯 세월이 흐르는 가운데 매우 상이한 형제들이 모여들었다. 일종의 '병리학적 서재'는 내가 그것들을 정신병자 저작물 수집으로 확장할 생각을 하기도 훨씬 전에, 아니 정신병자 책이란 것이 도대체 존재한다는 사실을 알기도 전에 이미 만들어져 있었던 것이다.

그때, 1918년 어느 작은 베를린 헌책방에서 라이프치히 소재 오스발트 무체 출판사(Verlag Oswald Mutze)에서 출간된 슈레버의 유명한 책 『어느 신경병자의 회상록』[4]이 내 수중에 떨어졌다.

2　1911년에 출간되었다.
　　〔편역자 주〕에밀 싯차(Emil Szittya, 1886~1964): 헝가리의 작가·예술평론가. 벤야민에 따르면 1911년에 출간된 소설 『에케 호모-울크』는 소실되었다.

3　Hans Blüher, *Die Aristie des Jesus von Nazareth*, Prien 1921.
　　〔편역자 주〕한스 블뤼어(Hans Blüher, 1888~1955): 독일의 작가·철학자.

4　Daniel Paul Schreber, *Denkwürdigkeiten eines Nervenkranken*, Leipzig 1903.
　　〔편역자 주〕다니엘 파울 슈레버(Daniel Paul Schreber, 1842~1911): 독일의 판사·작가. 『어느 신경병자의 회상록』은 1893년부터 슈레버가 자신이 앓게 된 신경증을 매우 디테일하게 기록한 비망록이다. 이 책은 정신병자의 관점에서 쓰인 고전적 사례

나는 이 책을 일찍이 들어본 적이 있었던가? 아니면 몇 주 후에야 비로소 프로이트(Sigmund Freud)가 『신경증학설을 위한 소논문집 (Sammlung kleiner Schriften zur Neurosenlehre)』(라이프치히, 1913, 제3권)에서 이 책에 대해 언급한 논고를 알고 있었을까? 상황이야 어찌되었든 간에 나는 즉각 극도로 그것에 사로잡혔다.

우선 이 책(『어느 신경병자의 회상록』)을 펴낸 출판사와 관련해 말하자면, 그것은 지극히도 익살맞은 심령술적 저작물의 집합소로 명망이 있었다. 이와 같은 사업에서 자칫 신학 계통의 책 출간을 결정내리기 쉽다는 것은 우리 모두가 알만한 일이다. 그와 같은 계통의 책은 "신이 시체에 접근해도 아무 위험이 없다"라고 한다든지, "신은 철도 개념을 이미 알고 있었으며", 이른바 "기원언어 (Grundsprache)"라고 불리는 신의 언어학설, 곧 "뭔가 예스럽지만 여전히 원기 왕성한 독일어"의 논의가 저자에게는 "의심의 여지 없이 명백한" 사실이라는 것이다. 이러한 언어에서 신은 "그 실재와 생성을 고려해" 명명되거나, 예전의 환자조합원은 "카시오페이아자리 사람들(die unter der Cassiopeia hängende)"이라고 불린다면, 여기서 적어도 기이하고 더욱 의미심장한 것은 편집증 환자가 병이 진행될 때 자기가 이해할 수 없었던 사소한 정황들을 포착하기 위해 질환의 특정 단계에서 발견한 언어적 표현법들이다. 편집증에서 흔히 보이는 세계 멸망이라는 관념이 환자를 지배할 때, 그에

연구로 평가받는다. 지그문트 프로이트와 칼 구스타프 융(Carl Gustav Jung)을 비롯해 엘리아스 카네티(Elias Canetti), 윌리엄 G. 니딜랜드(William G. Niederland) 등 의학-심리학적 연구에서 분석 대상으로 광범위하게 활용되었다.

게는 다른 사람의 현존이 망상 혹은 장난에 불과함이 명백하기에, 환자는 애써 이 다른 사람들을 받아들이고자 [이들에 대해] "순식간에 죽어버린 남자들" "기적의 인형" "기적이 일어난" 사람들이라고 말하는 것이다. 그 밖에도 책에는 몇몇 이례적 표현이 담겨 있다. 환자는 자신을 사로잡는 절규로의 충동, "절규의 경이로운 현상"을 그는 경멸조로 "심리적 헛기침(ein psychisches Räuspern)"이라고 부른다. 또한 프로이트가 간혹 다룬 바 있는 '원초적인 말의 반대 의미' 또한, '주스(Saft)'는 독, '독(Gift)'은 음식, '임금(賃金, Lohn)'은 형벌(Strafe)을 뜻하는 등, 이와 같은 대규모의 기록물에서 현저하게 발견된다.

책 전체는 본래 저자가 질환을 겪으며 형성된 종교적 상상계를 통한 길잡이로서 [저자는 이 책을] 자기 부인에게 바칠 생각이었다. 그 구체적 계기가 없던 것은 아니다. 즉 법원 의장이었던 슈레버는 약 10년간의 [정신치료소] 구금 이후 여러 차례 반복해 제출했고 나중에는 자기 저서에 부록으로 수록한 바 있는 극히 예리한 진정서를 근거로 하여 다시 업무 능력을 인정받아 그의 가족에게 돌아갔다. 기이하게도 이 질환이 어떤 단계에서 엄밀하고 운 좋게 격리로까지 이어지는지, 이와 같은 문제는 이 경우나 다음에 언급될 증례들의 정신병적 특징과 마찬가지로 여기서 다룰 일이 아님은 당연하다.

어찌되었든 분명한 것은 바이에른 왕실의 주정부 위원이자 [바이에른] 권역 공의(公醫) 위원이었던 카를 프리드리히 안톤 슈미트(Carl Friedrich Anton Schmidt), 철학·의학 박사이자 외과·산파

〈그림 2-5-1〉 슈미트의 『구성요소와 법칙 속에서 바라본 삶과 과학』

술 박사였으며, 여러 학술학회 회원이었던 그의 세계가 편집증이
나 그 밖의 다른 어떤 정신병의 구성물이 되기란 어렵다는 사실이
다. 정신의학은 광기의 각별한 특성을 명명하기 위해 증후라면 어
떤 것이든 오용했던 시대를 넘어선 지 이미 오래며, 그렇지 않다면
우리는 여기에서 '집단망상'에 대해 언급할 수 있을 것이다. 박식
하고, 시민적 의미에서는 당연히 정신이 다분히 온전하며, 어쩌면
지극히 명망도 있을지도 모를 사람, 바로 『구성요소와 법칙 속에
서 바라본 삶과 과학(Leben und Wissenschaft in ihren Elementen
und Gesetzen)』(뷔르츠부르크, 1842, 〈그림 2-5-1〉 참조)을 쓴 이 저

자는 책의 텍스트에서 자신의 강박관념에 대해서는 아무런 말이 없다. 기껏해야 「인간학과 의학(Anthropologie und Medizin)」의 장에서 정신의학적 감정의 견본들로 가득 채운 지나치게 큰 공간이 어리둥절해 보일 수 있을 것이다. 그것("정신의학적 감정의 견본들")이 그 자신으로부터 유래한다는 것은 명백하다. 우리는 이 남자를 「보이체크(Woyzeck)」의 뷔히너적인 의사가 부활한 외과의사이거나 아니면 본래 그(뷔히너)와 동시대인이라고 생각할 수밖에 없다.[5] 책에 수록된 도판을 한번 들여다보면 말할 나위 없이 이러한 세계관의 광적 성격이 드러난다(〈그림 2-5-2〉 참조).

광기의 세계도 지식의 세계처럼 역시 4개 학부를 지녔다면, 슈레버와 슈미트의 책들은 저마다 신학과 철학의 편람일 것이다. 이제 법학으로 눈을 돌려보자. 그러면 우리는 『전(全)-지상-보편-국가(Ganz-Erden-Universal-Staat)』(〈그림 2-5-3〉 참조)를 손에 쥐게 된다.

헌신적인 저자는 『영국 왕, (런던)(Englischen Könige, (London))』의 특별한 관례에 대한 통치자용 교재를 집필했고, 여러 가지 성덕(聖德)의 지극히도 내면적인 애정 속에서 무엇보다도

5 〔편역자 주〕게오르크 뷔히너(Georg Büchner, 1813~1837): 독일의 극작가. 슈트라스부르크대학에서 의학을 공부하다가 자유사상을 접하게 된 후 급진적 정치활동에 참가했다. 비합법적 팸플릿《헤센의 급사(急使, Der Hessische Landbote)》를 기초(起草)한 혐의로 당국에 쫓기게 되자, 망명 비용의 마련을 위해 희곡 「당통의 죽음(Dantons Tod)」을 집필(1835)해, 청년독일파의 작가 카를 구츠코프(Karl Gutzkow)의 인정을 받았다. 희곡 3편과 소설 1편만을 남기고 24세의 나이에 요절했다. 「보이체크」는 뷔히너가 죽기 전 마지막으로 쓴 미완성 희곡이다.

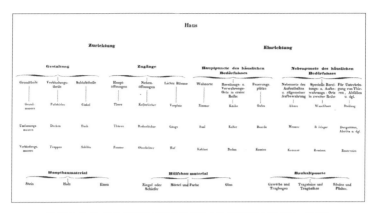

Deshalb können *gegenwärtig* die Lohnver-
hältnisse *gutherzig, liebevoll, vernünftig* und
zweckmäßig-segensreich nur auf diese Art ge-
regelt werden
  (selbstverständlich unter noch bedeutend
  vorteilhafteren und besseren Approvisa-
  tionsverhältnissen als vor dem Kriege!)
und zwar:
1. Dienende Bürger . . . . 1000 Kronen
2. Hoffnungs-Bürger . . . . 1500 „
3. Ehrenbürger mit 4 höheren
  Volksschulklassen . . . . 2000 „
4. Ehrenbürger mit Matura . 3000 „
5. Ehrenbürger mit 2facher
  Universitätsbildung . . . 4000 „
6. Ehrenbürger mit 3f. Univ. b. 4500 „
7. Ehrenbürger mit 4f. Univ. b. 5000 „
8. Ehrenbürger mit 5f. Univ. b. 5500 „
9. Ehrenbürger mit 6f. Univ. b. 6000 Kronen
10. Ehrenbürger mit 7f. Univ. b. 6500 „
11. Ehrenbürger mit 8f. Univ. b. 7000 „
12. Ehrenbürger mit 9f. Univ. b. 7500 „
13. Ehrenbürger m. 10f. Univ. b. 8000 „
14. Hervorragende Künstler,
  Komponisten, Maler, Dichter,
  Erfinder usw. (Ehrenbürger!)
  sollen jährlich mit einem
  Ehrenhonorar . . . . . 9000 „
  belohnt werden.
15. Könige ausnahmsweise . . 10000 „
16. Herren . . . . 6000 „
17. HErren . . . . 5000 „
18. HERRen . . . . 4000 „
19. HERREN (Asketen) . . . 3000 „
20. HEILIGE im aktiven Stand 2000 „
21. KAISER . . . . — „

〈그림 2-5-3〉 『전(全)-지상-보편-국가』의 봉급 등급

『위대한 전(全) 신지학학회의 H. P. 블라바츠키(H. P. Blavatsky der Großen und der Ganzen Theosophischen Gesellschaft)』 집필에 전념했으며, 추측컨대 자신의 작품을 자비로 출간할 수밖에 없었을 것이다. '전-지상-보편 국가판(版) BRNO 2-BRÜNN 2 우편사서함 13'이라는 조그마한 고무인장과 책 표지에 아교로 붙인 위탁

출판사의 라벨, 이것이 우리가 이 책에 대해 서지학상으로 알고 있는 것의 전부다. 인쇄 연도는 1924년이다.

더 상세한 특징 묘사는 필요 없다. 어떤 바보짓이 악의가 없는 것이었다면, 그것은 러시아 수도승의 방랑 정신에 고취된 슬라브인 저자의 우행(愚行)이었을 것이다.

마지막으로 ―가장 위중한 정신병자의 기록, 이 의학서적으로 오늘은 마감하고자 한다. 『카를 게어만, 베를린의 일반의: 신체, 뇌, 영혼, 신(Carl Gehrmann, prakt. Arzt in Berlin: Körper, Gehirn, Seele, Gott)』세 권 중에서 4부(베를린, 1893). 병력이 기록된 네 번째 책에는 다음처럼 쓰여 있다.

증례(證例) 1. 구부러진 관(管, 남자의 성기, Rohr)이 다시 똑바로 선다.

증례 7. 공기(Aër)에 의해 구름(Nubes)이 함께 흥분하다. ― 이삭 (Ähre)은 골풀이 된다. ― 완성의 시발점으로서 월귤나무로 소형화되다. ― '프노이마(Pneuma)'와 '성모마리아' 중심부의 흥분 ― 물망초 〔'나를 잊지 말아요', Vergißmeinnicht〕― 주일의 수면(水面) ― 투쟁과 관련된 밀애(密愛)는 '종교-동경'의 균열과 관련이 있다.

증례 13. 발에서 나는 땀이 자웅분류법과 호흡기관에 미치는 반작용 ― 치유는 '양말들' 중심부의 조화로운 전개를 뜻한다. ― 성찬식의 분수.

증례 30. 베일 같은 녹색 창문 커튼 뒤의 십자가상 ─ *프노이마와 성 모마리아* ─ 추상적 창문은 의지를 지배한다. ─ 촉각의 C는 경건함 의 상징으로서 상처를 낫게 한다.

증례 32. 교회 경기구(輕氣球) 속의 풍차바퀴(구스베리)

증례 40. 은총의 숲속 시내에 누워 있는 것은 교회 침대에서 이루어 지는 수면에 상동한다. ─ 빛으로 둘러싸인 푸른 바위 꼭대기.

이와 같은 258종의 증례로 묘사된 신학적 의술은 본질적으 로 여성적 상례(常例, Regel)가 중심이며, 모든 기관과 신경, 맥관(脈 管), 신체에서 나타나는 형세들에 뇌의 특정 국부가 일치한다는 전 제를 바탕으로 구축되어, '증례'의 제목은 이 뇌 국부의 상상적 이 름과 관계를 맺고 있다(〈그림 2-5-4〉 참조). 우리는 환자가 책에 첨 부한 수많은 도식 중의 하나를 그대로 묘사하고 있다.

이러한 종류의 책이 존재한다는 것은 뭔가 사람을 당황하게 만든다. 그럼에도 우리가 문자의 범위를 보다 상위의 것으로, 보다 안심할 수 있는 것으로 간주하는 데 익숙해져 있는 한, 그 어디보 다도 여기에서 아무도 눈치 채지 못하도록 슬그머니 숨어들어선 광기의 출현은 더욱더 경악스럽다. 어떻게 그럴 수 있었을까? 어떻 게 100개의 문이 달린 책의 도시 테베의 통행 검문을 피해갈 수 있었을까? 이런 책들의 출간 이야기는 줄곧 그 내용처럼 기괴할 수밖에 없다. 오늘날에는 뭔가 다를 것이라고 사람들은 생각할 수 도 있을 것이다. 광기현상에 대한 관심은 항상 그랬던 것처럼 전반

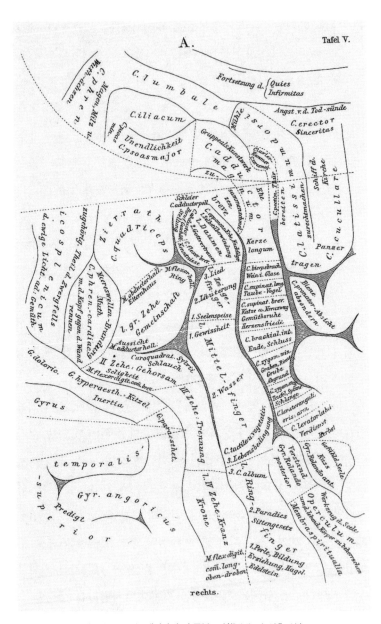

〈그림 2-5-4〉 게어만의 뇌 국부 도식(『신체, 뇌, 영혼, 신』)

적이지만 그와 더불어 보다 더 생산적이고 적법화되어 있다. 추정 컨대, 오늘날에는 광인의 저술이 일정한 규정에 따른 통행증을 받는 일이 그리 어렵지 않을 것이다. 그런데도 나는 지난 몇 달 이후로 인간적이고 문학적인 내용 면에서는 적어도 슈레버 책에 필적하지만, 이해도의 면에서는 그것("슈레버 책")보다 월등한 필사본을 알고 있는데, 그것(월등한 필사본의 출판)을 위해 신망 있는 출판사를 확보하기가 보기보다 너무 어려웠다. 만약 이와 같은 너무나도 간략한 지적이 이에 대한 관심을 불러일으킬 수 있다면, 이와 같은 너무나도 짧은 발췌본이 독자에게 광인의 포스터와 팸플릿에 보다 드높은 주의를 환기할 수 있다면, 이 몇 줄 적은 글의 이중 목적은 달성되었을 것이다.

안야와 게오르크 멘델스존[*][1]
:『필적에서 나타나는 인간』

이 책을 추천할 필요가 있을까? 그럴 필요가 없다고 나는 생각한다. 이 책은 대성공을 거둘 것이고, 또 응당 그럴 만하다.

이 책은 필적감정학의 수준급에 올라 있다. 필적감정학적 직관이 수준급이고, 언어적 서술기법도 수준급이다.

게다가 이 책은 정신분석학적 요소를 지닌 작품에서 언급의

---

[*] 〔편역자 주〕 Der Mensch in der Handschrift(Walter Benjamin, *Gesammelte Schriften*, Bd. III, Frankfurt a. M., 1972-1992, pp. 135-139).
이 서평은 잡지『문학세계(Die literarische Wet)』1928년 4권 31호에 발표된 글이다.

[1] Anja und Georg Mendelssohn, *Der Mensch in der Handschrift*, Leipzig, Verlag von E. A. Seemann(1928-)1930, VIII, 100 S.
〔편역자 주〕 필적감정에 대한 벤야민의 관심은 1920년 초로 거슬러 올라가며, 그 자신도 필적감정사로 활동한 경험이 있을 정도로 지대했다. 가장 직접적인 영향은 추측컨대 본 서평에서 여러 번 언급하고 있는 루트비히 클라게스의 필적감정학의 표준서『필적과 성격(Handschrift und Charakter)』(1917)이었을 것이다.
안야 멘델스존(1889~1978)은 클라게스에게 수학했고 나중에는 칼 구스타브 융에 동조했다. 그녀의 오빠 게오르크 멘델스존(1886~1955)은 드레스덴 헬라우에서 식자공이자 금속세공가로 일했다. 오누이의 책은 표의문자법적 이론의 단초를 제공하고 또 필적을 암호화된 상형문자로 이해한다는 점에서 클라게스와 정반대되는 구상이었다고 볼 수 있다.

가치가 있는 —최상의 탁트(Takt)[2]를 보여주는데, 적어도 이 책의 간결함과 정밀함이 어떤 면에서는 탁트로 나타나고 있는 것이다. 이 책은 너무 많이 말하지도, 너무 자주 말하지도 않는다. 그렇기 때문에 그 목소리는 최소한 가르치면서도 일깨우는 측면이 있는 것이다. 끝으로 이 책에는 전적으로 저 자신이 다루는 문제의 내적 본질 속에서 사는 사람, 그 문제를 두고 자기도취에 빠져 뻐길 생각이란 전혀 없는 사람의 특징인, 그야말로 보기 드문 생산적 겸허함이 있다.

필적감정학 사업에서 아무런 편견이 없는 사람도 곤혹스러울 수 있는 뭔가가 있었다면, 그것은 이 감정학이 천박한 옹호자들 속에서 속물들의 호기심과 수다 떠는 버릇에 의지해 시정잡배에 대한 '진실'이라든지 가정주부의 선조부터 하녀에 이르기까지 그 성격의 베일을 벗겨내 거드름을 피운 과시에 있었다. 물론 최근 클라게스나[3] 이바노비치(Magdalene Ivanovic) 또는 여타의 사람들이 이루어낸 과학적 시도들은 이와 아무런 상관이 없다. 하지만 분석을 하면 할수록 늘 순수하게 수수께끼로 정화되어 빠져나가기만 하는 인간이라는 적분적 수수께끼를 이토록 열성으로 방어해 찾아낸 사람은 아무도 없었다.

---

2 〔편역자 주〕Takt: '접촉'을 뜻하는 라틴어 *tactus*에서 유래하는 용어. 리듬, 박자(음악), 박절(문학), 마디 등 주기적으로 회귀하는 변화를 말하며, 이를 감지하는 감각적 인지력을 가리켜 세심한 신경, 배려, 명민함으로 옮길 수 있다. 라틴어 *tactus*에서 유래하는 또 다른 파생어 'Taktil'이 바로 일종의 '감각'으로서 '촉각'을 뜻한다.

3 〔편역자 주〕루트비히 클라게스(Ludwig Klages, 1872~1956): 독일의 심리학자·철학자. 『마음의 항쟁자로서의 정신(Der Geist als Widersacher der Seele)』(1929)을 썼다.

이것이 언급된바 있는 서술의 탁트가 단지 현상에 불과한 방법론의 칭찬할 만한 표현이다. 이 방법론은 새롭지 않다. 하지만 이 책에서 결정적인 점은 이 방법론이 얼마나 진지하게 다루어졌나에 있다. 여기서는 문명화된 인간의 필적까지도 전적으로 상형문자(象形文字, Bilderschrift)로 파악하려는 시도가 나타난다. 그리고 저자들은 이미지세계와의 접촉을 이전에는 도달하지 못할 정도까지 유지할 줄 알았다. 고래부터 사람들이 필적에서 결정적으로 중요하다고 생각한 것은 오른쪽과 왼쪽, 위와 아래, 비스듬함과 가파름, 육중함과 섬세함이었다. 하지만 그 속에는 여전히 유비와 메타포의 모호한 잔재가 유령처럼 어른거렸다. 빽빽하게 들여 쓴 글자를 두고 "이 사람은 자기 것을 꼭 부여잡고 있는데, 이는 절약하는 사람이라는 뜻"이라고 말했다면, 그것은 옳기는 하지만 그 언어는 필적감정학적 통찰을 상실할 대가를 치러야만 했다. 또한 클라게스가 형식수준, 부(富)의 과잉이나 과소, 글씨의 충만함과 무거움 또는 따뜻함, 밀도나 깊이를 판단할 심판자로 호명한 "영혼의 직관력(seelische Schaukraft)"은 결정적 지점에서 우리가 글을 쓰며 필적에 돌돌 말아 밀어 넣는 이미지와 맞닥뜨리게 될 것이다. 그래서 클라게스에 맞서 필적을 "고착화된 표현운동"[4]이라 간주한 해명은 충분치 않다는 주장이 상대적으로 정당성을 얻는 것이다. 왜냐하면 "이러한 해명은 문자가 제스처에 의해 결정된다고 말하

---

4 Ludwig Klages, Anja und Georg Mendelssohn, *Der Mensch in der Hand-schrift*, 앞의 책, p. 27에서 재인용,

는 것이지만, 이 이론을 확장하면, 제스처 그 자체는 **내적** 이미지에 의해 결정된다고 말할 수 있기"[5] 때문이다.

바로 이러한 이미지의 구속력이 어떻게 해서 필적감정사로 하여금 글씨를 도덕적으로 평가하는 유혹에 저항하게 만들어주는지는 쉽게 설명이 가능하다. 이런 저항은 비단 오늘날뿐만이 아니라 앞으로도 계속 필적감정사에게 요구될 수밖에 없다. 필적감정사가 이와 같은 물음들에 대해 오늘날 명예를 중시 여기는 사람이 늘어놓는 변명보다 자진해서 더 많은 것을 말할 용기를 낸다면, ─곧 아무 말도 하지 않는다면 더욱 좋을 것이다. 아니면 저자들의 말을 빌리자면, 이렇게 말할 수 있겠다.

관찰해보면 (…) 인간은 자기 고유한 성격의 밝은 측면과 어두운 측면 둘 다를 지니고 있음을 알 수 있다.[6]

도덕적인 것은 모두 어떤 표현할 수 없는 것(Ausdruckslose)으로서, 외관(Physiognomie) 없이 비(非)가시적이거나 눈이 부셔 마주하기 어려운 방식으로 구체적인 상황에서 솟아나온다. 그것은 보증될 순 있지만 결코 예견될 순 없다. 그것을 간과할 시 어떤 결과가 초래될지는 바로 클라게스의 주효한 필적감정학이 보여주었다. 클라게스는 형식수준의 높이와 깊이에 글쓴이의 성격을 파악

---

5   같은 곳.
6   같은 책, p. 31.

하기 위한 윤리적 잣대가 있다고 생각했는데,[7] 이 책의 저자들이 바로 클라게스의 이 기본개념에 등을 돌렸다면, 그 이유는 이 연구자의 생(生)철학이 그의 필적감정학에도 난잡스럽게 부담을 주었기 때문이다.

인류 삶의 충만함과 그 영혼이 반영된 표현내용은 르네상스 이래로는 지속적으로, 프랑스대혁명 이래로는 급격하게 악화되었다. 그래서 오늘날의 극히 유복하고 극히 재능 많은 인성조차도 비할 데 없이 초라한 매체에 종종 참여해, 기껏해야 400년 내지 500년 전의 **평균치**였던 사람의 충만함에나 도달할 뿐인 정도이게 되었다.[8]

클라게스라는 논쟁자에게 이와 같은 생각들이 그만의 터전과 권리를 갖는다는 것은 새로운 일이 아니다. 그러나 필적감정학이 이러한 생철학이나 비밀교의의 도약매체로 생각되어야 하는 것은 견디기 어려울 일이다. 필적감정학이 종파주의로부터 얼마나 독립해 자신을 지킬 수 있을지는 지금으로선 생존이 걸린 문제다. 그리고 분명한 점은 이에 대한 답이 어떤 종결의 의미가 아니라 오로지 창조적 무차별성(Schöpferische Indifferenz), 어떤 '극단적 중도(extrême milieu)'의 의미에서만 가능하다는 사실이다.

이와 같은 창조적 무차별의 입지를 중용의 미덕에서 결코 찾

---

7   같은 곳

8   Ludwig Klages, *Handschrift und Charakter. Gemeinverständlicher Abriß der graphologischen Technik*, Leipzig 1921, pp. 42-43.

을 수 없음은 당연하다. 왜냐하면 이러한 무차별은 변증법적인, 부단히 쇄신되는 균형으로서, 기하학적 장소가 아니라 사건의 마력적 영향권, 어떤 분출의 역장(力場, Kraftfeld)이기 때문이다. 필적감정 이론에서 이 영역은 암시적으로나마 그야말로 멘델스존의 이론과 클라게스의 이론 사이의 (기계적이 아니라) 역동적인 균형으로 묘사될 수 있을 것이다. 이 둘 사이 대립은 너무나도 생산적이어서 매우 중요하다. 그것은 몸과 언어 사이 대립에 근거를 둔다.

언어에는 몸이 있고, 몸에는 언어가 있다. 그럼에도 세계는 몸에 언어가 아닌 것(도덕적인 것), 언어에 몸이 아닌 것(표현할 수 없는 것)에 기반을 두고 있다. 이에 반해 필적감정학은 물론 전적으로 손글씨의 언어에 있는 몸의 것, 손글씨의 몸에서 발화하는 것과 관련이 있다. 클라게스는 언어 곧 표현에서 출발하고, 멘델스존은 몸 곧 이미지에서 출발한다.

〔이 책 『필적에서 나타나는 인간』에서〕 다행스럽게 가리키는 지시사항들은 지금까지 거의 예견할 수 없었던 이러한 이미지 차원의 풍부한 자산으로 안내한다. 많은 점에서 저자들은 바흐호펜[9]과 프로이트로 거슬러 올라간다. 하지만 이들은 늘 우리 삶의 감정에 대한 가치와 표현을 획득하기만 한다면, 하찮은 것에서조차 이미지의 비축 자산을 펼쳐 보일만큼 충분히 개방적이다. 손글씨와 어린아이가 그린 그림을 비교한 다음의 구절보다 더 기지에 차

---

9 〔편역자 주〕요한 자코프 바흐오펜(Johann Jakob Bachofen, 1815~1887): 스위스의 법률가·인류학자.

고 타당한 말도 없다. 이와 같은 비교에서 글자 행들은 대지를 의미한다.

철자는 특정 발전 지점부터 (…) 자신의 원상(原象)들 곧 인간, 동물, 사물이 대지를 딛고 섰던 것처럼 행들을 딛고 서 있다. 우리가 철자를 신체적 묘사로 변환한다면, 철자 기준선이 대지 표면 아래를 찌르고 들어가는 부분이라는 사실에 비추어 글자 행 **위에** 서 있는 다리를 찾는 일에 주저해선 안 된다. 똑같은 높이로 그 옆에는 신체 부위를 옳게 짜 맞추거나 그 비례 균형을 아직 모르는 어린아이들의 그림에서 볼 수 있는 것처럼 머리, 눈, 입, 손이 다른 철자들 속에서 서 있을 수 있다.[10]

입방체적 필적감정을 스케치한 윤곽도도 이와 마찬가지로 의미심장하다. 필적이 평면적 모양을 띠는 것은 단지 외견상으로만 그러한 것이다. 필압(筆壓)은 글 쓰는 사람에게 글 쓰는 평면 뒤에 어떤 입체적 깊이, 어떤 공간이 존재한다는 것을 보여준다. 또 다른 한편으로, 필체에서 나타나는 끊김은 펜대가 글 쓰는 평면 앞의 공간으로 물러섬으로써 "비물질적 곡선들"[11]을 그려 넣는 미미한 지점을 노출한다. 글씨의 입방체적 이미지 공간은 투시력 현상

---

10   Anja und Georg Mendelssohn, *Der Mensch in der Handschrift*, 위의 책, p. 76.

11   Magdalene Ivanovic, *Die Gesetze der modernen Graphologie*, Anja und Georg Mendelssohn, *Der Mensch in der Handschrift*, p. 87에서 재인용

공간의 소우주적 모사일까? 이와 같은 이미지 공간에서 라파엘 쉐르만(Rafael Schermann) 같은 텔레파시적 글씨 감정사가 실마리를 얻은 것일까? 사정이야 어쨌든 입방체적 문자 이미지론은 언젠가 필적 해석이 텔레파시 과정의 연구에 쓸모 있으리라는 전망을 제시하고 있다.

이처럼 전초(前哨) 지대에 서 있는 학설이 옛날 서적들이 지지하곤 했던 온갖 변호성의 말들을 온갖 논쟁과 마찬가지로 잘라 버리는 것은 당연하다. 이 책은 해야 할 말을 내재적으로 펼쳐 보인다. 여기에서는 필적 사례조차 그런 종류의 책들에서처럼 그다지 많지 않다. 필적감정학적 직관은 저자들이 단 하나의 필적만으로도 그 자신들의 학문 ―그자신들의 실재라고 말하는 편이 낫겠다― 요소들을 철저하게 다루는 모험을 감행할 정도로 강도가 높다. 이들처럼 볼 줄만 안다면, 그들에게 글씨가 적힌 종잇조각은 모두 거대한 세계극장에 들어서는 입장권이다. 그에게 그 종잇조각은 인간 존재와 인간 삶 전체를 수십 만분의 일로 축소한 팬터마임으로 보여준다.

100년 전의 알파벳 서적들* **

    문화사의 흐름에서 자모(字母)에 바쳐진 장식의 사랑을 보자면, 억만장자의 호화로운 궁궐이나 별장은 그 1000분의 1도 나오지 않는다. 이와 같은 사랑은 일찍이 미(美)에 대한 환희에서 나오고 또 미에 경의를 표한 것이었지만, 술수의 의도를 가진 것이기도 했다. 그렇다, 자모는 단테가 지옥문에서 읽은 것을 아주 훌륭하게 새겨놓은 성문의 원주(圓柱)였으며 거기서 그 거친 원형은 해마다 이 문을 지나가야만 하는 많은 꼬마를 겁먹게 해서는 안 될 것이었다. 사람들은 이 편개주(片蓋柱)에 각각 현화(懸花) 장식과 아라베스크 문양을 매달았다. 그런데 사람들은 나중에야 비로소 활자를 매혹적으로 보이게 하기 위해 그 뼈대를 장식물로 과도하게 뒤

---

*   〔편역자 주〕ABC-Bücher vor hundert Jahren(Walter Benjamin, *Gesammelte Schriften*, Bd. IV/2, Frankfurt a. M., 1972~1992, pp. 619~620).
이 글은 『프랑크푸르트신문(Frankfurter Zeitung)』 '여성용 부록' 1928년 12월 12일자 3호에 발표된 글이다.

** 〈그림 2-7-1〉~〈그림 2-7-4〉 참조.

〈그림 2-7-1〉 XY 판화는 모든 알파벳 책의 교차점이다. 여기 보이는 목판조각사(목판화가)는 X와 Y(크세르크세스Xerxes, 크세노폰Xenophon, 영Young, 입실란티Ypsilanti)로, 오로지 남성들만 나무에 새긴다는 괴팍한 생각은 우리 알파벳 예술가에게(이는 유명한 고행자다) 아주 환영할 만한 일이다.

〈그림 2-7-2〉 『세계도해(Orbis Pictus)』. 출간연도와 출간지 알 수 없음. 비더마이어 시대의 가장 아름다운 아동도서 중의 하나다. 텍스트는 없다. 예술가는 각 글자판 다음에 알파벳순으로 묘사된 대상들을 그린 판화가 이어지도록 배치하는 것으로 만족했다. 여기에서는 P이고 23개의 대상들이 있다. 누가 그것들을 찾아낼까?

〈그림 2-7-3〉 이것은 1840년경 파리에서 출간된 「행복나라로의 여행」이라는 프랑스 아동도서의 표지다. 본문 지면은 기품 있는 전면 석판화로 이루어졌다. 여행하는 아이들도 오직 장난감과 군것질거리만 있는 행복의 나라에서 곧 지루함을 느낀다. 아이들은 학교에 대한 그리움에 가득 차 이 낙원에서 도망친다.

〈그림 2-7-4〉 프랑스에서 유래하는 낭만주의적 알파벳 책. 출간연도와 출간지 알 수 없음. 각 페이지에는 알파벳순으로 배열된 글자체로 이름이 시작되는 아이가 등장한다. 그러나 이미 낭만주의 알파벳 도서 시기에는 케랑갈이나 라모리노*와 맞닥뜨리지 않고 프랑스를 지나 여행할 수 있었다.

* 〔편역자 주〕 피에르 모리스 쥘리앵 드 케랑갈(Pierre Maurice Julien de Quérangal, 1758~1840): 프랑스 해군장교.
지롤라모 라모리노(Girolamo Ramorino, 1792~1849): 이탈리아 장군. 프랑스에서 오스트리아와 맞서 싸웠다.

덮는다고 어린아이들에게 문제가 더 쉬워지는 것은 아니라는 사실을 깨닫게 되었다.

그 밖에 자모는 이미 오래전부터 어떤 대상의 안마당을 주변에 만들기 시작했다. 우리들 중 나이가 든 사람은 아직도 쓸 준비가 된 모자(Hut)가 h에 걸려 있고, 쥐(Maus)는 천진난만하게 m을 갉아 먹는 것을 본 적이 있으며, r은 장미(Rose)의 가시 돋친 부분으로 알게 되었다. 그러고는 고전은 단번에 유럽 계몽주의를 거친 이방민(異邦民), 어린아이, 하층민에 대한 감동적 헌신을 통해 실제로는 단지 일식(日蝕)에 불과한 휴머니즘의 빛으로 아주 다르게 독본에 조명되었다. 그때까지 잘못 놓여 지체 높은 자모들 주변을 배회했거나, 아니면 18세기 부르주아 주택의 전면에 보이는 조그마한 창문처럼 비좁게 상자 안에 쑤셔 넣어진 작은 도해 대상들은 갑자기 혁명적 구호들을 고지했다. 유모(Ammen), 약사(Apotheker), 포병(Artilleristen), 독수리(Adler), 원숭이(Affen), 어린아이(Kinder), 웨이터(Kellner), 고양이(Katzen), 볼링핀을 세우는 소년(Kegeljungen), 여성요리사(Köchinnen), 잉어(Karpfen), 시계공(Uhrmacher), 헝가리인(Ungarn), 창기병(Ulanen)은 자신들의 연대의식을 깨달았다. 그들은 거대한 국민의회를 소집했고, 모든 A, B, C 등등의 대의원들이 출현해 의회에서 소요를 일으켰다. 루소가 모든 주권은 국민으로부터 나온다고 말할 때, 이 글자판은 커다란 소리로 단호하게 다음과 같이 표명한다.

자모의 정신은 물건으로부터 나온다. 우리의, 이러한 존재, 이 외에 다른 것이-아닌- 존재를 우리는 이 자모에 뚜렷하게 새겨 넣었다. 우리가 그들의 가신(家臣)인 것이 아니라, 자모가 단지 우리의 표출된 공동의지인 것이다.

옛 필적감정학과 새로운 필적감정학[*][1]

오늘날 과학적 필적감정학이 생긴 지 30년은 족히 되었다. 그것은 어느 정도 유보적이긴 해도 전적으로 독일의 창조물이라고 할 수 있고, 뮌헨에서 독일 필적감정학협회가 건립된 1897년을 그 탄생의 해라고 말할 수 있다. 이미 30년 동안 자신의 원리의 적확성을 입증해 보인 필적감정이라는 기술에 대해 아카데미 학문이 여전히 지켜만 보고 있다는 사실은 충분히 놀랍다. 오늘날까지 어떤 독일 대학에서도 필적감정학 교수직은 존재하지 않는다. 분명하게 밝혀둘 점은 지금으로선 자유 단과대학들 중의 하나—베를린의 레싱 단과대학—가 (안야 멘델스존의 주도하에) 과학적 필적감정

---

[*] 〔편역자 주〕 Alte und neue Graphologie(Walter Benjamin, *Gesammelte Schriften*, Bd. IV/1, Frankfurt a. M., 1972 1992, pp. 596-598).
이 글은 잡지 『남서독일방송신문(Südwestdeutsche Rundfunkzeitung)』 1930년 11월 23일 47호에 발표된 글이다.
1 〔편역자 주〕 1930년 11월 30일에 벤야민은 남서독일방송국에서 '필적감정학의 다양한 방법'이라는 강연을 진행한 것으로 추정된다. 그 방송 원고 전체는 소실되었으나 그 일부로 추정되는 짧은 텍스트가 남아 있어 여기에 옮긴다.

학 중앙연구소의 통합에 착수했다는 사실이다. 외국에서도 사람들은 이와 같은 사실을 필적감정학 역사의 전환점으로 인식했음에 틀림없다.

어찌되었든 이 과학의 가장 오래되고 여전히 살아 있는 대변자인 쥘 크레피외-자맹[2]은 연구소 "과학적 필적감정학 중앙연구소" 개회에 참석하게 위해 루앙에서 길을 나섰다. 사람들은 첫눈에도 아주 쉽게 의사로 보이는 그에게서 조금은 세상을 등진 노년의 신사 양반을 알아보게 된다. 말하자면 [그는] 획기적 학자라기보다는 오히려 의미심장한 실천가로 보인다. 다만 그것이 필적감정학에서 차지하는 크레피외-자맹과 그 제자의 입지도 실제 규정하는 것이 아니라면 말이다. 그는 스승인 미숑[3]의 유산을 물려받았는데, 미숑은 1872년에 출간한 『필적의 비밀(Geheimnis der Handschrift (Les mystères de l'écriture))』에서 필적 감정이라는 개념을 처음으로 소개했다. 스승과 제자, 이 두 사람의 공통점은 필적에 대한 예리한 안목, 그리고 추리력과 결합한 매우 건전한 상식에 있다. 이 모든 것은 물론 과학적 성격학의 요구보다는 오히려 실재 삶의 요구에 부합하는 필적 분석에 유리하게 작용했다.

과학적 성격학(Charakterologie)의 요구들은 루트비히 클라게스에 의해 그의 기초 저작들인 『성격학의 원리』[4]와 『필적과 성

---

2   [편역자 주] 쥘 크레피외-자맹(Jules Crépieux-Jamin, 1859~1940): 프랑스의 필적학자. 1889년부터 루앙에서 치과의사로 일했다.
3   [편역자 주] 장-이폴리트 미숑(Jean-Hippolyte Michon, 1806~1881): 프랑스의 신부, 고고학자, 필적학의 창시자.
4   Ludwig Klages, *Prinzipien der Charakterologie*, Leipzig 1910.

격』[5]에서 맨 처음 제시되었다. 그는 특정 문자기호를 해석의 천편일률적 틀로 삼아, 그것을 성격상의 특징과 결부하는 이른바 프랑스학파의 '기호학설'에 맞섰다. 클라게스는 이 학파와는 달리 필적을 원칙적으로 제스처로, 표현의 운동으로 해석했다. 그의 저술 어디에서도 특정 기호에 대한 언급이 없으며, 다만 알파벳의 어떤 특정 형식에 국한되지 않는 문자의 일반적 특징들에 대해서만 논의되고 있다. 여기에서 이른바 '형식수준' 분석이 각별한 역할을 하는데, 그것은 문자의 모든 특징을 원칙적으로 ―긍정적이든 부정적이든 간에― 이중적 의미로 평가할 수 있는 고찰방식으로서, 우선 문자의 수준 정도가 그때그때 이 두 가지 해석에 의해 생겨날 수밖에 없음을 해명해준다.

최근 독일 필적감정학의 역사는 본질적으로 클라게스의 이론과의 씨름으로 규정된다. 논쟁은 두 가지 점에서 시작되었다. 로베르트 자우데크[6]는 클라게스에게서 나타나는 필기생리학적 조사 결과의 정확성 결여와 임의적으로 [클라게스가 필적감정을] 독일 필법에 국한한 것을 비판하고 있다. 그는 필체 운동에 대한 적확한 측정 규명을 기반으로 상이한 민족적 필적들을 세분화하는 감정학을 추구한다. 자우데크에게서 성격학적 문제들은 영향력이 약해지는 반면, 바로 지금 클라게스와 논쟁을 벌이고자 하는 두 번째 방향에서는 _그것이 중심에 놓인다. 이로부터 표현 운동으로 규정된 필적의 정의에 대해 이의가 제기되고 있다. 이 방향의 대변자들

---

5 Ludwig Klages, *Handschrift und Charakter*, Leipzig 1917.
6 [편역자 주] 로베르트 자우데크(Robert Saudek, 1880~1935): 독일의 필적학자·작가.

인 풀버[7]와 안야 멘델스존은 '표의문자법적' 필적 해석의 길을 열고자 한다. 말하자면 그것은 문자를 무의식적으로 그리는 요소들, 이 요소에 담겨 있는 무의식적 이미지 판타지와 관련시켜 해석하는 필적감정학이다. 클라게스 필적감정학이 게오르게 학파의[8] 생철학을, 자우데크의 감정학이 분트[9]의 정신물리학을 배경으로 하고 있다면, 풀버의 노력에서는 프로이트의 무의식학설이 미친 영향을 간과할 수 없다.

7   〔편역자 주〕막스 풀버(Max Pulver, 1889~1952): 스위스의 필적학자·작가.
8   〔편역자 주〕슈테판 게오르게(Stefan George, 1868~1933): 독일의 시인. 독일 상징주의를 대표하는 시인으로 자연주의적 예술관에 반대하고 순수한 언어 예술을 추구하는 독일 시의 원천을 개척했다는 평가를 받는다. 시집『영혼의 한 해(Das Jahr der Seele)』(1897), 『삶의 융단(Teppich des Lebens)』(1900), 『동맹(同盟)의 별(Der Stern des Bundes)』(1914) 등이 있다.
9   〔편역자 주〕빌헬름 분트(Wilhelm Wundt, 1832~1920): 독일의 심리학자·철학자·생리학자. '근대 심리학의 아버지'라고 일컬어지는 인물로 실험심리학 분야를 개척하고 진화론적 철학 체계를 수립했다는 평가를 받는다. 저서에『생리학적 심리학 강요(Grundzüge der physiologischen Psychologie)』(전 3권, 1874~1911), 『철학 체계(System der Philosophie)』(1889), 『민족심리학(Völkerpsychologie)』(전 10권, 1900~1920) 등이 있다.

유사한 것의 학설[*]

'유사한 것(das Ähnliche)'의 영역에 대한 통찰은 신비적 지식의 거대 영역을 밝혀내기 위한 기초를 놓는 의미가 있다. 하지만 이러한 통찰은 우리가 맞닥뜨리게 된 유사성을 제시하는 식이라기보다는 그와 같은 유사성을 생산하는 과정을 재현하는 식으로써 확보될 수 있다. 자연은 유사성을 생산한다. 이는 의태(擬態)만 생각해봐도 알 수 있다. 그러나 유사성 생산에서 최고의 능력을 가진 자는 인간이다. 그렇다, 아마도 인간의 상위 기능들 중에서 미메시스 능력이 결정적으로 함께 작용하지 않는 건 없을 것이다. 그러나 이 능력에는 역사가 있으며, 그것도 계통발생적 의미에서와 개체발생적 의미 모두에서 그러하다. 후자와 관련해서는 많은 점에서 놀이가 미메시스 능력의 교본이다. 우선 어린아이의 놀이를 보자면, 그것에는 온통 미메시스적 행동방식이 관통하고 있는데,

* 〔편역자 주〕 Lehre vom Ähnlichen(Walter Benjamin, *Gesammelte Schriften*, Bd. II/1, Frankfurt a. M., 1972-1992, pp. 204-210).
이 글은 1933년에 쓰인 것으로 추정된다.

그 영역은 한 사람이 다른 사람을 모방하는 것에 국한되지 않는다. 어린아이는 상인이나 선생을 연기하며 놀이를 할 뿐만 아니라, 물레방아나 기차도 연기하며 놀이를 한다. 하지만 중요한 문제는 이와 같은 미메시스적 행위의 훈련이 어린아이에게 어떤 이득을 가져오는가에 있다.

이에 대한 답은 미메시스적 행동의 계통발생적 의미에 대한 명확한 숙고를 전제로 한다. 이를 가늠해보기 위해서는 오늘날 우리가 유사성 개념 속에서 파악한 것만을 생각하는 것으로 충분치 않다. 주지하다시피, 예전의 경우 유사성 법칙에 지배되는 것으로 보였던 삶의 영역은 훨씬 더 컸다. 역사의 흐름 속에서 그러한 유사성 경험을 찾아볼 수 있는 많은 것 중 하나만 꼽자면, 소우주와 대우주 같은 표현이 있다. 오늘날에도 여전히 다음과 같은 견해가 피력될 수 있다. 즉 일상에서 유사성을 의식적으로 지각하는 경우들은 유사성이 무의식적으로 규정되는 무수히 많은 경우의 아주 미미한 단면에 불과하다고 말이다. ―예컨대 얼굴에서처럼― 무의식적으로 지각되거나 아니면 아예 지각조차 되지 않는 유사성들은 의식적으로 지각되는 유사성들에 비하면 셀 수 없이 너무나도 많다. 그것은 깊숙한 해저에 잠긴 덩어리가 수면 위로 빼꼼하게 솟아오르는 거대한 빙산의 일각에 불과한 것과도 같은 이치다.

하지만 이러한 자연적 조응들은 그것이 모두 원칙적으로는 인간 속에서 이 조응에 응답하는 미메시스 능력을 자극하고 일깨우는 것임을 고려할 때에야 비로소 결정적 의미를 얻는다. 이때 유념해야 할 것은 미메시스의 힘도, 미메시스의 객체나 그 대상들도 시간의 흐름 속에서 변하지 않고 똑같은 것으로 머물지 않는다는 점이다. 수 세기가 흐르는 동안 미메시스의 힘, 그리고 그와 동시에 나중에는 미메시스적 파악 능력 또한 마찬가지로 특정 활동 범위에서 사라져 어쩌면 다른 활동 범위로 흘러들어갔을지도 모를 일이다. 어쩌면 이러한 미메시스 능력의 역사적 발전 전체에서 하나의 통일적 방향이 있으리라는 추측도 그렇게 무리가 아닐지도 모른다.

이 방향은, 얼핏 보면, 미메시스 능력이 점점 더 쇠퇴하는 쪽으로 기운 듯이 보인다. 왜냐하면 현대인의 인지계가 마법적 조응을 포괄하는 것이 옛 종족들이나 원시인들의 그것보다 훨씬 더 적어 보임이 명백하기 때문이다. 다만 문제는 미메시스 능력의 사멸 여부거나, 아니면 어쩌면 그 사멸과 함께 발생한 일종의 변형일지도 모른다는 점이다. 그런데 이런 변형이 어떤 방향에 놓여 있는지에 대해서는 간접적이나마 몇 가지를 점성술로 미루어 살펴볼 수 있다. 말하자면 우리는 예로부터 전해오는 전승들의 탐구자로서 오늘날에는 우리가 아예 감지조차 할 수 없는 곳에 눈에 띄는 조형물, 미메시스적 대상성이 존속했었다고 추론할 수밖에 없다. 예컨대 성좌에서처럼 말이다.

이를 포착하기 위해 우리는 점성술적 해석에서 분석만 하는 천궁도(大宮圖, Horoskop)를 하나의 독자적 전체성으로 파악해야만 할 것이다. (천체 상태는 하나의 특징적 통일성을 나타내며, 개별 행성들의 특성들은 천체 상태에서 이 통일성이 작용해야 비로소 인식되는 것이다.) 원칙적으로 우리는 천체의 움직임들이 옛사람들에게는 집단에 의해서든 개별자에 의해서든 모방이 가능했었다고 추론할 수밖에 없다. 그렇다, 이와 같은 모방성은 현존하는 유사성을 다루는 지침을 포함하고 있었다. 당분간 우리는 인간에 의한 모방 가능성 혹은 인간이 지닌 미메시스 능력을 점성술에 경험적 특성을 부여한 유일한 심급으로 간주해야 한다. 하지만 옛사람들에게 미메시스의 뛰어난 재능이 정말로 삶을 규정하는 힘이었다면, 그것은 이러한 재능의 완벽한 소유, 특히 신생아에게 부여되는 우주적 존재 형체를 완벽하게 배워서 익히는 일 외에 달리 가능하지 않았을 것이다.

여기서 결정적 작용을 하는 탄생의 순간은 찰나(Nu)다. 이것은 우리로 하여금 유사성 영역에서 나타나는 또 다른 독특성으로 시선을 돌리게끔 한다. 유사성의 지각은 어떤 경우든 번뜩이며 떠오르는 순간과 결부되어 있다. 그것은 획 스쳐 지나가는데, 어쩌면 되찾을 수 있을지는 모르나 다른 지각처럼 원래 붙들어 매어둘 수는 없다. 유사성은 성좌의 형세처럼 눈앞에 순간적으로, 일시적으로 보인다. 따라서 유사성들을 지각하는 것은 시간적 계기와 결부된 것으로 보인다. 그것은 순간에 포착되어야 할 두 성좌가 한데 모일 때 제3자 곧 점성가가 끼어드는 양상과도 같다. 이와 다른 경우, 천문학자는 자신의 관찰 장비가 제아무리 정밀해도 아무런 성과를 얻지 못한다.

점성술에 대한 언급은 비감각적 유사성 개념의 이해 도모를 이미 충족할 수 있을 것이다. 비감각적 유사성이 상대적 개념임은 자명하다. 이 개념은 한 별자리와 한 인간 사이에 존재한다고 하는 유사성에 대해 한때 이야기하는 것을 가능하게 했던 그러한 것을 우리가 이젠 더는 지각할 수 없음을 의미한다. 그렇지만 우리는 비감각적 유사성 개념에 따라붙는 모호성을 해명의 길로 안내하는 규준도 역시 가지고 있다. 언어가 바로 그 규준이다.

사람들은 이미 오래전부터 미메시스 능력이 언어에 꽤나 많은 영향을 미쳤음을 시인해왔다. 그렇지만 그것은 원칙 없이 이루어졌으며, 미메시스 능력의 역사는 말할 것도 없고 그 의미에 대해 사람들은 진지하게 생각해보지 않았다. 하지만 무엇보다도 이와 같은 숙고는 유사성의 친숙한 (감각적) 영역과 밀접하게 결부된 채 머물러 있다. 아무튼 사람들은 언어 생성에서 나타나는 모방 행위를 의성어적 요소로 인정했다. 하지만 통찰력이 있는 사람에게는 명약관화하듯이 언어가 기호들의 약속된 체계가 아니라면, 언어에 접근하는 시도에서는 의성어적 설명방식에서 제시되는 지극히도 거칠고 지극히도 원시적인 형태의 착상들을 거듭 되풀이해 소급하지 않으면 안 된다. 문제는 이러하다. 이 의성어적 설명방식은 양성될 수 있고, 또 보다 더 나은 통찰에 동화될 수 있을까?

달리 말하면, 많은 점을 시사하는 레온하르트의 『말』이라는 저작에서 주장된 다음의 문장을 해석하는 일이 중요하다. "말이라면 저마다 모두 ─또 언어 전체가─ 의성어적이다."[1] 이 테제를 비로소 원래내로 완진히 투명하게 만들어줄 열쇠가 비감각적 유사

---

1   Rudolf Leonhard, *Das Wort*, Berlin, (1931)(Entr´act-Bücherei Nr. I/2), p. 6.
     〔편역자 주〕루돌프 레온하르트(Rudolf Leonhard, 1889~1953): 독일의 공산주의자이
     자 작가.

성 개념에 숨어 있다. 서로 다른 언어에서 같은 뜻을 나타내는 낱말들을 그 의미된 것을 중심으로 정리하면, 그 낱말들이 모두 ─서로가 하등의 유사성도 가지고 있지 않은 일이 흔한데─ 중심에 놓인 의미된 것과 어떻게 유사한지 연구해볼 수 있다. 이와 같은 이해는 물론 신비주의적이거나 신학적인 언어이론과도 친화성을 띠는데 그렇다고 해서 경험에 근거한 문헌학에 낯선 일도 아니다. 하지만 주지하다시피 신비주의적 언어학설은 발화된 말을 숙고의 영역으로 끌어들이는 것에 만족하지 않는다. 이 학설에서는 문자도 전적으로 똑같이 숙고의 대상이다. 그리고 주목할 것은 문자가 어쩌면 일정한 언어의 음성 조합보다는 낱말 혹은 활자의 문자 이미지가 어떤 의미된 것 내지 명명하는 자와 맺게 되는 관계에서 비감각적 유사성을 더 잘 설명해줄지도 모른다는 점이다. 예컨대 'Beth'라는 철자는 어떤 집의 이름이다. 이에 따라 발화된 것과 의도된 의미만이 아니라 쓰인 것과 의도된 의미, 발화된 것과 쓰인 것 사이도 역시 고정시키는 것이 비감각적 유사성이다. 그것도 양극을 고정할 때마다 전혀 새롭고 독창적이며 파생불가한 방식으로 수립하는 것이다.

그런데 이 중 가장 중요한 것은 맨 마지막의 것, 곧 쓰인 것과 발화된 것 간의 고정일 것이다. 왜냐하면 바로 여기서 지배하는 유사성이 비교적 가장 비감각적이기 때문이다. 그것은 또한 가장 늦게 이루어진 유사성이기도 하다. 그리고 그 원래 본질이 무엇이었는지 생생하게 눈앞에 떠올려보려면, 설령 칠흑 같은 어둠에 둘러싸였다고 해도 그것이 성립한 역사에 대한 조망 없이는 안 된다.

최근 필적감정학은 손으로 쓴 글에서 글쓴이의 무의식이 숨어 있는 이미지, 원래는 수수께끼 이미지를 알아낼 수 있다는 것을 가르쳐주었다. 이와 같은 모양새로 글쓴이의 행위에서 표현되는 미메시스 능력은 문자가 생겨난 아주 먼 옛날에는 글쓰기에서 지극히도 중요한 의미를 지녔다고 가정해볼 수 있다. 이렇게 해서 문자는 언어와 나란히 비감각적 유사성들, 비감각적 조응들의 아카이브가 되었다.

그러나 문자의 마법적이라고 부를 수 있는 이러한 측면은, 언어(의 경우)도 그렇지만, 그것의 다른 측면 곧 (문자의) 기호적 측면과 무관하게 이리저리 흘러들어가지 않는다. 오히려 언어의 미메시스적인 것은 모두 기반을 가진 지향인데, 이러한 지향은 뭔가 낯선 것 즉 바로 기호적인 것으로, 언어의 전달자에게 그 기반으로 현상될 수 있다. 그러니까 철자로 이루어진 문자 텍스트는 오로지 수수께끼 이미지만 형성될 수 있는 기반이다. 이와 같이 문장을 소리 내어 읽을 때 그 안에 잠복해 있는 의미 연관은 울림에서 비로소 번뜩 찰나에 유사한 것이 가시화될 수 있는 기반이다. 그러나 이러한 비감각적 유사성은 모든 읽는 행위에 작용하기 때문에, 이 심층에서 읽기라는 말에 담겨 있는 기이한 이의성(二義性), 곧 범속적이면서도 마법적인 것을 뜻하는 읽기로 접근할 통로가 열린다. 학생은 알파벳 책을 읽고, 점성가는 별에서 미래를 읽는다. 첫째 문장에서는 읽기가 그 두 요소로 분리되지 않는다. 그에 반해 둘째 문장에서는 읽기가 그 두 가지 층에 따라 진행됨이 명확하다. 점성가는 하늘에서 별들의 위치를 읽는다. 그와 동시에 그는 별들의 위치에서 미래나 운명을 읽어내는 것이다.

　이처럼 별들, 〔동물의〕 내장, 우발적 사건들에서 읽어내는 일이 원시시대에는 인류에게 읽기 일반이었다면, 이에 한 발 더 나아가 룬문자(Runen)가 그랬던 것처럼 새로운 읽기로 이어지는 매개 고리가 있었다면, 당연하게도 다음과 같이 가정해볼 수 있다. 즉 예전에는 투시력의 토대였던 미메시스 재능이 수천 년간의 발전에서 아주 서서히 언어와 문자 속으로 흘러들어가, 그 속에서 비감각적 유사성의 완전한 아카이브를 창출했다고 말이다. 이와 같은 형태라면 언어는 미메시스 능력의 최고 활용단계일 것이다. 말하자면 그것은 유사한 것에 대한 이전의 감지 능력들이 남김없이 흘러들어간 매체일 터인데, 이처럼 언어라는 이 매체에서는 사물들이 더는 이전처럼 예언자나 사제의 정신 속에서 직접 서로 접속하는 것이 아니라 사물들의 정수(精髓), 극히 일시적이고 극히 미세한 실체들, 바로 아로마 속에서 마주하고 서로 관계를 맺는다. 달리 말해, 역사가 흐르면서 투시력이 자신의 낡은 힘들을 양도한 것이 문자와 언어다.

　하지만 템포, 곧 읽거나 쓰는 가운데 일어나는 속도는 그 행위의 진행과 분리되기 어렵다. 그래서 이 템포는 흡사 유사성들이 사물들의 흐름에서 번개처럼 순간 일시적으로 떠올랐다가 이내 다시 가라앉아버리는 박자에 정신이 함께하려는 노력, 재능과도 같은 것이다. 그리하여 범속한 읽기는 이해하는 일을 절대 놓치지 않고자 한다면 ―여전히 모든 마법적 읽기와 공유하는 것이 있다. 즉 필수적 템포, 아니 그보다는 읽는 자가 아무런 성과도 없이 끝

내지 않으려면 절대 잊어서는 안 되는 위기의 순간에 종속되어 있
다는 점이 바로 그것이다.

추기(追記)

우리가 소유한 유사성을 보는 재능은 예전에 강력하게 작용
한, 유사해지고 또 유사하게 행동하는 강압의 미약한 잔재일 따름
이다. 그리고 이미 사라져버린 유사해지는 능력은 우리가 지금도
여전히 유사성을 알아볼 수 있는 빈약한 인지계를 훨씬 더 뛰어넘
어 있었다. 수천 년 전 천체의 위상이 탄생의 순간 한 인간 현존에
영향을 끼친 것은 유사성을 토대로 그 안에서 작용한 것이다.

미메시스 능력에 대하여[*]

자연은 유사성을 생산한다. 이는 의태만 생각해봐도 알 수 있다. 그러나 유사성 생산에서 최고의 능력을 가진 자는 인간이다. 인간이 [그 자신이] 소유한 유사성을 보는 재능은 예전에 강력하게 작용했던, 유사해지고 또 유사하게 행동하는 강압의 미약한 잔재일 따름이다. 아마도 인간이 가진 상위 기능들 중 미메시스 능력에 의해 결정적으로 함께 규정되지 않는 기능은 없을 것이다.

그러나 이 능력에는 역사가 있으며, 그것도 계통발생적 의미에서와 개체발생적 의미 모두에서 그러하다. 후자와 관련해서는, 많은 점에서 놀이가 미메시스 능력의 교본이 된다. 우선 어린아이의 놀이를 보자면, 그것에는 온통 미메시스적 행동방식이 관통하고 있는데, 그 영역은 한 사람이 다른 사람을 모방하는 것에 국한되지 않는다. 어린아이는 상인이나 선생을 연기하며 놀이를 할뿐

[*] [편역자 주] Über das mimetische Vermögen(Walter Benjamin, *Gesammelte Schriften*, Bd. II/1, Frankfurt a. M., 1972-1992, pp. 210-213).
이 글은 1933년에 쓰인 글이다.

만 아니라, 물레방아나 기차도 연기하며 놀이를 한다. 미메시스 능력의 이러한 훈련은 원래 어린아이에게 어떤 이득을 가져오는 것일까?

이에 대한 답은 미메시스 능력의 계통발생적 의미에 대한 통찰을 전제로 한다. 이때 오늘날 우리가 유사성 개념 속에서 파악한 것만 생각하는 것만으로는 충분치 않다. 주지하다시피, 예전의 경우 유사성 법칙에 의해 지배되는 것으로 보였던 삶의 영역은 포괄적이었다. 소우주뿐 아니라 대우주에서도 유사성이 지배했다. 그러나 이 자연적 조응들은 그것들이 예외 없이 미메시스 능력의 자극제이자 고무자라는 점—인간은 미메시스 능력으로 자연적 조응에 응답한다—을 인식을 할 때에야 비로소 그 본래적 중요성을 획득한다. 이때 유념해야 할 것은 미메시스의 힘들이나 미메시스의 객체들 또는 그 대상들도, 시간이 흐르는 가운데 변함없이 똑같은 것으로 머물지 않는다는 점이다. 오히려 유사성을 만들어내는 재능과 —예컨대 이러한 재능의 가장 오래된 기능인 춤처럼— 유사성을 인식하는 재능 역시 역사의 변동 속에서 변해왔다.

이 변화는 미메시스 능력이 점점 더 쇠약해지는 방향으로 규정된 것으로 보인다. 왜냐하면 현대인의 인지계는 옛 종족들에게 친숙했던 마법적 조응과 유비〔類比, 유추類推, Analogie〕로부터 극히 미약한 잔재만을 포함하고 있음이 명백하기 때문이다. 다만 중요한 문제는 이 능력의 사멸인시 아니면 변형인지다. 이와 같은 문제가 어떤 방향에 놓일 수 있는 것인지에 대해서는 간접적이나마 그 몇 가지를 점성술로 미루어 살펴볼 수 있다.

원칙적으로 우리는 아주 옛날 옛적에 모방가능한 것으로 간주된 과정들 중에는 천체의 운동도 속했다고 추론할 수밖에 없다. 춤에서, 또 다른 제의 행사에서 이처럼 모방이 생산될 수 있었고 유사성이 다루어질 수 있었다. 하지만 옛사람들에게 미메시스의 뛰어난 재능이 정말로 삶을 규정하는 힘이었다면, 그것은 이러한 재능의 완벽한 소유, 특히 우주적 존재 형체를 완전하게 배워 익힐 때 신생아를 염두에 두었다는 생각은 어려운 일이 아니다.

점성술 영역에 대한 언급은 비감각적 유사성 개념을 이해하는 데서 첫 실마리를 제공할 수 있을 것이다. 우리의 현존에는 이런 유사성에 대해 말하고, 특히 그것을 불러냄을 한때 가능하게 했던 것이 더는 존재하지 않는다. 그런데 우리는 비감각적 유사성이 의미하는 바를 해명의 길로 안내하는 규준도 역시 가지고 있다. 이 규준이 바로 언어다.

오래전부터 이미 사람들은 미메시스 능력이 언어에 꽤나 많은 영향을 끼친 것을 시인해왔다. 그렇지만 그것은 원칙 없이 이루어졌으며, 미메시스 능력의 역사는 말할 것도 없고 그 의미에 대해 사람들은 생각해보지도 않았다. 하지만 무엇보다도 이와 같은 숙고는 유사성의 친숙한, 감각적 영역과 밀접하게 결부된 채 머물러 있다. 아무튼 사람들은 언어 생성에서 나타나는 모방 행위를 의성어적인 것이라는 이름으로 자리 매김 해주었다. 하지만 언어가 기호들의 약속된 체계가 아님이 명약관화하다면, 원시적 형태 속의 언어는 의성어적 설명방식으로 출현하는 착상들을 거듭 되풀이해 소급할 수밖에 없을 것이다. 문제는 이러하다. 이 의성어적 설명 방식은 발전될 수 있고, 또 보다 더 나은 통찰에 동화될 수 있을까?

사람들은 '모든 말은 —또 언어 전체는— 의성어적이다'라고 주장했다. 단지 이 문장 안에 자리할 프로그램을 명확하게 규정하기가 어려울 따름이다. 그럼에도 비감각적 유사성 개념은 일정한 취급방식을 제공한다. 상이한 언어에서 같은 뜻을 나타내는 낱말들을 그 의미된 것을 중심으로 정리하면, 그 낱말들이 모두 —서로가 하등의 유사성도 가지고 있지 않은 일이 흔하지만— 중심에 놓인 의미된 것과 지금 그대로 어떻게 유사한지를 연구해볼 수 있다. 그렇지만 이러한 종류의 유사성은 상이한 언어에서 같은 것을 의미하는 낱말들의 관계에서만 설명될 수 있는 것은 아니다. 고려 대상이 아예 발화된 말에 국한될 필요도 없다. 오히려 그것은 쓰인 말을 아주 똑같이 고려 대상으로 삼을 수 있다. 그리고 이 쓰인 말이 —어쩌면 꽤 많은 경우엔 발화된 말보다도 더 정확하게— 문자 이미지가 의미된 것과 맺는 관계를 통해 비감각적 유사성의 본질을 해명해준다는 것은 주목할 만하다. 요컨대 발화된 것과 의도된 의미만이 아니라, 쓰인 것과 의도된 의미, 발화된 것과 쓰인 것 사이도 역시 고정시키는 것이 비감각적 유사성이다.

필적감정학은 손으로 쓴 글에서 글쓴이의 무의식이 숨어 있는 이미지를 인식해낼 수 있음을 가르쳐주었다. 이처럼 글쓴이의 행위에서 표현되는 미메시스 능력은 문자가 발생했던 아주 먼 옛날에는 글쓰기에 지극히도 중요한 의미를 지녔다고 가정할 수 있다. 이렇듯 문자는 언어와 나란히 비감각적 유사성들, 비감각적 조응들의 아카이브가 되었다.

하지만 언어의 이러한 측면은 문자의 경우와 마찬가지로 그것의 다른 측면 곧 기호적 측면과 무관하게 이리저리 흘러들어가는 것이 아니다. 오히려 언어의 미메시스적인 것은 흡사 불꽃이 그러하듯이 오로지 운반자 부류에만 현상될 수 있다. 이 운반자가 기호적인 것이다. 이처럼 말들 혹은 문장들의 의미 연관이 운반자이며, 거기에서 비로소 번개 치듯 유사성이 현상된다. 왜냐하면 인간에 의한 유사성의 생산은 —인간에 의한 유사성의 지각도 마찬가지로— 많은 경우, 특히 중요한 경우에 번뜩 떠오르는 순간과 결부되어 있기 때문이다. 그것은 획 스치듯 지나간다. 쓰고 읽는 빠른 속도가 언어 영역에서 기호적인 것과 미메시스적인 것의 융합을 강화한다는 것은 없을 법한 일도 아니다.

'결코 쓰이지 않은 것을 읽기.' 이러한 읽기가 가장 오래된 읽기다. 그것은 언어 이전의 읽기, 〔동물의〕 내장, 별들, 춤에서 읽어내는 것이다. 나중에는 새로운 읽기의 매개 고리들, 룬문자와 상형문자가 사용되기 시작했다. 이것들이 한때 신비적 실제의 토대였던 미메시스 재능이 문자와 언어로 진입하게 된 단계들이었으리라고 가정해볼 수 있다. 이처럼 언어는 미메시스 행위의 최고 단계일 것이고 비감각적 유사성의 완전한 아카이브일 것이다. 말하자면 미메시스적 창출과 파악의 이전 힘들이 마법의 힘들을 제거할 정도에 이르기까지 옮겨 들어간 매체 말이다.

제3장

책, 출판, 신문

저널리즘[*]

린드버그의 비행이 시작되었을 때, 거기에는 대서양 횡단을 둘러싸고 벌어진 축제 분위기와 나란히 모종의 아라베스크식 농담이 기재되었다고 하는데, ─말하자면 3주 전 파리의 석간신문들로하여금 낭주세와 콜리[1]의 대성공을 성급하게 알리게 한 우울한 경솔함의 쾌활한 대조물이 바로 그것이다. 동일한 신문은 두 번이나웃음거리가 되었다. 그것은 카를 크라우스가 에콜 노르말 학생의

---

[*] 〔편역자 주〕 Journalismus(Walter Benjamin, *Gesammelte Schriften*, Bd. IV, Frankfurt a. M., 1972-1992, p. 454).
이 글은 잡지 『문학세계(Die Literarische Welt)』 1927년 3권 25호에 발표된 글이다.

[1] 〔편역자 주〕 통상 찰스 린드버그(Charles Lindbergh)를 대서양 횡단 비행에 최초로 성공한 사람으로 이야기하지만, 사실 그는 67번째로 대서양 횡단 비행에 성공한 사람이며, 그가 최초인 것은 1927년 5월 21일의 뉴욕-파리 대서양 횡단 무착륙 단독 비행이라는 점에서다. 프랑스 에이스 파일럿 샤를 낭주세(Charles Nungesser, 주 조종사)는 프랑수아 콜리(François Coli, 항법사)와 함께 린드버그의 비행 시도보다 더 빠른 1927년 5월 8일 (나중의 린드버그와는 역으로) 파리-뉴욕 대서양 횡단 무착륙 비행에 도전했으나 행방불명이 되었다. 프랑스에서는 『라 프레스(La Presse)』지 등이 낭주세의 횡단 비행 성공을 알리는 오보(誤報)에 시민들이 거리로 나와 항의 데모를 벌이기도 했다.

생각에 질투를 느꼈을 법한 착상에서 비롯되었다.[2] 주지하다시피, 이 에콜 노르말은 매년 가장 엄격한 시험에 따라 엘리트만 입학이 허용되는 프랑스의 유명 국립 자유학교다. 비행사가 파리에 머문 첫날 오후에 누군가가 모든 〔신문사〕 편집국에 에콜 노르말 간부가 린드버그를 자기 학교 '출신'으로 지명하기로 결정했다는 소식을 전화로 알려왔다. 그러고는 모든 신문이 이 소식을 전했다. 스콜라 철학자 중에 발생한 사건까지도 바꾼다는 문장으로 신의 전권(全權)을 고쳐 쓴 학파가 있었는데, 말인즉 실제로 있었던 일을 일어나지 않는 것으로, 있지도 않았던 일을 실제로 일어난 일로 만들 수 있다는 것이다. 우리가 보는 것처럼, 이 계몽된 편집부는 신이 필요한 것이 아니라 이미 관청이 하고 있는 일을 하고 있는 것이다.

---

2 〔편역자 주〕 카를 크라우스(Karl Kraus, 1874~1936): 오스트리아의 작가·저널리스트.

국제적 사회게임[*]

통계 전문가가 ―무역수지와 사망률, 세계 선박 총톤수와 목
화 수확물과 같은― 진지한 조합을 잠깐 무시하고, 예술, 문학, 연
극무대, 영화를 가지고 시시덕거릴 때보다 더 매혹적인 일도 없다.
이에 뉴욕 잡지 『배너티 페어(Vanity Fair)』는 (1928년) 4월 호에서
통계 전문가에게 지극히도 유혹적인 동기를 부여했다. 잡지는 「여
론 편람(Complete Handbook of Opinion)」을 펴냈다. 그 직원은 모
두 10명이고 유럽과 미국의 전문가들이었다. 또 그들의 임무는 현
재와 과거에서 나타난 의미심장한 현상들이 선사시대까지 거슬러
올라가 얼마나 높이 평가받을 수 있을지, 0~25단계 내에서 점수
를 매기는 일이었다. 하지만 이 뉴욕 초혼당(招魂堂)[1] 10명의 심사

---

[*] 〔편역자 주〕 Ein internationales Gesellschaftsspiel(Walter Benjamin, *Gesammelte Schriften*, Bd. IV, Frankfurt a. M., 1972~1992, pp. 459 ff.).
  이 글은 잡지 『문학세계(Die Literarische Welt)』 1928년 4권 19호에 발표된 글이다.

[1] 〔편역자 주〕 초혼당(Walhall): 북구 게르만 신화에 나오는 전사자의 혼령이 사는 곳. 바그너의 〈니벨룽의 반지〉에서 중요한 모티브로 등장한다. 뉴욕 연방국가의 남쪽에 위치한 장소(Valhalla)도 도나우 강가의 사당(Walhalla)도 모두 이 신화에서 유래한다.

위원, 특히 셔우드 앤더슨, 케르, 몰나르, 모랑, 에즈라 파운드[2]가 위원의 품위를 자랑한다면, 이보다 더 중요한 것은 이들에 상응하는 익명의 심급(審級)인 『배너티 페어』의 편집부인데, 기념관 〔기둥의 맨 밑 부분인〕 주각(柱脚)에 새겨 넣을 고려 대상으로서 200명 넘게 이 편집부의 덕을 보고 있었기 때문이다. 미리 우승자를 거명해보기

[2] 〔편역자 주〕셔우드 앤더슨(Sherwood Anderson, 1876~1941): 미국의 소설가. 시카고에서 광고업계에 종사하다 작가의 길을 걸었다. 『어두운 웃음(Dark Laughter)』(1925)으로 상업적 성공을 거둔 후 버지니아로 옮겨 신문 발행인 겸 편집인, 정당인으로 활동했다. 구어체를 기본으로 솔직하고 소박한 문체를 만들어내 헤밍웨이는 물론 포크너, 샐린저 등에게 큰 영향을 끼쳤다.
알프레드 케르(Alfred Kerr, 1867~1948): 독일의 작가·연극비평가·저널리스트. 1933년까지 독일 신문 및 잡지에서 강력한 영향력을 발휘했다. 대중을 상대로 한 비평을 그 나름의 고유한 예술형식으로 간주했고, 그러한 형식으로 재기 넘치는 절묘한 아이러니, 격식에서 탈피한 글 스타일을 창출했다. 1933년 이후 프라하, 런던, 파리, 뉴욕 등지로 망명해 비평 활동을 이어갔다.
페렌츠 몰나르(Ferenc Molnár, 1878~1952): 헝가리의 극작가·소설가. 세련된 기지 및 해학이 넘치는 콩트와 단편소설을 썼다. 희곡 분야에서는 『릴리옴(Liliom)』(1909), 『이리(Farkas)』(1912) 등과 같은 절묘한 풍자로 유명하다. 제1차 세계대전 당시 일간지에 실은 생동감 넘치는 전쟁 기사로 저널리스트의 재능을 보여주었고, 『런던 모닝 포스트』와 『뉴욕 타임스』에서 활동하기도 했다.
폴 모랑(Paul Morand, 1888~1976): 프랑스의 시인·소설가. 파리 출생으로 정치학교를 수학하고, 외교관으로서 각지를 돌아다닌 체험을 바탕으로 『밤이 열리다(Ouvert la nuit)』(1922), 『밤이 닫히다(Fermé la nuit)』(1923)를 발표해, 제1차 세계대전 후 혼란과 퇴폐를 그린 서정적 필치로 유명해졌다. 반유대주의 성향으로 비시 정권에 협력한 이력이 있다. 그로 인해 1945년에 외교관직에서 해임되었고, 1959년에는 아카데미프랑세즈 회원 후보에 올랐다가 거부당했지만, 1968년에 회원이 되었다.
에즈라 파운드(Ezra Pound, 1885~1972): 미국의 시인. 20세기 현대문학에서 가장 영향력 있는 작가 중 한 사람이다. 대표적 역작으로 『캔토스(The Cantos)』(1917/1922~1962)가 있다. 1914년 전부터 시각적이고 명료한 표현을 옹호하는 이미지즘이라는 시 운동의 선봉에 섰다. 1924~1945년 이탈리아에 정주하는 동안 파시즘에 경도되어 무솔리니 정권을 지지하기도 했다.

로 하자. 셰익스피어가 (평균 21.9점으로) 정상에 올라 있고, 볼테르가 (18.5점으로) 그 뒤를 잇고 있으며, 도스토옙스키가 (18.1점으로) 모든 모더니즘의 정상에 서 있고, 베토벤(18점), 플라톤(17.9) 등이 그 뒤를 잇고 있다. 하지만 이것은 일련의 가장 낮게 평가된 것들과 마찬가지로 전체로 보아 여전히 상투적이다. 아마도 유럽 관중들은 그들 중 최근 여러 국가의 방문에도 불구하고 겨우 1.6점을 받은 마리아 폰 루메니엔(Maria von Rumänien) 왕비만 알았을 것이다. 심사위원의 한 사람인 A. 게스트(A. Guest)조차 여기에서 0.1점으로 신기록을 세운 것도 농담이 아니다. 또한 예컨대 앤더슨은 고상한 품격 유지의 점수를 받고, 케르는 고상하다기보다는 예상을 뛰어넘는 18점을 받은 반면, 편집부가 자기 명예후보자 명단에 몇몇 심사위원을 포함시킨 탓에 게스트가 편집부가 개최한 통계상의 자가(自家) 경기(statistischen Selbstbegegnung)에서 그 스스로 0점으로 처리한 것은 정말 숙고할 가치가 있을 일일 법도 하다.

하지만 후보군 명단으로 돌아가보자면 이렇다. 거기에는 1순위 유명 인사들로서 아이스킬로스와 아리스토텔레스부터 리하르트 바그너와 오스카 와일드에 이르기까지, 잭 뎀프시, 텍스 리카드, 그레타 가르보, 릴리언 기시[3]만이 아니라, 잡지, 공공기

3　〔편역자 주〕잭 뎀프시(Jack Dempsey, 1895~1983): 미국의 프로권투 선수. 1919년 제스 윌러드를 이기고 세계 헤비급 챔피언(1919~1926)이 되어 100만 달러 경기의 주역으로 세계적 인기를 모았다. 1920년대의 문화 아이콘으로 평가받는다.
　조지 루이스 텍스 리카드(George Lewis "Tex" Rickard, 1870~1929): 미국의 프로권투 프로모터. 1919년 잭 뎀프시와 제스 윌러드의 경기를 프로모트 했다. 상당수의 살롱, 카지노, 호텔을 운영하기도 했다.

관, 상징, 『아메리칸 머큐리(American Mercury)』([헨리 루이] 멩켄의 잡지), 산아 제한(출산 제한), 자유의 여신상과 십계명이 등장한다. 편집부가 공들여 경작한 통계 재배지에서 소출로 수확한 설명문이 두 쪽이 넘는 장문인 것도 놀랍기는 마찬가지다. 거기에는 성격학적 수확물이 있다. 편집부는 냉정하면서도 열정적인 기질들을 기록하고 있는데, 말하자면 [심사위원] 10명 중 누가 가장 높은 점수를 주었고, 누가 가장 낮은 점수를 주었는지 (몰나르와 앤더슨은 자기 존중의 씨앗을 가장 무성하게 펴뜨렸다) 산출하는 것이다. 그리고 난 다음 통계학적 동류(同類, Verwandtschaften)를 찾는다. 헨리 포드와 아벨라르, 러스킨과 폴 화이트먼,[4] 마르

그레타 가르보(Greta Garbo, 1905~1990): 스웨덴 태생의 미국 영화배우. 오랫동안 할리우드의 인기스타로 명성을 날렸으며, 무성영화와 유성영화 모두에서 동등한 성공을 거둔 스타들 중의 한 사람으로 평가받는다.
릴리언 다이애나 기시(Lillian Diana Gish, 1893~1993): 미국의 영화배우. 미국 무성영화 시대의 할리우드에서 탁월한 연기력으로 명성을 굳힌 배우로, "미국영화의 퍼스트레이디(First Lady of American Cinema)"로 불렸다.

4　[편역자 주] 헨리 포드(Henry Ford, 1863~1947): 미국의 기업가. 포드자동차회사의 설립자다. 조립 라인 방식의 양산체제인 포드 시스템을 확립했고, 이를 통해 대량생산 방식으로 대중용 자동차를 생산했다.
피에르 아벨라르(Pierre Abélard, 1079~1142): 프랑스의 스콜라 철학자·신학자. 중세 철학사 전체를 지배한 보편논쟁에서 빠질 수 없는 인물로, "스콜라철학의 아버지"라고 불린다.
존 러스킨(John Ruskin, 1819~1900): 영국의 예술비평가·사회사상가. 예술이 민중의 사회적 힘의 표현이라는 예술철학에서 사회문제로 눈을 돌려 당시의 기계 문명이나 공리주의 사상을 비판했다.
폴 화이트먼(Paul Whiteman, 1890~1967): 미국의 악단지휘자·작곡가·바이올연주자. 뉴욕 심포닉재즈의 연주로 큰 인기를 얻었으며, 1920년대 신문 등에서는 "킹 오브 재즈(King of Jazz)"로 불리기도 했다.

셀 프루스트와 십계명이 같이 묶이는 것을 보면, 〔이것은〕 친화력 (Wahlverwandtschaften)과 아무런 상관이 없다고 사람들은 믿겠지만, ─아나톨 프랑스와 공자, 아틸라와 마리 로랑생[5]이 〔점수가〕 정확히 소수점 이하의 수치까지도 똑같다면, 그것은 과연 친화력일까?

이미 6년 전 탁월한 편집부는 세계사적 정신투쟁들을 현저하게 불거진 최근 사태의 원형경기장에 똑같이, 그러나 특유의 차별성을 가지고 투영해본 적이 있다. 당시 심판관은 오로지 미국인들로 이루어졌다. 이로써 작은 경기의 통계적 가치는 ─지나가는 말로 슬쩍 누설해도 된다면 그것은 말할 나위 없이 0이다─ 경기가 무한으로 작아지는 만큼 커졌지만, 유럽 독자의 관심은 그만큼 더 적어졌다. 당시에는 마이너스 평가도 있었다. 포드, 업턴 싱클레어, 월터 스콧,[6]이 이러한 '부정량(不定量)'을 세계지(知)에 도입

---

5 〔편역자 주〕 아나톨 프랑스(Anatole France, 1844~1924): 프랑스의 소설가·비평가. 자크 아나톨 프랑수아 티보(Jacques Anatole François Thibault)의 필명이다. 19세기 말 '드레퓌스사건'이 일어나자 드레퓌스를 옹호하기도 했으며, 1896년에 아카데미프랑세즈 회원에 선출되었고, 1921년 노벨문학상을 수상했다.
아틸라(Attila, 406?~453): 중세 훈족의 왕(재위 434?~453). 카스피해로부터 라인강에 이르는 대제국을 건설했다.
마리 로랑생(Marie Laurencin, 1883~1956): 프랑스의 화가. 여성다운 정서가 깃든 감미롭고 섬세한 화풍이라는 평가를 받는다.
6 〔편역자 주〕 업턴 벨 싱클레어(Upton Beall Sinclair, 1878~1968): 미국의 소설가·사회비평가. 사회주의적 경향의 작가로 고발 성격의 소설과 평론을 발표하고 정치 활동에도 관여했다.
월터 스콧(Walter Scott, 1771~1832): 영국의 소설가·시인·역사가. 스코틀랜드 태생으로, 스코틀랜드의 민요·전설 등을 취재해 역사소설을 썼으며, 계관시인이 되었다.

한 시도[7]에서 나타난 상주(喪主)들이었다. 그럼에도 가장 흥미진진한 순간은 늘 심사위원들의 자기평가일 것이다. 그리고 그것은 [우리를] 이와 같은 통계학적 사회게임의 사랑스러운 근원으로 인도한다. 말하자면 그것은 모랑에서 유래한다는 것이며 근원상 다음과 같아 보인다. 모든 게임 참가자는 카드 하나씩을 받는다. 카드 왼쪽 가장자리를 따라 성격상의 특징 목록(성향, 특이 체질, 성벽性癖, 미덕, 패륜 등)이 기록되어 있어, 참가자는 그것들 옆에 각각 숫자를 적는데, 특징이 발달되어 있는 경우 높은 숫자를 적고 특징이 잘

---

7 [편역자 주] 1763년에 간행된 칸트의 저작 『부정량의 개념을 세계지에 도입하려는 시도(Versuch den Begriff der negativen Größen in die Weltweisheit einzuführen)』를 빗댄 것으로 보인다. 칸트의 이 글은 독일의 수학자·물리학자 A. G. 케스트너(Abraham Gotthelf Kästner, 1719~1800)의 『수학 기초론(Anfangsgründe der Mathematik)』(전 4권, 1758~1769)에 영향을 받아 부정량 개념의 새로운 정립에 기여했다. 칸트 이전에 부정량에 대한 이해는 독일 계몽기의 철학자·수학자 크리스티안 볼프(Christian Wolff, 1679~1754)의 정식(程式)에 바탕을 둔 것으로서 '양(量)의 결여'로 특징지어진다. 이러한 파악에서는 부정의 양과 양의 부정을 같은 것으로 간주한다. 1758년 케스트너는 『수학 기초론』에서 "반대의 양이란 한 편의 양이 다른 한 편의 양을 감소시키는 것과 같은 조건하에서 생각되는 종류의 양을 가리킨다"라고 말하고, 긍정량이 실재적이며 부정량이 양의 결여로서 존재하는 것이 아니라 한 편의 양이 다른 편의 양을 감소시키는 경우 양자의 사이에 성립하는 상대적 관계 속에서의 한 편의 양을 부정량이라고 생각해 볼프류의 정식에 이의를 제기했다. 칸트는 이에 자극을 받아, 부정량은 그 자체를 취해보면 결여의 것이 아니라 전적으로 적극적인 것 즉 긍정량이며, 다만 다른 긍정량에 대립해 있다는 의미에서 부정량에 지나지 않는다고 말한다. 먼저 칸트는 대립(반대, Entgegensetzung)을 논리적인 것과 실재적인 것으로 나누고, 지금까지 논리적 대립 즉 모순만을 생각해왔다고 주장한다. 논리적 대립의 경우 결과는 무(無)지만 실재적 반대의 경우에는 무가 아니라 정지가 결과다. 칸트는 양에 대해서도 마찬가지로 이런 논리적 대립만 고려해왔다는 한계를 지적하며, 운동의 경우에는 단순한 논리적 대립보다 실재적 대립이 적용되어야 한다고 주장한다. 결국 부정량은 부정이나 결여와 같은 사유의 문제가 아니라 실재적인 것이다.

발달되어 있지 않은 것으로 추정되는 경우에는 낮은 숫자를 적는다. 그리고 나서 참가자는 카드를 보이지 않도록 접어 옆 사람에게 건네주는데, 이때 자기평가 없이 카드를 접는 일이란 없다. 이렇게 모든 참가자의 분류 번호 카드가 차례차례로 돈다. 사회의 초상이 숫자 속에서 묘사되는 것이다. 『배너티 페어』는 이러한 심심풀이 오락을 국제적 차원에서 성취한 귀여운 착상을 했다.

프랑수아 베르누아르*
: 인쇄공이자 출판인이자 작가

베르누아르[1]가 내게 자기 인생에 대해 이야기할 때, 우리는 (파리 근교) 뱅센에 위치한 그의 작은 집 밖에 앉아 아침 식사를 하고 있었다. 나는 아직도 그 방을 기억하고 있다. ─하지만 사람들이 그와 함께했던 방이 어느 방인지는 알 수 없지 않을까? 또 그와 마주 앉았던 어떤 탁자인들 망각의 바다 위에 떠다니는 섬이 아니겠는가? 나는 우리가 자주 페르 뒤 코테(Père du Côté)에서 함께 저녁 식사를 했던, 잘 손질된 목재 탁자, 되 마고(파리 6구 생제르맹데프레 근처에 위치한 유서 깊은 카페 레되마고Les Deux Magots)의 대리석 탁자만 생각하는 것이 아니라 내가 그를 처음 만났을 때 또 그 이후 그처럼 많은 인쇄물이 가득 쌓여 있던 사무실의 아주 조그마한 탁자까지 놀랍게도 기억한다. 나는 살면서 작은 사무실에

* (편역자 주) François Bernouard. Der Drucker, Verleger und Autor(Walter Benjamin, *Gesammelte Schriften*, Bd. IV, Frankfurt a. M., 1972-1992, pp. 545-548). 이 글은 잡지 『문학세계(Die Literarische Welt)』 1929년 5권 25호에 발표된 글이다.

1 (편역자 주) 프랑수아 베르누아르(François Bernouard(1884~1949): 프랑스의 인쇄공·출판인·작가.

앉아본 적이 결코 없으며, 인쇄술 초기 단계에 존재했던 집무실이나 전화가 벽에 걸려 있지 않았다고 하는 효시의 사무실을 가져본 적이 없다. 어떤 사람에게는 그곳에서 바닥부터 인쇄 업무(단순하게 인쇄 일만이 아니라)를 배워나갔던 사내가 이제는 기업가로서 자기 자신을 낮추고 기계와 직원의 모든 자리를 절감하려 한다는 생각이 든다. 〔그는〕 어떤 열정에도 타락하게끔 만들고 또 우둔하게끔 만드는 돈의 영향을 받지는 않지만, 그렇다고 빈곤과 100배의 노동을 견딘 세월을 결코 잊은 것도 아닌 남자 곧 보기 드문 기업가다. 그가 무정부주의 성향의 잡지를 발간한 지는 오래되었다. 하지만 정신과 순수의 화학적-순(純)혼합이 위험하다면, 그의 얼굴이 오늘날 여전히 그러하다.

그와 이야기를 나눌 때 느껴지는 매력은 심연과도 같다. 깊은 뜻의 심연 위를 오르는 좁은 오솔길 ―이처럼 그는 운문들, 일화들, 체험들을 대화에 던져놓는다. 하찮은 것도 없고, 막연한 것도 없다. 당연히 그에게는 즐겨 다루는 주제가 있는데, 주로 종교적인 것으로서 유대인·성경이 바로 그것이다. 그의 마소라[2] 성경의 전형적인 판(版)을 아는 사람에겐 자유로운 정신의 소유자로서 이 책의 토론을 듣는 일이 단연 최고다. 이렇게 사람들은 시시한 18세기 성직자의 말을 엿들었을 수밖에 없었다. 그럼에도 20권이 넘는 이 거대한 사업이 그가 성경을 믿는 실천이성의 표현임을 나는 알

2　〔편역자 주〕 마소라(Massora): 구약성서의 올바른 헤브라이어(語) 본문을 전하기 위한 주해(註解) 체계. '마소라'는 헤브라이어의 '전통', 즉 '말을 전한다'라는 뜻의 신(新)헤브라이어인 마사르(masar)에서 온 말이라고 한다.

고 있다. 그것은 실천이성이 가르치는 것에 대한 믿음이거니와 저술 문화와 언어를 지배하는 철통같은 기초에 대한 믿음이다. 규모가 큰 세력권에서는 평온한 두 사람 사이 대화가 주는 자극을 능가하는 논쟁들이 자주 있다. 그러면 세력권은 광적으로 전술을 쫓아 온갖 술책으로 단호하게 적을 공격하는 일을 항상 함께 겪는데, 어떤 견해의 상대와 싸우는 것이 전혀 아니라 늘 어떤 상대의 견해와 투쟁을 벌이는 것이다.

예전에 일찍이 수공 작업은 모두 자기 고유의 전문가다운 외관들을 만들어냈다. 그것을 주조하는 힘은 제조업 대부분에서 사라진 지 오래다. 하지만 위대한 인쇄공, 가장 최근이라 해도, 뮌헨의 비간트(Wiegand)나 파리의 베르누아르와 같은 사람을 생각해 보면, 그 힘은 이따금 지금도 여전히 식자공에게 영향력을 행사하고 또 나타나고 있음을 사람들은 저절로 깨닫게 된다. 실로 베르누아르는 출판업자가 아니라 인쇄공으로 시작했다. 그러한 지 이제 대략 20년이 지났다. 당시 프랑스의 북아트는 영국 수준은 말할 것도 없고 독일 수준보다도 훨씬 아래였다. 50권의 졸라판(版) 『식자공의 서문(Préface du typographe)』[3]에서 베르누아르는 유럽의 북아트를 쇄신했던 바로 그 윌리엄 모리스[4]의 생각이 당시에

---

3   Emile Zola, *Œuvres complètes*, Bd. I, Paris 1927, III-VI.
     〔편역자 주〕에밀 졸라(Émile Zola, 1840~1902): 프랑스의 자연주의 소설가·비평가. 자연주의 문학을 확립했으며, 사회의 어두운 면이나 군중의 집단적 심리를 세밀하게 묘사했다.
4   〔편역자 주〕윌리엄 모리스(William Morris, 1834~1896): 영국의 화가·공예가·디자이너·시인·번역가·사회주의자. 당대 영국의 아트 앤드 크래프트 운동과 맞물려 영

자신을 사로잡았음을 이야기하고 있다. 물론 모리스로부터 받은 감화는 단기적 관점에서 보면 (베르누아르의) 북디자이너로서의 책임감을 일깨우는 데 충분했지만, 베르누아르를 지도하는 데는 그렇지 않았다. "하지만 사람들은 스무 살이 되면 자기 자신이 아니라 사자(死者)들을 매개로 사유한다"[5]라고 베르누아르는 말하고 있다. 15~16세기 수공업적 식자공 정신의 부활 ─이것이 베르누아르가 인쇄 일을 시작했을 때 세운 프로그램이었고, 또 수동 인쇄기를 소유한 가운데 그 최상 목표를 달성할 것이었다. 그러고 나서 나중에 그가 이 인쇄기로 최초로 감행한 시도에서 가장 쓸모 있고 완성도 높은 라이노타이프,[6] 접지(摺紙)기계, 북바인더로 작업하는 오늘날의 뱅센 작업장에 이르게 되는 길은 언급한 지면에서 이야기한 것처럼 훌륭한 서사 소재일 것임이 분명하다. 다만 그는 전적으로 (인쇄 일을) 기계의 기반에 내맡겼을 뿐인데, 하여간 그것은 한 치의 편의주의도 없이 신념에서만 나온 것이 결코 아니다.

이렇듯 책은 더 좋아지고 노동자는 더 자유로워지고 있다. 이 서문에서 그(베르누아르)가 이야기하고 또 수행하는 것은 대부분의 현학적 고찰보다도 자기 작품의 핵심에 더 가까이 다가간 졸라의

국 전통의 직물 예술과 생산방식을 부활시키는 데 크게 공헌했다. 말년인 1891년에는 채색 사본 형식의 한정판 서적을 발행하는 켈름스코트 프레스(Kelmscott Press)를 설립해 이후로는 인쇄·제본 사업에 몰두했다.
5 같은 책, IV.
6 (편역자 주) 라이노타이프: 한 줄의 활자를 한 묶음으로 만들어 판짜기를 자동으로 하는 기계. 활자의 주조(鑄造), 조립(組立), 제판(製版)을 연속적으로 할 수 있다.

추종인 것만이 아니라, 이와 동시에, 이 기민하기 짝이 없고, 늘 사안의 논리에 충실한 인간의 이미지, ―'묘안 때문에 곤란을 겪는' 오디세우스의 수식어가 누군가에게 맞아떨어진다면, 폴리메티스(polymetis, 다재다능한)의 이미지일 것이다. 그러나 폴리트로포스(polytropos, 적응력이 강한), 곧 프랑스와 유령세계에서 볼 수 있는 떠도는 자이기도 하다. 그렇지만 항상 제한된 구역, 지극히도 낯설지만 그에게는 고향 같은 구역에서 말이다. 그가 자주 혹은 오랫동안 프랑스 국경을 벗어났었다고 나는 생각하지 않는다. (어느 날 그가 나에게 가을이면 니스나 마르세유에서 며칠을 보냈다고 이야기했을 때, 그의 입에서 울려나오는 이 이름들은 메닐몽탕이나 비양쿠르로 들렸다.) 그리고 그의 간행물 위에는 출판지 표시로 프랑스의 장미가 찍혀 있다.

　이러한 간행본들은 책의 새로운 유형으로 의미한다. 그것은 완전한, 비판적인, 텍스트와 장정(裝訂) 면에서 대단히 가치 있는, 그럼에도 표준화된 현대 작가들의 전집이다. 말하자면 네르발, 메리메, 도르비이, 슈보브, 졸라, 부르주, 쿠르틀린[7]의 전집들은 독일

7　〔편역자 주〕제라르 드 네르발(Gérard de Nerval, 1808~1855): 프랑스의 시인. 꿈과 현실이 뒤섞인 환상적인 작품으로 현대문학에 큰 영향을 주었다.
　프로스페르 메리메(Prosper Merimée, 1803~1870): 프랑스의 소설가·역사가. 로맨틱한 정열이나 이국적인 정취로 가득 찬 단편소설을 썼다.
　쥘 바르베 도르비이(Jules Barbey d'Aurevilly, 1808~1889): 프랑스의 소설가·평론가. 평생 노르망디인의 정신과 생활을 고수하며 살았다.
　마르셀 슈보브(Marcel Schwob, 1867~1905): 프랑스의 소설가·학자. 문학·역사·과학 등 다방면에 걸친 박식가로 알려져 있고, 특히 고전문학·중세문학을 비롯해 셰익스피어, D. 디포 등의 소개자이기도 하다.

에서는 비견될 것을 찾아볼 수 없다. 왜냐하면, 앞서 말했듯, 이 모든 간행물은 포맷과 장정 면에서 완전히 똑같다는 점에서다. 그러니까 군이 말하자면 현대 '고전판'이라는 먼지에 파묻히고 고루하며 지루한 것을 모두 뺀다면, 이 개념에는 아무것도 남는 것이 없을 따름이다. 그리고 또 다른 표현에 불과한 쓸데없는 것, 소시민적인 것, 나약한 것은 여기에서 대부분 아직 자유롭지 않는 작가들을 다루고 있어서 어떤 자리도 차지하고 있지 않다. 거의 항상 이 수집품들은 해당 작가들의 최초 비판 전집인 것이다.

이러한 출판업자는 인쇄공이지만 동시에 작가이기도 한데, 그 〔베르누아르〕는 소설가이면서 드라마작가다. 이 두 가지 측면에 그는 자기 직업의 매개자적 입지를 넘어 책의 정신적 수공 제작에 개입했다. 이것이 활동의 단면에서 나타나는 이 사내의 포괄적 영향력에 대한 가장 명확한 규정이다. 매주 목요일이면 에피타이저 식탁을 둘러싸고 함께 모인 친구들은 저마다 이 꿰뚫어보기 어려운 외관에 대해 내심 한번쯤 생각해보았을 것이다. 이 머리카락에는 작업장의 먼지가 낯설지 않고, 이 눈에는 애정 어린 시선이 낯설지 않으며, 이 귀에는 프랑스어 사투리가, 이 입에는 체념의 미소가, 이 손에는 믹서의 손잡이가, 이 다리에는 험난한 길이 낯설지 않다. 1850년 산책자 삶의 아주 의연한 경험이 지극히도 활동

엘레미르 부르주(Élémir Bourges, 1852~ 1925): 프랑스의 소설가·시인. 그의 작품은 매우 낭만적인 주제를 다루고 있는데, 고답파의 작품에서 볼 수 있는 조소적(彫塑的)인 힘찬 문체는 플로베르의 그것을 능가한다는 평가를 받는다.
조르주 쿠르틀린(Georges Courteline, 1858~1929): 프랑스의 극작가·소설가. 17세기 프랑스의 희극작가 몰리에르의 희곡세계를 잇는 후계자라고도 평가받는다.

적이고 노련한 사업가에게 도움이 되기 위해서는 이토록 많은 지식과 이토록 많은 기예가 서로 결합할 수밖에 없었던 것이다. 그리고 이러한 결집에서 생성된 작품에서 알아볼 만한 대단한 사람이 거의 없다면, 이와 같은 익명성 또한 그 현상의 일부인 것이다. 그렇다. 어쩌면 이 사내가 인쇄를 하는 것은 단지 속세에서 주문에 걸린 유령이 교묘하게 인간 앞에 숨기 위해서인지도 모른다.

출판사 비판[*]

작가들은 사회적 경험을 평가 활용 하는 데서 가장 크게 뒤처진 부류에 속한다. 그들은 서로가 오로지 같은 신분의 사람들만을 보며, 그들의 판단이나 방어 태세는 신분으로 규정된 모든 태도가 그러하듯 상류층보다는 하류층에 훨씬 더 즉각적으로 맞선다. 정확하게 말하자면, 그들은 때때로 출판업자들과의 관계를 유리한 방식으로 끝내는 법을 잘 알고 있다. 하지만 그들은 자신들의 저술 행위가 지닌 사회적 기능에 대해 대부분 해명하지 않으며, 그 기능에 대한 자의식과 관련해 출판사가 취하는 태도에서 자신들의 정당한 권리를 보장받지도 못한다. 분명 출판업자 중에는 자신이 운영하는 사업에 고지식하게 임하고, 악서로부터 양서를 식별하는 일이 자신의 유일한 도덕적 임무이며, 팔리기 어려운 책으

* 〔편역자 주〕Kritik der Verlagsanstalten(Walter Benjamin, *Gesammelte Schriften*, Bd. II/2, Frankfurt a. M., 1972-1992, pp. 769-772).
이 글은 잡지 『프랑크푸르트신문 문학지(Literaturblatt der Frankfurter Zeitung)』 1930년 11월 46호에 발표된 글이다.

로부터 잘 팔리는 책을 식별하는 일이 자신의 유일한 사업상의 임무라고 실제 믿는 부류도 있다. 하지만 일적으로 출판업자는 책을 찍을 때 타깃으로 삼는 층에 대해 작가들이 글을 쓸 때 타깃으로 삼는 층보다 훨씬 더 명확하게 파악하고 있다. 그래서 그들〔작가들〕은 출판업자를 당해낼 재간이 없으며, 또 통제할 수도 없다. 그렇다면 과연 누가 〔출판업자들을〕 통제한단 말인가? 독자가 아님은 분명한데, 그 까닭은 출판 경영이 그들〔독자〕의 시야에서 벗어나 있어서다. 유일한 심급으로서 서적 소매상 직원이 남아 있다. 이들의 통제는 무책임하고 비밀스럽다는 점에서, 그것이 얼마나 문제적일 수밖에 없는지 언급하는 것조차 불필요하다.

여기서 요구되는 것은 명약관화하다. 요구되는 것이 하루아침에, 그것도 자본주의적 경제시스템 속에서 완벽하게 이루어질 수 없다는 사실은 이에 대해 언급하는 일에 장애가 되어서는 안 된다. 먼저, 보다 먼 미래의 토대로서 출판업을 움직이는 자본들의 통계적 파악이 필요할 것이다. 이 기반을 시발점으로 삼아 연구는 두 가지 방향으로 움직일 수밖에 없을 것이다. 하나는 이러한 자본들은 어디에서 유래하는가라는 질문으로 문제의 대열에 올라선다. 달리 말해, 출판사를 움직이기 위해 은행업, 방직업, 광산업, 인쇄업에서 어떤 자본들이 유출되는가라는 점이다. 또 다른 방향은, 출판 자본은 서적시장에 무엇을 공급하는가라는 질문으로 문제의 대열에서 내려선다. 그 밖에 즉자적으로 쉽게 떠오를 법한 생각은 이 두 가지 물음을 조합해 함께 다루면서 연구하는 것인데, 말하자면 광산업이 출판업에 관심을 둘 때 〔그것이〕 방직업과는 정반대로 어떤 구매층과 추세에 부합하려 애쓰는가다. 하지만 이 세 번째 서술의 통계학적 기초들은 그것을 마련하기가 향후 그 일에 착수할 가능성을 보기보다도 훨씬 더 어렵다. 이와 달리 이미 지금은 커다란 시차를 두고 독자와 서적 판매업자를 상대로 이루어지는 다소 권위 없는 설문 조사들이 주요 생산품의 판매 수치와 판매 지역이 포함되어야 할 출판업자 자체의 공시를 통해 보완될 수 있을 것이다. 말할 것도 없이, 출판사의 발행부수 명세서 기록이 너무나 위험한 비약은 아니라고 사람들은 생각해야 할 것이다. 게다가 발행 부수와 광고 비용 사이의 상관관계에 대한 통계적 파악이 최상의 관심일 것이다. 상업적 성공(판매)과 문학적 성공(신문 논평) 사이의 상관관계에 대한 통계적 표현을 산출하는 것은 바람직하지만, 기술적 난관이 따르기도 한다. 마지막으로, 가장 가혹한 요구는 성공한 책들과 실패한 책들이 개별 출판사 및 독일 서적 출판업·판매업 일반의 연간 제작에서 차지하는 몫을 백분율로 산정하는 일이다.

이와 같은 방법은 서적의 유일한 가치 척도로 성공만을 인정하는 것으로 귀결된다는 항변은 당연하면서도 틀린 생각이다. 물론 실패는 했으나, 가치가 있고 또 제작의 여지가 있는 것이 명예의 문제일 뿐만 아니라 좋은 출판사의 사업 원칙이기도 한 서적들이 있다. (요컨대 세빵업자는 팔 의도가 없는데도 설탕으로 만든 성과 성곽 모양의 사탕을 진열창에 세워놓는다.) 그러나 간혹 가장 신뢰할 만한 방식으로 알려진 요구된 분석은 물론 책을 민족의 정신적 삶의 과정을 탐색하는 데 이용해야 하는데, ─그러한 탐색이 출판

제도에 대해 가장 친숙하면서도 동시에 가장 비뚤어진 이해를 완전히 없애버리는 것은 특이하다. 즉 그 이해에 따르면 출판업은 예술 보호 재단과 복권으로 이루어진 결합 사업으로서, 복권의 경우 각 신간(新刊)은 번호이고 독자는 도박의 물주라는 것이다. 도박꾼 곧 출판업자의 뜻밖의 상금들 중에서 일부는 아름답고 뜻깊게 빛날지언정 공론(公論, öffentliche Meinung)의 룰렛 판에는 거의 출현하지 않는 그와 같은 번호들의 조판(組版)에 쓰인다. 간단하게 말해, 그것은 출판 제도의 추상적 이해인데, ─말하자면 한편으론 개별 원고들과 또 다른 한편으로 '그 원고들의' 독자를 잇는 중개인으로서의 출판업자를 말하는 것이다.

하지만 이러한 견해는 잘못된 것 그것도 완전히 잘못된 것인데, 왜냐하면 출판업자는 원고의 이념적 가치에서도 상업적 가치와 마찬가지로 허공에서 자기 견해를 형성할 수 없기 때문이다. 그러니까 결국 출판업자에게는 아주 특정 전문 분야와의 긴밀한 관계가 ─추세적으로는 출판사가 이 관계 내에 완전히 고정될 필요는 물론 없다─ 매우 필수적이다. 그 이유는 출판사는 독자와의 접촉이 없다면 좌초할 것이고, 이를 유지할 방법이 이런 긴밀한 관계의 방식 외에는 달리 없기 때문이다. 이 점이 당연하면 당연할수록, 인젤(Insel), 레클람(Reclam), S. 피셔(S. Fischer), 베크(Beck), 로볼트(Rowohlt)와 같이 외관상 또렷한 윤곽을 드러내는 몇몇 출판사가 활동하는 독일에서 이러한 출판사들의 비판은 말할 나위도 없고 사회학적 진술 하나조차 시도되지 않았다는 사실이 더욱더 눈에 두드러진다. 그런데 사회학적 진술이야말로 비로소 우리 대형 출판사와, 매년 이래저래 숱하게 사라지고 비슷한 것으로 대체되는 예술애호가적 출판 사(私)업체 사이의 괴리를 평가하도록 만들 것이다. 더 나아가 단지 상업적 수요의 충족조차, 설령 〔그것이〕 명예롭지 못하더라도, 아무 내용 없는 책들로 시장을 범람케 하고, 비(非)문예적 목적에 쓰이는 편이 더 나을 법도 한 책들에 자금을 계류시키는 오만방자한 관념주의보다 훨씬 더 월등하게 논할 가치가 있다는 사실이 끈질기게 우리의 뇌리에 파고들 것이다.

실천이야말로 비로소 독일 출판정책에 대해 매년마다 이루어지는 비판적 조망의 파급 효과를 일깨울 것이다. 문예적 척도를 사회학적 척도에 유리한 방향으로 밀어내야만 할 이와 같은 비판을 통해 —이 또한 그 관점들의 하나일 따름이다— 구성적이고 유기적이라 부를 수 있는 두 출판정책 사이의 이율배반이 모습을 드러낼 것이다. 어떤 출판업자는 특정 관심 분야의 포괄과 규명 속에서 제작물을 구성할 수 있으며, 또 어떤 출판업자는 특정 작가나 특정 학파에 대한 충성 속에서 제작물을 유기적으로 발전시킬 수 있다. 이 두 가지 가능성이 늘 즉각적으로 조화를 이루는 것은 아니다. 그래서 그것은 출판업자에게 계획경제적으로 개입하고 일정하게 위탁을 받아 특정 작가들에게 접근하는 계기가 될 수밖에 없다. 이런 경우들을 본적이 없는 것 같지만, 실상은 그렇지 않다. 이러한 사례들은 정신적 제작에서도 마찬가지로 경제적 제작의 합리화 시대에는 규범이 될 수밖에 없을 것이다.

내친 김에 말하자면, 이에 대해 전혀 체감하지 못하는 것은 대부분의 출판사에 나타나는 원고 심사의 평가절하와 상관이 있다. 율리우스 엘리아스나 모리츠 하이만[1]과 같은 사람이 결정적으로 출판사에 영향력을 행사할 수 있었던 시대는 지난 것으로 보인다. 하지만 출판정책을 위해 쓸데없는 원고를 정리하는 대신 쓸 만한 원고를 되살릴 줄 아는 전문가가 아니라 오히려 접대 책임자와 노맨(Neinsager)을 원고 심사부로 끌어들인다면, 그 출판업자는 매우 잘못된 것이다. 또 원고 심사자 역시, 경제적 이해관계가 단지 출판업자조차 엄격하게 원고 심사자에 구속되도록 만들 정도로 이념들을 파악하고 대변하는 대신, 출판업자의 물질주의에 맞서 자신의 관념주의를 관철하는 것도 옳지 않다. 아마도 이런 짤막한 제안들에는, 출판업자가 스스로 명확해진다면, 그들 중 일을 주도하는 사람들은 그때그때 이루어지는 자신들의 제품이나 공정한 태도의 감정 평가보다 자기 영향력의 튼실한 비판으로부터 더 많은 명예와 더 많은 후원을 기대할 수 있다는 몇몇 단호함이 존재할 것이다.

---

1   [편역자 주] 율리우스 엘리아스(Julius Elias, 1861~1927): 독일의 작가·예술수집가·번역가·문학 및 예술역사가. S. 피셔 출판사에서 출간된 독일판 헨리크 입센(Henrik Ibsen, 1828~1906) 전집과 노르웨이 소설가 비에른스티에르네 비에른손(Bjørnstjerne Bjørnson, 1832~1910) 저작의 공동발행인이었다. 독일 유력 문예잡지 『최근 독일 문학사에 대한 연례 보고서(Jahresberichte für neuere deutsche Literaturgeschichte)』(1892~1925)를 간행했으며, 연극무대 '자유무대(Freie Bühne)' 창설에도 참여했다.
모리츠 하이만(Moritz Heimann, 1868~1925): 유대인 출신의 독일의 작가·비평가. S. 피셔 출판사에서 30년간 편집인과 원고 심사자로 일했다.

책의 대성공은 어떻게 설명되는가?[*]
:『약초와 독초』— 스위스의 약초 서적

우리의 서평은 신간에 매달리고 있다. 서평의 특징들, 특히 그 결함들 중의 어떤 것도 다음과 같은 실제 상황과 관련이 없는 건 거의 없을 것이다. 정보는 매일 혹은 매시간 바뀐다. 인식은 정보와의 속도 경쟁을 수용할 수 없다. 실로 거기에는 서평가들이 책이 잇달아 출간되는 것과 동일한 속도로 (신간의) 문학적 자극에 응답하는 반응들이 자유자재로 활용된다. 정보와 반응 ―이 두 가지 빈틈없는 상호작용에 서평 사업의 전투력이 기인한다. 그리고 여기에서 '판단' 혹은 '평가'는 정보들이 바뀌는 순간 서로 건네받는 릴레이식 전달 체계에 불과하다. 이렇듯 책의 가치를 '평가'하는 방식은 전적으로 다르다. 책을 인식적으로 가치 평가 하는 것은 증명을 필요로 하지 않는다. 왜냐하면 여기에서는 갑자기 순수미학

[*] 〔편역자 주〕 Wie erklären sich grosse Bucherfolge? *"Chrut und Uchrut"* - ein schweizerisches Kräuterbuch(Walter Benjamin, *Gesammelte Schriften*, Bd. III, Frankfurt a. M., 1972-1992, pp. 294-300).
이 글은 잡지 『프랑크푸르트신문 문학지(Literaturblatt der Frankfurter Zeitung)』 1931년 6월 64호에 발표된 글이다.

적 관점이 부족하게 되고, 독자의 정보는 부차적인 것이 되며, 서평가의 판단은 중요하지 않기 때문이다. 이와는 정반대로 완전히 새로운 문제 몇 가지가 전면에 대두된다. 곧 작품의 성공과 실패는 어떤 상황에서 연유하는가? 비평의 판정을 규정하는 것은 무엇인가? 그것은 어떤 관례들과 결부되는가? 그것이 구하는 독자는 어떤 층들인가? 비평의 지족(知足)과 회복, 말하자면 비평의 회생은 이러한 새로운 시선으로 길을 트는 일이다. 비평 회생의 특징이란 신간에 의존하지 않는 것, 대중문학적 작품만큼이나 학문적 작품들과도 관계하는 것, 기초 저작들의 질(質)에 무관심한 것이다. 비평은 저널리즘이 도박으로 날려버린 수준과 태도를 이와 같은 임무들에서 가장 빨리 되찾을 것이다. 하지만 오늘날 비평이 의지하고 있는 반응들의 무오류성에 대한 요구는 불합리하고 저속한 것으로 폐기될 것이다. 인식에 걸맞은 책의 가치 평가가 그 문학적 '평가'와 동일한 것—이러한 흔치 않은 비평의 최적조건은 완벽한 비평가를 전제할뿐더러 그 최적조건까지도 위대한 작품이 비평의 대상인 이 목표를 통해서만 도달할 수 있을 것이다. 그런데 그러면 그럴수록 이러한 의식에서는 더욱 하찮고 완벽할 필요가 없는 작품에 더 관심이 가게 된다. 퀸츨레 신부의 약초 서적[1]은 병자뿐 아

---

1   Johann Künzle, *Chrut und Uchrut. Praktisches Heilkräuterbüchlein von Joh. Künzle*, Kräuter-Pfarrer in Zizers bei Chur (Schweiz), P. Unterberger, Verlag, Feldkirch.
     〔편역자 주〕요한 퀸츨레(Johann Künzle, 1857~1945): 스위스의 신부·자연요법전문의. 1877년에서 1880년까지 신학과 철학을 공부한 후 사제 서품을 받았다. 그의 『약초와 독초』는 1911년 처음 발간된 후 수백만 부 이상 팔려나갔다. 퀸츨레의 관

니라 서평자도 더없이 감사히 여길 저술이다. 적어도 여기서 호소의 대상이 된 신(新)서평자가 그러하다. 장황하게 펼쳐진 통속문학의 수풀과 초원이 구(舊)서평자를 지루하게 만드는 곳에서 푸르디푸른 목장이 유물론적 입장을 견지한 신서평자를 유혹한다. 당연하게도 책 책장은 녹색이고, 발행 부수는 —점성술적 수치는 아니더라도, 식물학적으로 작은 목초지 약초들을 셀 수 있을 만큼의 수치 곧 72만에서 73만의 발행 부수— 신서평자의 가슴을 더욱더 뛰게 한다.

신서평자는 그중 하나를 눈앞에 두고 있다. 이 책에는 비평과 신문광고, 도서관과 서적 소매상 점원과 같은 개념들이 소용없다. 문학 걸작들은 최상의 방목지에서 강건하게 풀을 베는 사람들 밑에서 성채와 도시, 대성당과 궁전이 존재하는 것처럼 책 한 권 깊숙한 곳에 이토록 하찮게 놓여 있다. 그리고 그것(『약초와 독초』)은 **성경 다음으로 가장 널리 확산된 스위스 책**일 수 있는 까닭에, 그 자체로 —가장 범속한 방식으로— 일종의 서지학적 모양새를 띠는 것도 당연하다. 게다가 그것은 정말 익살맞은 부류로 나타나는 성서의 대응물이라고 말할 수 있다. 그렇지 않고서야 사람들이 그 최초의 제목을 어디에서 따왔겠으며, 더군다나 진한 글씨로 '복제 금지'라고 쓸 수 있었겠는가? 또한 2쪽에는 '비(非)스위스

행에서 벗어난 자연치유요법은 관청 및 의사단체와의 갈등을 불러일으켜 주민투표까지 벌어졌지만, 결국에는 퀸즐레에게 유리한 방향으로 결론이 났다. 1920년대에는 여전히 의사위원회에서 '약초신부' 혹은 엉뚱한 생각의 소유자로서 스스로를 해명해야만 했다. 벤야민이 서평으로 삼은 판본은 1930년판이다.

인을 위한 단어 해설이 이어지고 있고, 그 가운데 "학생에게 적절치 않은 모든 것"이 빠진 교재용 서적의 광고가 있다. 3쪽에는 수십만 권의 책을 궤도에 올려놓은 간결한 서문의 발췌본이 실려 있다. 14만~18만 부의 판매 부수를 올렸을 때에는 다음과 같이 적혀 있었다.

하느님께서는 나의 작은 책에 성공을 내리셨다. 충직한 옛 약초들의 명예가 다시 회복되고, 오만한 낯선 이름을 가진 귀테르리²[작은 병 Fläschchen]가 의심을 받으며, 신은 영광을 되찾길 백성들은 몹시 갈구한다. 이 작은 책자는 백성들에게 유용하도록 계속 인쇄될 것이다.³

조금 책장을 넘기며 몇 줄 읽은 사람은 이미 **인민에게는 유용하게, 의사에게는 저항을**이라는 글귀를 알아보게 된다. 그것은 말하자면 비밀리에, 하지만 여기에서는 그러면 그럴수록 더욱더 의사들에 맞선 모든 민간요법이 그렇듯이 고집스럽게 행해지는 것이다. 의사들이 유럽적 명성을 누리는 바로 그 스위스가 파라셀수스⁴ 이래 극히 기초적인 동종요법에서부터 극히 미덥지 않은 돌팔이의사에 이르기까지 모든 민간요법의 약속의 땅이라는 사실

---

2   〔편역자 주〕 귀테르리(Gütterli): 스위스 도시 베른에서 통용되는 독일어.
3   Johann Künzle, *Chrut und Uchrut. Praktisches Heilkräuterbüchlein*, Feldkirch 1918, p. 3.
4   〔편역자 주〕 아우레올루스 필리푸스 파라셀수스(Aureolus Philippus Paracelsus, 1493~1541): 스위스의 본초학자·의사·연금술사. 마술과 과학의 경계선을 넘나들던 인물이자 의학과 화학이라는 학문의 기초를 닦은 인물이다.

은 진정 패러독스이며, 그저 표면적으로만 모순일 따름이다.

확실히 이 양자 모두는 농촌 인구의 우세와 상관이 있다. 농민에게는 모든 면에서 자기 신체가 필수 불가결한 생산수단이다. 극히 제한적일지라도 화(禍)를 입으면 그것은 어떤 것이든 간에 농업 종사자보다는 산업 노동자에게는 보상되기가 더 어렵다. 그래서 농민은 자기 신체에 대해 느끼게 되는 감각이 정확하지만, 질투라 하더라도 몸은 조심한다. 분명한 것은 퀸츨레 신부가 농민과 산업 노동자 이 양자 모두를 동맹자로 삼았다는 점이다. 영생의 행복과 특히 자기 특유의 학문이 농민 신분에서 유래하고, 또 〔자신이〕 농민 신분이 되려고 한 점, 이를 말할 기회가 있다면 그는 어떤 경우에도 놓치지 않을 것이다. 그렇다, 여기 고집불통의 스위스인〔퀸츨레〕에게 흡사 농민 신분의 국제적 인물과도 같은 뭔가가 느껴진다. 그는 자신의 피후견인을 도시에서 볼 수 있는 유행에 휘둘리는 멍청이, 공부를 너무해 이상해진 사람, 상사병에 걸린 젊은이, 은둔형 외톨이로부터 분리하는 데 이토록 열성적이며, 또 농민이 문제라면, 기회가 닿는 대로 이토록 대범하게 "오래된 와인 병처럼 꽉 막힌" 이 사내의 경험들을 진짜 헤벨스러운 세계시민성[5]으로 양성할 수 있다.

---

5 〔편역자 주〕 '헤벨스러운 세계시민성'이란 그 나름 근거가 있다. 퀸츨레 스스로가 책자에서 기회가 닿을 때마다 통속 작가의 모범상으로 헤벨을 언급했다.
크리스티안 프리드리히 헤벨(Christian Friedrich Hebbel, 1813~1863): 독일의 극작가·시인. 19세기 독일 사실주의의 완성자, 근대극의 선구자로서 평가받는다. 범(汎)비극주의의 이념을 가지고 있었다.
세계시민성이란 인간의 가치와 권리를 특정 국가나 장소의 시민으로 한정하는 것이렇게 꽉 막힌 사내에게는 어떤 알약도 어떤 독도 장기적으로는 더이상 도움이 되지 않는다. 직업상 이 사내는 아무래도 일 년 중 1분기를 프랑스 북부 농민들 사이에서 보낼 수밖에 없었다. 그는 고기를더 이상 먹지 못했지만, ―퀸츨레는 고기 때문에 스위스 사람들을지독하게 나무랐다― 우유나 야채, 오트밀, 싱거운 맥주는 많이 마셨다.[6]

그리하여 그는 시골 밥상으로 건강해졌다.

물론 그렇다, 약초를 캐는 사내는 박물학자(博物學者)다. 그러나 그는 세상에서 차지하는 그 자신의 입지에 대해 사람들이 의구심을 갖지 않을 때에야 비로소 바위처럼 단단한 자연지식의 신뢰를 사람들에게 보낸다. 그래야만, 그 자신의 잡초 옹호는 그저 사회적 자기 신조의 이면에 불과한 것이기에, 자연에도 역시 가장 볼품없는 것이 가장 좋은 것이라는 사실이 그가 연대하는 하층민에게이렇게 분명하게 와 닿을 수 있다.

이 아니라 그 경계를 넘어 인간 모두가 동일한 세계의 동일한 가치와 권리를 지닌 것으로 간주하는 견해를 뜻한다. 어원상 '세계시민(Weltbürger)'이란 말은 그리스어에서 기원한 코스모폴리탄(Kosmopolitismus, Weltbürgertum, χόσμος=kósmos=질서, 세계질서, 세계, πολίτης=polítes=Bürger=시민)의 독일어 번역으로서 17세기 후반부터사용되었으며, 18세기 후반에 계몽사상과 결합되어 확대되었다. 칸트의 영구평화론은 개인들과 국가들을 공통의 세계 또는 인류의 구성원으로 파악하는 세계시민주의 이념을 법철학으로 발전시킨 것이다. 괴테의 경우 세계시민주의 개념은 프랑스혁명 이후에야 등장한다. 이는 프랑스혁명에 대한 반응인 것만이 아니라, 오히려1813년 이후 유럽 내에서 점차적으로 강화되는 민족사상에 대한 응답으로 볼 수있다.

6 Johann Künzle, *Chrut und Uchrut*, 위의 책, p. 65.

잡초란 모두 곧 약초다.[7]

그것들 가운데 "가장 비천하고 가장 비루한 것이 질경이다. 질경이는 도처에 밑바닥을 떠돌아야만 하지만, 모든 것을 들어 올리고, 도랑을 청소하고, 정부를 선출해도 그 자신은 궁극적으로 그 자리에 결코 오르지 않는 불쌍한 날품팔이를 닮았고,"[8] 진실로 모든 약초 가운데 "가장 좋고 흔한 것"[9]이다. 아무튼 여기에는 상당히 날카로운 어조를 띤 민주 시민의 자부심이 있다. 겨우살이에는 이미 반란적인 것이 생겨나고 있다. "성가시고, 관청에는 금지되고, 법적으로 허용되지 않는, 모든 시참사회(市參事會)와 지방경찰관에게 귀속되는 잡초로서" 겨우살이는 "22개 주(州) 전역에서"[10] 여전히 거기에 살아 있다. 또 그것은 다행일 따름이다. 이미 크나이프[11] 신부는 통상적으로 겨우살이를 농촌 아낙네에게 간곡하게 추천한 바 있다.

전통은 정신의 무두질에서 전문 연구자의 거만한 공식 나부랭이보다 더 위대한 인식의 원천이다. '자연으로 돌아가자'는 구호를 내세운 크나이프 신부, "은자생활 속에서 이전에 식물학 교수였

---

7   같은 책, p. 30.
8   같은 책, pp. 19-20.
9   같은 책, p. 19.
10   같은 책, p. 32.
11   〔편역자 주〕세바스티안 안톤 크나이프(Sebastian Anton Kneipp, 1821~1897): 독일의 로마-가톨릭 신부·자연요법사. 오늘날 크나이프 자연치유법의 명칭이 그에게서 유래했다. 그가 발견한 이른바 냉수요법은 전 유럽에 널리 알려지게 되었는데, 차가운 물에 신체 부위를 담가 경혈점을 자극하는 방식이다.

으나 지금은 죽고 없는 쾌활한 노인"[12] 루트비히 신부,[13] 마침내 **"순수자연적 삶**의 완벽한 귀감이자 인간의 이상(理想)"[14]인 주님조차도 이교도조차 이따금 공표할 줄 아는 계시에 공통점이 있는 전승의 창설자인 것이다. 이렇듯 약초 대부분은 이미 예수 탄생 이전에 공증되었다. 이 천연 보배들은 쉬지 않고 증식되었고, 이렇게 막대한 수의 약제가 명명되지 않을 병이란 거의 없다. 그것("약제") 은 대부분 증식하는 경향을 보이고 점점 더 강력하게 늘어날 것이다. '쇠칼이 치료하지 못하는 것 …',[15] 이것이 민간요법의 낡은 도식이다. 그러나 이따금 문제는 불가사의해진다. 그러면 마지막에는 단번에 모든 약제 중 가장 강한 것이 동시에 가장 단순한 것이 된다. 치통을 치유할 아홉 가지 약초가 일일이 열거되지만, 결국에는 다음과 같다.

매일 아침 얼굴을 아주 차가운 물로 씻어라. 그러고는 5분 이후에 말려라. 사람을 안정시키는 것 외에 더 이상 다른 약재란 없다.[16]

12　같은 책, p. 4.
13　〔편역자 주〕 루트비히(Ludwig): 은둔 생활 속에서 강의를 했던 식물학자로서 퀸츨레의 애(愛)스승.
14　같은 책, p. 67.
15　〔편역자 주〕 'quod ferrum non sanat …', 히포크라테스의 아포리즘이다. 원문 라틴어는 다음과 같다. Quae medicamenta non sanant, ferrum sanat, quae ferrum non sanat, ignis sanat; quae vero ignis non sanat, insanabilia reputari oportet(약이 치료하지 못하는 것은 쇠칼이 치료하고, 쇠칼이 치료하지 못하는 것은 불이 치료하며, 불이 치료하지 못하는 것은 불치로 간주되어야만 한다.) 이 문구는 프리드리히 실러가 자신의 희곡 「군도(Die Räuber)」(1781 발표, 1782년 초연)의 모토로 사용하기도 했다.

단지 의사 처방만 생각해보면, 이 다수의 약재가 가리키는 상황이 본래 어떠한 것인지 순간 알게 된다. "이러저러합니다"라고 의사가 말하면 그것이 그의 진단이며, "이것, 저것"이라고 말하면 그것이 그의 처방전이다. 퀸츨레 신부는 ─본능, 운, 생각과 같이─ 환자의 역량에 여지를 남겨둔다. 또한 그는 임상과학의 공표를 침해하는 어두운 신체 깊숙한 곳에서 병을 끄집어내지 않는데, 혈관질환, 심장병, 눈의 통증, 종양이 그러하다. 그러고는 약제 하나가 듣지 않으면, 희망은 여전히 그다음 약제, 아니면 세 번째 약제로 간다. 하지만 열 가지 약재를 알고 있는 약초 캐는 신부는 의사보다 아는 것이 더 많으며, 처방한 의사보다 자신을 덜 노출시킨다. 그는 더 정통하고, 그와 동시에 더 자유로워 보인다.

전지(全紙) 4장으로 이루어진 이 얄팍한 책자에 오랫동안 몰두하면 할수록, 사회적 세심함(탁트, Takt)은 더욱더 놀랍게 작용하는데, 바로 이 계급감정의 예리함(계급의식이란 말도 안 된다)은 겉보기에 그냥 신의 노천 아래 산과 골짜기를 따라 식물 채집 하듯이 떠돌기만 한 것처럼 보이는 남자의 말과 태도를 일일이 규정한다. 왜냐하면 다름 아닌 가부장적 신념이 특히나 조명되어야 할 때, 책은 결코 질환으로 시작하지 않고 약초들을 기술(記述)하는 것으로 시작하기 때문이다. 그것은 말하자면 그(퀸츨레)의 공식적 목표를 뒤쫓기 선에, 기술하는 방법론의 자연과학 영역 안에서 한숨을 돌리는 것이다. 덧붙이자면, 이러한 소(小)결작을 '구성'하려는 것만

---

16   Johann Künzle, *Chrut und Uchrut*, 위의 책, p. 47.

큼 가망 없는 일도 없을 것이다. 그것은 요리와 같이 구성가능하지도 않을뿐더러 궁극에는 원료가 아니라 재료가 맛을 낸다. 아무렴, 재료는 마음껏 사용된다! 예를 들어 농민의 자부심, 제도권 의학에 대한 적대감이 우리 이 사내가 과학에 등 돌리게끔 부추길 것이라 생각한다면, 이는 중대한 오류일 것이다. 이와는 정반대다. 그가 얼마나 과학을 퉁명스럽게 대할지라도 그(과학의) 올과실은 다름 아닌 자신의 독자들에게 유익하기에 충분하다. 왜 사람들은 낙농가나 농가의 하녀에게 생 베네딕트 약초나 제라늄의 효능이 방사능 덕이라는 사실을 알리지 말아야 하는가? 말할 나위 없이, 이런 정보에서 (자신이) "파악하지 못한 것은 모두 배척하고", 민(民)의 지혜를 자신의 권한에서 배제하려는 "18세기 시건방진 과학"에 대한 비방이 없진 않다. 물론 퀸츨레 신부는 어쩌면 훨씬 더 시건방질지도 모를 18세기 신학을 감내한다.

> 하느님이 식물을 창조할 때 인간을 생각했다는 것, 이 얼마나 온화한 일이란 말인가?!

> 또한 하느님은 좋든 싫든 간에 항상 "인간의 손에 닿을 만한 길" 도처에 약초를 "뿌렸다."[17]

약간은 이신론, 또 약간은 이온설[18] —정말 그야말로 책 전체

---

17 같은 책, p. 30.
18 (편역자 주) 이온설(Ionentheorie): 신경과 근육 같은 흥분성 세포에서 활동 전위(活動電位)가 생기는 기전은 막을 통한 나트륨 따위의 이온 투과성의 변화에 기인한다

가 뒤죽박죽이며, 소(小)주제도 약초와 무 뿌리가 뒤섞이듯 뒤엉켜 있다. 그러나 농사력(農事曆, 〔〈그림 3-5-1〉 〈그림 3-5-2〉 참조〕)[19] 연감(年鑑), 이와 유사한 인쇄류를 생각해보라. 그러면 사람들은 인민이 책에서 나타나는 이와 같은 난잡함을 좋아한다는 사실을 받아들일 수밖에 없을 것이다. 왜 그럴까? 이것만은 확실하다. 습관이 되어버린 무질서는 고향에 돌아온 듯 아늑하다. 하지만 생소한 질서는 냉랭하게 느껴진다. 그리고 간혹 하인에게 전화번호 하나를 찾도록 일을 시켜본 적이 있는 사람은 글 읽는 법을 배운 사람 모두가 〔전화번호를〕 찾을 수 있는 것이 아님을 알게 된다. 여기〔『약초와 독초』〕에는 그것을 이해하는 사람을 위해 질병의 알파벳순 목록이 마련되어 있지만, 이와는 별개로 산만함이란 이러한 종류의 저술 행위에 이토록 탁월하게 부응하는 백과사전식 책 성격의 이면일 따름인 것이다. 여기에 없는 게 있을까? 여기에서 적어도 찾으려 할 때에 읽으며 생각해야 할 사항이 과연 얼마나 될까? 그럴 때 사람들은 수많은 지인, 예컨대 토니, 알프레트, 야코프, 제플, 리젤리, 바벨리 등은 말할 것도 없고, 바빌론과 뉴욕, 카자흐인과 불가리아인, 면사포를 쓴 아가씨와 코쟁이신사, 여성 참정권과 불경죄, 변장한 밀렵꾼과 유대인, 보건위원회와 수호천사를 맞닥뜨리게 된다. 여기에서 교수들이 열거한 성향을 단 한 번만 고찰해본

는 학설.

19　〔편역자 주〕 농사력(Bauernkalender): 옛 농사력은 18세기 초 이래로 글을 읽을 줄 모르는 농민계층을 위해 만들어져 전해 내려왔다. 그림이 많고, 일간 성도(星圖) 외에도 예상되는 날씨의 상징이나 농작을 위한 파종, 건초 수확, 추수, 포도 수확, 도축, 하루 길이, 해돋이, 일몰 등이 표시되어 있다.

〈그림 3-5-1〉 농사력 1847년 표지

〈그림 3-5-2〉 농사력 1847년 7월

들, 그것이 도레의 라블레 삽화[20]〔〈그림 3-5-3〉〈그림 3-5-4〉 참조〕와 관련이 있는 것인지, 아니면 라인 카니발의 팸플릿과 관련이 있는 것인지 과연 알겠는가? 대문자로 쓰인 교수차(茶, Professorentee)의 뜻은 다음과 같다.

나는 교수차를 교수들, 사령관, 중대장, 설교자, 교리 문답가, 선생님, 기차역 관리인, 호객 상인 등등과 같이 주로 큰소리로 말을 많이 하는 사람들을 위한 차라고 부른다.[21]

여기에서는 교수들이란 이 세상에서 아주 안정된 농민들과 비교될 수 없는 사람들로서 불안정한 방랑민이다. 쉬지 않고 움직이는 사람들이 교수들이며, 이들은 이 세상에서 입지가 확고한 농민들과 비견될 수 없다. 다른 경우에 이들은 철도직원조합에서 출현한다. 크게 소리치는 것은 (큰소리로 기차의 출발을 알림에도 불구하고) 소리를 쳐서가 아니라 야간근무 때문이다. 기차역 관리인과 호객 상인, 이 둘에게는 공기 좋은 휴양지가 처방되는데, 그곳은 "이방인도 피아노나 개도 많지 않아야 하겠지만, 크리스마스트리

---

20 〔편역자 주〕폴 귀스타브 도레(Paul Gustave Doré, 1832~1883): 프랑스의 화가·판화가. 1854년 프랑수아 라블레(François Rabelais, 1483/1494~1553)의 『가르강튀아와 팡타그뤼엘』에 일러스트를 그리며 큰 명성을 얻은 이후, 『돈키호테』 『신곡』 『실낙원』 『광란의 오를란도』를 비롯해 다양한 분야의 200권이 넘는 책에 삽화를 그렸다. 전설적인 거인 팡타그뤼엘과 그의 아버지 가르강튀아의 행적을 다룬 환상적 연대기인 『가르강튀아와 팡타그뤼엘』의 삽화에서 볼 수 있는 것처럼, 우스꽝스러우면서도 과장된 진지함, 비현실적 사건들은 민중 축제의 카니발 세계를 연상시킨다.

21 Johann Künzle, *Chrut und Uchrut*, 위의 책, p. 49.

〈그림 3-5-3〉 도레의 가르강튀아와 팡타그뤼엘 삽화

〈그림 3-5-4〉 도레의 가르강튀아와 팡타그뤼엘 삽화

와 졸졸 흐르는 시냇물은 많다."[22] 하지만 크리스마스트리와 졸졸 흐르는 시냇물, 바로 이를 바탕으로 모든 약초는 단지 화환일 뿐이라는 스위스 농민 계층의 이미지 변용이 이루어졌다.

오, 지복(至福)한 농민계층이여, 당신의 지극히도 위대한 거름은 교양 있는 상류층의 오만처럼 그렇게 훨씬 더 지독한 냄새를 풍기지는 않는다. 그리스도가 괜히 마구간에서 태어났겠는가?

이와 같은 책들은 성공과 분리될 수 없다. 이러한 책들은 찢긴 책장, 꼬깃꼬깃하게 접힌 책장 모서리, 밑줄 친 것, 잉크 얼룩으로 너무나도 많이 들볶인 책 소유자의 인생길을 함께하고, 때로는 의사, 때로는 선생, 때로는 작가와 유머가, 또 때로는 목회자와 약사로 만든다. 이러한 책들은 숱한 소설나부랭이에 대해서는 이빨이 느슨해지는 비평가에게 그들 간에 무엇이 필요한지를 보여준다. 왜냐하면 기민함, 이 저속한 가정시가집(『약초와 독초』)에서 명백하게 나타나는 적용가능성은 위대한 시문학 깊은 곳에 숨어 있기 때문이다. 여기에서 적용가능성은 **빛과 어둠, 오르마즈드와 아리만,**[23] **약초와 독초**라는 아주 오래된 이원적 권력계 학설에 기인한다. 이

---

22 같은 책, p. 52.
23 [편역자 주] 오르마즈드(Ohrmazd)와 아리만(Ahriman): 조로아스터교에서 애초 대립으로 갈라진 불생불멸의 최고신들. 오르마즈드는 모든 선의 창조자를, 아리만은 모든 악의 창조자를 가리키며, 각각 '빛과 지혜'와 '어둠과 거짓'의 대립적 존재들을 뜻한다. 오르마즈드는 아후라마즈다(Ahura Mazda), 호우르마즈드(Hourmazd), 호르마즈드(Hormazd), 후르무즈(Hurmuz)라고도 불린다.

것은 모두 대립으로, 농민과 도시민으로 귀착된다. 이것이 바로 퀸츨레 신부의 세상인심에 대한 지식인데, 이에 비하면 그의 약초 지식은 아무 짝에도 쓸모가 없다.

나의 서재를 정리하다[*]
: 수집에 대한 이야기

    저는 서재를 풀고 있는 중입니다. 그렇습니다, 제 서재는 책이 아직 서가 위에 놓인 것도 아니고 따분한 느낌을 줄 정도로 질서 정연하게 정돈된 것도 아닙니다. 또 저는 여러분들이 보는 앞에서 열병식을 벌이듯 서가의 열병식을 벌일 수도 없는 노릇입니다만, 이에 대해 여러분들은 걱정하실 필요는 없습니다. 오히려 여러분들이 저와 함께 아무렇게나 뜯어 젖혀진 나무상자, 톱밥가루로 가득한 공기, 찢긴 종이로 뒤덮인 바닥으로 가서 2년 동안 어둠 속에 묻혀 있었던 책 더미가 다시 햇빛을 보게 되는 그런 상황에 한번 처해보시길 저는 부탁드립니다. 그러면 여러분은 이러한 책들이 진정한 책 수집가에게 불러일으키는 기분, 전혀 구슬픈 것이 아니라 오히려 어떤 기대에 찬 그런 기분을 다소나마 함께 나눌 수 있

---

[*] 〔편역자 주〕 Ich packe meine Bibliothek aus. Eine Rede über das Sammeln (Walter Benjamin, *Gesammelte Schriften*, Bd. IV, Frankfurt a. M., 1972-1992, pp. 388-396).
이 글은 잡지 『문학세계(Die Literarische Welt)』 1931년 7권 29/30호에 발표된 글이다.

을 것입니다. 왜냐하면 지금 여러분에게 이야기하고 있는 사람이 바로 그러한 〔책〕 수집가이며, 또 그는 대체로 자신에 대한 이야기만 할 것이기 때문이지요.

그런데 여기서 제가 짐짓 객관성과 사실성을 주장하면서 장서의 주요 목록이나 훌륭한 작품을 늘어놓는다든지, 아니면 책들의 생성 연대기나 작가에게 줄 수 있는 유용성을 여러분들께 소개한다면 좀 주제넘은 일이 아니겠습니까? 어찌되었든 저는 이제 그보다 좀 더 분명하고 손에 잡히듯 확실한 것을 이야기하고자 합니다. 저의 커다란 관심사는 수집가가 자신의 장서와 맺는 관계 곧 수집보다는 수집하는 일에 대한 통찰을 여러분들께 보여주는 것입니다. 그런데 제가 그 일을 책을 구입하는 여러 가지 방법과 결부해 고찰한다면, 그것은 아주 자의적 판단에 따른 게 되겠지요. 이와 같은 방식, 혹은 다른 방식 역시 자신이 소유한 장서를 다루는 수집가에게는 모두 그저 만조처럼 밀려드는 기억들을 막아내는 둑에 불과합니다. 열정이라면 모두 혼돈과 경계를 맞대고 있지만, 수집의 열정은 기억과 경계를 맞대고 있습니다.

아니, 한 발 더 나아가 하고 싶은 말이 있네요, 즉, 제 눈앞을 스쳐 지나가는 과거의 일들을 온통 물들이는 우연과 운명이 이제는 익숙한, 어지럽게 널린 책들의 혼란 속에서 분명해진다는 사실 말입니다. 왜냐하면 수집이 질서로 보이는 것은 습관이 몸에 밴 탓인데, 이와 같은 소유물이 혼돈이 아니면 과연 무엇이란 말입니까? 여러분은 책을 잃어버려 병에 걸리고 책을 손에 넣기 위해 범죄자가 된 사람에 대해 들어본 적이 있을 것입니다. 질서란 모두 바로 이 영역에서는 심연 위를 둥둥 떠다니는 부유 상태입니다. 〔아나톨〕 프랑스는 "우리가 알고 있는 유일한 적확한 지식은 책의 출판연도와 판형"이라고 말한 바 있지요. 실제로 서재에 존재하는 무질서와 한 쌍을 이루는 대응물이 있는데, 바로 서재 목록의 질서가 그것입니다.

이처럼 수집가의 현존에는 무질서와 질서 양극 사이의 변증법적 긴장이 자리 잡고 있습니다.

물론 수집가의 현존에는 그 밖의 다른 많은 것이 연결되어 있습니다. 예컨대 소유권과 수수께끼 같은 관계가 있는데, 이에 대해서는 앞으로 좀 더 이야기할 것입니다. 또 수집가가 사물과 맺는 관계가 있지요. 이때 이 관계는 기능의 가치, 유용성, 쓰임새가 전면에 나서는 것이 아니라 사물의 운명극을 무대로 삼아 연구하고 애정을 기울이는 그러한 것입니다. 수집가를 사로잡는 가장 큰 매력은 마침내 사물을 획득하는 순간 전율이 스쳐 지나가며 꼼짝달싹할 수 없는 상태의 마력적 세력권에 사물을 하나하나 가둬두는 일입니다. 기억된 것, 생각된 것, 의식된 것, 이 모두는 자기 자산의 초석이 되고, 액자, 주각, 자물쇠가 됩니다. 시대, 주변 경관, 수공 작업, 이전의 소유주 ―소유주의 이러한 물건은 저마다 진정한 수집가에게 한데 모아져 하나의 마법적 백과사전이 되고, 그 총체가 소유주 대상물의 운명이 됩니다. 그러니까 이 밀집된 영역에서는 어떻게 위대한 관상학자가 ―수집가는 사물계의 관상학자입니다― 운명의 해석자가 되는지를 짐작할 수 있도록 합니다. 수집가가 어떻게 유리 진열장 속의 대상물을 다루는지 관찰해볼 필요가 있습니다. 그는 물건을 손에 넣자마자 마치 영감이라도 받은 듯 먼 곳을 바라보는 것처럼 보입니다. 이것이 수집가의 마력적 측면, 아니 그 해묵은 이미지라 말할 수 있겠습니다.

—책에는 저마다의 운명이 있다[1]— 아마도 이 말은 **책**에 대한 일반적 명제로 생각될 것입니다. 이를테면 〔단테의〕『신곡』이나 스피노자의 『윤리학』 또는 〔찰스 다윈의〕『종의 기원』과 같은 책들은 저마다의 운명을 지니고 있지요. 하지만 수집가는 이 라틴어 격언을 달리 해석합니다. 그에게는 책 자체라기보다는 그 **낱권**에 운명이 있습니다. 이와 같은 의미에서 책 낱권 각각의 가장 중요한 운명은 수집가 자신과의 충돌, 그 자신의 수집품과 충돌하는 것입니다. 진정한 수집가에게는 고서(古書)의 획득이 곧 그 책의 재탄생이라 해도 과언이 아닙니다. 또한 늙은이 같은 면으로 수집가를 관통하는 어린아이 같은 면이 바로 이러한 것이지요. 말하자면 어린아이는 결코 당황함이 없이 현존의 쇄신을 수백 번 실행에 옮깁니다. 어린아이에게 수집이란 단지 하나의 쇄신방식에 불과한데, 대상을 그리는 일, 자르는 일, 그린 것을 떼어내 다른 곳에 붙이는

1 〔편역자 주〕 책에는 저마다의 운명이 있다(*Habent sua fata libelli*): 3세기 말 문법학자 테렌티아누스 마우루수(Terentianus Maurus)의 교훈시에서 전해 내려오는 라틴어 속담. 원래 정확한 문장이 뜻하는 바는 '독자의 파악 능력에 따라 책에 운명이 부여된다(*Pro captu lectoris habent sua fata libelli*)'이다. 보통 이 말은 독자의 이해방식이나 그의 처지에 따라 텍스트의 의미나 진술이 생겨나며, 그래서 시대나 상황에 따라 책은 다르게 읽힌다고 받아들여진다. 또 다른 한편, 의미가 부여된 내용만이 아니라 책 자체에, 책이 누구 손에 있느냐에 따라 움직이는 운명이 있다고 해석되기도 한다. 곧 책은 자기 소유주의 운명을 함께한다는 의미다. 움베르토 에코(Umberto Eco)가 『장미의 이름』에서 정확하게 이 의미로 속담을 해석했다.

일, 손으로 만지는 일에서 이름을 붙이는 일에 이르기까지, 아동의 단계별 전유방식들은 쇄신의 또 다른 방식입니다. 낡은 세계를 새롭게 하는 일 —바로 이것이 새로운 것을 얻고 싶은 수집가의 소망에 깃들어 있는 가장 깊은 충동이며, 그래서 고서의 수집가가 애호하는 신간 서적에 관심을 보이는 사람보다 수집하는 일의 원천에 더 근접해 있습니다. 이제 어떻게 책들이 수집의 문턱을 넘어서는지, 어떻게 책들이 수집가의 소유물이 되는지, 간단하게 말해 책 소유의 이야기에 대해 몇 마디 하고자 합니다.

책을 마련하는 온갖 방법 중에서 가장 바람직한 것은 스스로 직접 책을 쓰는 일입니다. 여러분 대부분은 장 파울의 여주공인 부츠[2]라는 가난한 여교사가 책을 살 돈이 없어 도서박람회 카탈로그에서 마음에 드는 책을 모두 한 권 한 권 직접 써서 마련한 대형 서고를 기억하며 흐뭇해하실 것입니다 작가란 본래 가난해서 책을 쓰는 사람이 아니라, 살 수는 있으나 마음에 들지 않는 책들에 대한 불만으로 책을 쓰는 사람입니다. 신사 숙녀 여러분, 이렇게 말하면 여러분들은 [이것을] 작가에 대한 별난 정의라고 하시겠지만, 진정한 수집가의 시각에서 이야기되는 것은 모두 별나답니다. —세간에서 널리 통용되는 책을 얻는 방법 중에 수집가에게 가장 적절한 방법은 [책을] 빌리고는 돌려주지 않는 것입니다.

---

2   [편역자 주] 부츠(Wutz): 장 파울의 소설 「아우엔탈에서 젊은 여선생 마리아 부츠의 즐거운 삶(Leben des vergnügten Schulmeisterlein Maria Wutz in Auenthal)」(1793)에 등장하는 인물. 부츠는 평생 책 한 권을 살 수 없을 정도로 가난했다. 하지만 그녀는 라이프치히 도서박람회 카탈로그를 조달해 자기 손으로 직접 책들을 썼다. 이런 방식으로 그녀는 서재를 채워갔다. ('장 파울'에 대해선 117쪽의 편역자 주를 참고).

여기서 우리가 말하고 있는 뛰어난 수준의 책 빌리는 사람은 골수 책 수집가로 입증되는데요. 그 이유는 단지 전부 빌린 보물을 열성을 다해 잘 간수하고 또 법률상의 일상생활에서 일어나는 온갖 독촉과 경고를 들은 척도 하지 않고 무시하기 때문이 아니라 오히려 책을 읽지 않기 때문이지요. 제 경험을 믿으실지 모르겠습니다만, 저에게는 빌린 책을 읽기보다는 차라리 때맞춰 돌려주는 일이 여전했습니다. 또 책을 읽지 않는 것이 과연 수집가의 특성이 될 수 있을까 하고 여러분들은 의아해하실 수도 있지요. 이건 정말 금시초문인데 하시겠지만, 전혀 새삼스러운 이야기가 아닙니다. 그렇습니다. 이 방면에 조예가 깊은 사람은 그것이야말로 예부터 있어 온 해묵은 일이라는 점을 확인시켜줄 것입니다. 다시 프랑스의 말로 답을 대신해보지요. 아무것도 모르는 속물이 프랑스의 서재를 보고 감탄하고는 으레 하는 말로 물었답니다. "선생께서는 이 책을 다 읽으셨습니까?" "아니요. 10분의 1도 못 읽었을걸요. 혹 당신은 당신의 세브르 도자기로 매일 식사를 하시나요?"

그런데 저는 이와 같은 태도의 정당성과 정반대되는 태도를 실험해본 적이 있습니다. 수년 동안 ─족히 서재가 생긴 지 9개월 동안─ 제 서재는 선반 두세 개뿐이었는데, 그것은 매년 고작 몇 센티미터씩만 늘어났습니다. 이때가 아마 제 서재의 교전(交戰) 시기라고나 할까요, 거기에는 제가 읽은 적이 없다는 서약 없이는 어떤 책도 들어설 순 없었습니다. 또 어쩌면 인플레이션이 생기지 않았다면 규모상 서재라 불릴 수 있는 장서를 결코 모을 수도 없었을 텐데요. 느닷없이 물건이 중시되는 상황으로 돌변해 서적이 실물 가치가 되거나 좀체 책 구하기가 어려워진 것이죠. 적어도 스위스에서는 그래 보였습니다. 정말 저는 그곳에서 마지막 순간에 제 첫 훌륭한 책들을 주문했고, 그리하여 당시만 해도 출판사에서 구할 수 있었던 『청기사파(靑騎士派)』[3]와 바흐호펜의 『타나퀼의 전설』[4]과 같이 그 어떤 것과도 바꿀 수 없는 값진 책들을 건져낼 수 있었습니다.

이제 여러분들은 이렇게 생각하시겠지요, 이처럼 여러 우회로를 거쳐 마침내 책을 얻는 넓은 대로(大路)에 곧 책을 사는 일에 들어섰다고 말입니다. 예, 대로임에는 분명하지만 결코 안락한 길은 아닙니다. 책 수집가가 책을 사는 일은 학생이 교재를 마련하거나 사교에 능한 신사가 귀부인에게 줄 선물을 사거나, 아니면 사업가가 기차 여행의 따분함을 줄이기 위해 서점에서 시간을 보내는 행위와 아무런 비슷한 점이 없습니다. 저의 가장 기억에 남을 만한 일은 지나가는 행인으로서 여행길에 이루어졌던 것입니다. 재산과 소유는 전략적(taktisch) 차원에 속하는 일이지요. 수집가들은 책략의 본능이 있는 인간입니다. 그들이 낯선 도시를 정복하면, 그들의 경험에 따라 극히 작은 골동품상이 요새가 되고, 아무리 외진 곳의 문방구라도 요충지를 의미하게 됩니다. 책의 정복을 위한 저의 진군으로 그 얼마나 많은 도시가 본연의 모습을 드러냈는지 모

3   Wassily Kandinsky/Franz Marc, *Der blaue Reiter*, München 1912.
4   Johann Jacob Bachofen, *Die Sage von Tanaquil*, Heidelberg 1870.
     〔편역자 주〕 요한 야코프 바흐오펜(Johann Jakob Bachofen, 1815~1887): 스위스의 법률가·인류학자.

릅니다.

말할 나위 없이, 책방 주인을 거친 구매는 분명 책을 사는 가장 중요한 방법의 일부에 지나지 않습니다. 이보다 더 큰 역할을 하는 것이 도서 목록이지요. 또 구매자가 도서 목록을 보고 주문한 책을 잘 알고 있다 하더라도 책 한 권 한 권이 늘 놀라움이고 주문도 항상 도박과도 같은 뭔가가 있습니다. 거기에는 혹독한 실망감과 더불어 뜻밖의 횡재감도 뒤따릅니다. 일례로, 저는 옛 아동 도서의 수집을 위해 컬러 그림이 들어 있는 책을 주문한 적이 있는데, 그 이유는 단지 그 책에 알베르트 루트비히 그림의 동화가 실려 있고, 또 그 출판지가 튀링겐의 그리마였기 때문입니다. 그리마에서 바로 알베르트 루트비히 그림이 발행한 우화집[5]이 유래한 것이지요. 또 제가 소유한 판에는 16개의 삽화가 실려 있는데, 이 우화집이 함부르크에서 살았던 위대한 독일 삽화가 (요한 페터) 리저의 초기 작품 중 지금까지 남아 있는 유일본입니다. 이름에서 힌트를 얻은 관련성에 대한 저의 직감은 정확했습니다. 또 그때 저는 리저의 작업물들을 발견했는데요, 『리나의 동화집』[6]이라는 작품은 그때까지도 서지학자들에게 알려지지 않았기에 제가 먼저 소개한 책보다 더 상세하게 언급할 가치가 있습니다.

책을 취득하는 것은 돈이나 전문 지식만으로 될 일이 결코 아

---

5   Albert Ludwig Grimm, *Fabel-Bibliothek für Kinder, oder die auserlesensten Fabeln alter und neuer Zeit*, 3Bde., Frankfurt, Grimma 1827.

6   Albert Ludwig Grimm, *Linas Märchenbuch*, eine Weihnachtsgabe, Frankfurt, Grimma 1816.

넙니다. 이 두 가지마저도 참된 서재, 불가해하고 무엇과도 바꿀 수 없는 유일무이의 서재를 마련하는 데에는 부족합니다. 도서 목록을 보고 책을 구입한 사람에게는 이미 언급한 자질 외에도 섬세한 직감이 있어야만 합니다. 출판연도, 출판지, 책의 판형, 이전 소유주, 장정 등, 이 모든 것은 그에게 무언가 힌트를 줄 것임에 틀림이 없고, 이 세부사항들은 그 자체로 무미건조하게 서로 따로 떼어 생각될 게 아니라 함께 어우러져 조화와 형안에 따라 그것이 자기에게 필요한지 아닌지 식별될 수 있어야만 합니다.

경매의 경우 수집가에게는 또 다른 능력이 필요합니다. 도서 목록을 보는 사람은 〔그것에〕 책 낱권의 출처가 명시되어 있다면 책 자체나 〔책의〕 이전 소유주를 알아야 합니다. 경매에 참가하고자 하는 사람은 책에 주의를 기울이는 것 못지않게 경매 경쟁자에게도 똑같이 신경 쓰지 않으면 안 되고, 또 너무 경쟁에 휘둘리지 않도록 냉정함을 충분히 유지해야 하지요. 책을 얻기보다는 자신을 앞세우려다 필요 이상으로 높은 입찰 가격에 걸리는 일도 흔합니다. 하지만 또 다른 한편으로, 살면서 탐내기는커녕 단 한 번도 생각조차 못한 책이 시장 한구석에 쓸쓸하게 버려진 것을 보고는, 마치 천일야화의 동화에서 왕자가 아름다운 여자 노예를 사는 것처럼 자유를 부여하기 위해 그 책에 달려드는 순간은 수집가에게 가장 아름다운 기억이 아닐 수 없습니다. 이때 책 수집가에게는 모든 서적의 진정한 자유가 자신의 책장 어딘가에 있는 것이겠지요.

저를 가장 흥분시킨 경매 체험의 기념비적 추억은 제 서재에서 일련의 프랑스 서적들 중에 우뚝 솟아 있는 발자크의 『나귀가

죽』[7]입니다. 그 일은 1915년 가장 훌륭한 고서 전문가이자 유력한 상인 중의 한 사람이었던 에밀 히르슈(Emil Hirsch)가 주최한 뤼만(Rümann) 경매장에서 벌어졌습니다. 문제가 된 이 판은 1838년 파리의 증권거래소 광장에서 출간되었습니다. 이 판을 손에 쥐었던 바로 그때 저는 그 책에서 뤼만 소장품의 경매번호뿐 아니라, 이 책의 첫 소유주가 90년 전 오늘날 시세의 약 80분의 1밖에 되지 않는 값으로 사들인 서점의 라벨까지도 보게 되었습니다. 거기엔 I. 플란노 문구점(Papeterie I. Flanneau)이라고 쓰여 있었지요. 그때는 이처럼 호화판의 장정을 —왜냐하면 이 책의 강판화(鋼版畵)는 프랑스의 일류 도안가가 구상하고 일류 동판화가가 제작한 것이기에— 이와 같은 문구점에서 살 수 있었다니 참 좋은 시절이었죠.

그런데 저는 이 책을 얻게 된 경위를 이야기하려 합니다. 우선 저는 사전 작업으로 히르슈 경매장으로 일단 가서는 40~50여 권의 책을 뒤져보았습니다. 그러는 와중에 이 책을 무슨 일이 있어도 놓쳐서는 안 되겠다는 열망이 생겼습니다. 경매 날이 왔습니다. 그런데 우연인지, 이 『나귀가죽』에 앞서 중국에서 별쇄지로 따로따로 인쇄한 삽화 전집이 경매에 나왔습니다. 입찰자들은 긴 테

---

7   〔편역자 주〕『나귀가죽(Peau de Chagrin)』: 프랑스의 소설가 오노레 드 발자크(Honoré de Balzac, 1799~1850)의 소설(1831). 발자크가 자신의 소설 프로젝트에 이름 붙인 '인간극'의 세 가지 범주('풍속 연구' '철학 연구' '분석 연구') 중 '철학 연구'의 첫 번째 자리에 배치되는 중요한 작품이다. 주인공 라파엘이 원하는 것은 무엇이든 이루어주는, 그렇지만 욕망이 실현될 때마다 그 가죽을 소유한 자의 운명도 단축시키는 마법의 가죽을 얻게 되면서 벌어지는, '욕망'을 주제로 하는 이야기다. 제목은 '상어 가죽' '마법의 가죽'으로 소개되기도 한다.

이블에 앉아 있었습니다. 제 대각선 편으로 다음에 올 경매 가격에 온 신경을 집중한 남자가 있었는데, 뮌헨의 유명 수집가인 시몰린 남작(Freiherr vom Simolin)이었죠. 그는 이 전집에 커다란 관심을 보였지만, 경쟁자들이 있었고, 어찌되었든 열띤 경합이 벌어진 결과 전체 경매에서 가장 높은 가격인 3000마르크가 훨씬 웃도는 입찰로 〔경매가〕 마감되었습니다. 아무도 그렇게 높은 가격을 예상하지 못했기에 참석자들은 자못 흥분의 도가니에 놓였습니다.

그런데 히르슈는 이에 아랑곳하지 않고, 시간을 절약하기 위해서였는지 다른 생각이 있어서였는지, 참가자들 어느 누구도 주의를 기울이지 않는 중에 다음 경매로 넘어갔습니다. 그가 가격을 부르자, 저는 가슴이 숨이 막힐 정도로 두근거렸고, 이 거물급 수집가들과는 도저히 경쟁 상대가 될 수 없음을 절실하게 깨달으면서도 더 높은 가격을 불러댔습니다. 하지만 경매인은 참가자들의 주의를 환기하지 않은 채 예의 절차대로 "더 하실 분 없습니까?"라고 소리친 후 봉을 세 번 두들기며 낙찰을 알렸습니다. 한 번씩 울리는 낙찰봉 소리는 저에게 영원과도 같이 길게 느껴졌습니다. 저 같은 학생 신분으로 그 총액은 그래도 상당한 것이었습니다.

이튿날 오전에 전당포에서 일어난 일은 더는 이야기할 필요가 없겠고, 그 대신 경매의 부정적 측면이라 부르고 싶은 사건 하나를 이야기해보겠습니다. 지난해 베를린 경매장에서 일어난 일입니다. 경매에 나온 책들은 그 질이나 소재에서 잡다한 것이 섞여 있었고, 그중에서 주목할 만한 건 고작 몇몇 희귀한 신비주의적, 자연철학적 분야의 책들뿐이었습니다. 저는 이 몇 권에 입찰을 시도

했는데, 그때마다 앞줄에 앉은 신사 한 분이 제가 부르는 경매 가격을 기다렸다는 듯 호가를 올리는 것이 어떤 가격에라도 〔그 책을〕 사겠다는 태세임을 저는 알아차렸습니다. 이런 일이 여러 번 되풀이되자 저는 그날 가장 마음에 두었던 책을 얻는 데 걸었던 희망을 모두 접고 말았습니다. 그것은 1810년 하이델베르크에서 2권으로 출간된 요한 빌헬름 리터[8]의 『한 젊은 물리학자의 유고 단편들(Fragmente aus dem Nachlasse eines jungen Physikers)』이라는 희귀본이었습니다. 이 책은 재판(再版)이 이루어진 적은 없었지만, 서문은 발행인이 사망한 것으로 추정되는 무명의 친구를 추도하는 형식을 빌려 실제로는 자기 자신의 인생 이야기를 하고 있어서, 저에게 그것은 독일 낭만주의의 가장 비중 높은 개인적 산문으로 보였던 것입니다. 이 책이 경매에 오르는 순간 저에게는 일종의 영감 같은 것이 떠올랐습니다. 생각은 단순했지요, 제가 입찰을 하면 그 책이 다른 사람에게 돌아갈 게 너무나도 뻔했기에 아예 입찰을 해서는 안 된다는 것이었습니다. 저는 애써 침묵으로 일관했습니다. 그러자 제가 기대해 마지않던 일이 일어났습니다. 누구도 관심을 보이지 않았고, 가격을 부르는 사람도 없어, 책이 한 구석으로 밀려난 것입니다. 저는 며칠간 더 시간 여유를 두는 것이 현명하다고 생각했습니다. 실제로 일주일이 지난 뒤 중고 서점에서

---

8 〔편역자 주〕 요한 빌헬름 리터(Johann Wilhelm Ritter, 1776~1810): 독일의 물리학자, 초기 낭만주의 철학자. 예나 바이마르 문화권 내의 초기 낭만주의 자연연구자들 중 가장 탁월한 인물이라 평가받는다. 독학으로 성장했으나 괴테, 헤르더, 알렉산더 폰 훔볼트, 브렌타노와 같은 위인들로부터 과학적 파트너로 인정받았다.

저는 그 책을 발견할 수 있었고요. 막상 아무도 그 책에 흥미를 보이지 않자 그 덕분에 저는 〔그 책을〕 얻을 수 있었던 것입니다.

산더미처럼 쌓인 책 상자로 가서, 한낮의 햇빛 아니 밤의 불빛 속에 책들을 꺼내 펼쳐놓을 때 얼마나 많은 기억이 밀려드는지요?! 책 푸는 일이 주는 매혹은 그와 같은 작업을 멈추기 어렵다는 점이 단적으로 대변해줍니다. 정오에 시작해 제가 마지막 상자에 손을 대기도 전에 자정에 이르렀습니다. 그때 저는 마지막에 마분지로 싼 두 권의 책을 손에 쥐게 되었는데요, 엄밀히 말해, 그것은 책 상자에 속한 것도 아니었습니다. 저의 어머니가 어린 시절에 붙인 봉함지에 싸인 두 권의 앨범인데, 제가 물려받은 것입니다. 이 앨범은 제가 수집한 아동도서의 맹아를 이루는 것으로, 그것은 제 정원에서는 아닐지언정 오늘날까지도 계속 자라나고 있습니다.

—경계지대에서 유래하는 서적 창조물 몇 권을 그 자체로 품고 있지 않다면, 그것은 생동하는 서재라고 할 수 없습니다. 〔그것이〕 반드시 봉함지로 싼 앨범이나 친족 사진첩, 전기(傳記)류의 서적, 판례나 종교 교화적 내용이 들어 있는 서류철과 같은 것일 필요는 없습니다. 어떤 사람은 팸플릿이나 신간서적 안내서에 연연하고, 또 어떤 사람은 좀체 구하기 힘든 손으로 쓴 복사본이나 타이프로 친 복사본에 연연하기도 합니다만, 정기간행물이 들어서야 비로소 서재의 프리즘 테두리가 만들어집니다. 그런데, 다시 앨범으로 돌아가자면, 유산이 본래 수집의 가장 적절한 방식이지요. 왜냐하면 수집가가 자신의 소유물에 취하는 태도는 소유주의 책임감에서 비롯되기 때문입니다. 이는 가장 교만한 의미에서 유산 상

속자의 태도입니다. 그래서 수집의 가장 고귀한 칭호는 늘 상속가 능성이 될 것입니다.

제가 이처럼 이야기할 때 수집에 담겨 있는 관념계의 이와 같은 전개 양상이 얼마나 시대상황에 맞지 않으며 수집가라는 유형에 대한 불신을 〔얼마나〕 더욱 강고하게 만드는지 저는 아주 잘 알고 있습니다. 이 점을 여러분들도 아셔야만 합니다. 저는 여러분들의 관(觀)도 불신도 뒤흔들어놓을 생각이 추호도 없습니다. 한 가지만 드리고 싶은 말은, 수집이라는 현상은 자기 주체를 잃으면 의미를 상실한다는 점입니다. 비록 공적 수집이 사적 수집보다 사회적 측면에서 덜 문제시되지 않고 학문적으로도 더 유용할 수는 있어도, 수집의 대상이 정당한 가치를 인정받게 되는 것은 사적 수집에서입니다. 물론 여기에서 제가 말하고 있고, 조금은 직무상 여러분들 앞에 대변하고 있는 유형을 위해 갑자기 밤이 오고 있음을 저는 알고 있습니다. 하지만 헤겔이 말한 것처럼 어둠이 깔려야 비로소 미네르바 부엉이의 비상이 시작됩니다. 대(代)가 끊겨야 비로소 수집가는 이해될 것입니다.

이제 반은 비워진 마지막 상자를 앞에 두고 시간은 자정을 훨씬 넘어서고 있네요. 저에게는 지금까지 이야기한 것 말고도 다른 생각들로 가득합니다. 그것은 상념이 아니라 이미지들, 기억들인데요. 제가 많은 것을 발견했던 도시들에 대한 기억들 말입니다. 리가, 나폴리, 뮌헨, 단치히, 모스크바, 피렌체, 바젤, 파리 등, 뮌헨의 화려한 로젠탈 공간들, 이미 죽은 한스 라우가 살던 단치히의 스톡투룸, 북베를린 쥐센구트의 곰팡내 나는 도서창고, 또 이 책들이 쌓여 있던 방들. 또 뮌헨 학생 시절의 〔제〕 하숙방, 베른의 제 방, 브리엔츠 호수가에 위치한 이젤트 숲에서 제가 느꼈던 고독, 그리고 저를 둘러싸고 쌓여 올라가기 시작한 수천 권의 책들 가운데 불과 너덧 권만 남아 있는 제 소년 시절의 방. 이 모든 것이 바로 수집가에겐 행복이며, 사인(私人)의 더할 나위 없는 기쁨이지요!

책벌레라는 가명을 쓰고 미심쩍은 삶을 살아가는 사람만큼 별 볼일 없는 사람도 없지만, 그 사람만큼 만족감을 느끼는 사람도 찾아보기 어려울 것입니다. 왜냐하면 이러한 사람의 마음속에는 정신이, 적어도 정신의 맹아가 자리 잡고 있어서, 수집가에게는 ─제가 이해하는 수집가란 올바른 곧 응당 그래야 할 수집가에게는─ 소유야말로 인간이 사물과 맺게 되는 가장 심오한 관계를 갖기 때문입니다. 사물이 수집가 속에서 살아 움직이는 것이 아니라 수집가 자체가 사물 속에 거주합니다. 그래서 저는 집 짓는 돌로서의 책으로 수집가가 거주하는 집들 중 하나를 여러분들 앞에 세워보았고요. 이제는 그가 마땅히 그래야 하는 것처럼 그 안으로 사라지려 합니다.

신문[*]

우리 저술문화는 오늘날 운이 좋았던 시대에는 서로 고무적
으로 작용했던 대립들이 풀 수 없는 이율배반이 되었다. 그리하여
학문과 일반 통속물, 비평과 생산, 교육과 정치가 아무런 연결 고
리 없이 혼란스럽게 와해되었다. 이러한 문필(文筆)상의 혼란을 보
여주는 무대가 바로 신문이다. 신문의 '소재' 내용은 독자의 조급
증을 강요하는 것과 다른 그 어떤 조직 형식을 용인하지 않는다.
왜냐하면 조급증이 신문을 읽는 사람의 심신 상태이기 때문이다.
그리고 그것은 정보를 기대하는 정치가나 힌트를 기대하는 투기꾼
의 조급증인 것만이 아니라, 그로부터 배제되었으나 배후에서 스
스로 직접 자기 자신의 이해관계를 표명할 권리가 있다고 믿는 사
람의 조급증이기도 하다. 조급증이야말로 새로운 의문, 견해, 이의

---

* 〔편역자 주〕 Die Zeitung(Walter Benjamin, *Gesammelte Schriften*, Bd. II, Frankfurt a.
  M., 1972-1992, p. 628 f.).
  이 글은 잡지 『공공 서비스(Der öffentliche Dienst)』 1934년 3월 27호에 발표된 글
  이다.

제기로 새로운 지면의 난을 계속 열어 보이기 때문에, 마치 게걸스럽게 먹어치우듯 날마다 새로운 음식을 요구하는 허기마냥 독자가 신문에 매달리는 것을 편집자가 이용한 지는 이미 오래다. 따라서 팩트의 무분별한 동화 작용은 이 작용과 똑같이 한순간에 〔독자가 신문의〕 공동 작업자로 등용됨을 보여주는 독자의 무분별한 동화작용과 제휴한다.

바로 여기에 변증법적 계기가 숨어 있다. 이러한 신문·출판업계에서 나타나는 저술문화의 몰락은 변화된 신문·출판업계의 자기복원 공식임이 드러난다. 말하자면 저술문화가 깊이에서 잃은 것을 폭의 확장으로 획득하기 때문에, 신문·출판업계가 관례적으로 견지한 (틀에 박힌 방식이지만 이미 느슨해진) 작가와 독자 사이 구별이 사회적으로 추구할 만한 가치로서는 사라지기 시작하는 것이다. 독자는 언제든 필자 곧 기술하는 사람 아니면 쓰는 법을 가르치는 사람이 될 준비가 되어 있다. 그는 전문가로서 ―전문 분야가 아니라 오히려 자신이 정한 지위로서― 작가로의 진입을 획득한다. 일 자체로 발언의 기회가 온다. 그리고 말로 표현되는 것은 그 실행을 요구하게 될 능력의 일부를 이룬다. 문필상의 권한은 더는 특화된 교육이 아니라 기술 전문 교육에 근거를 두게 될 것이며, 그래서 공유 재산이 될 것이다. 한마디로 말해, 평상시에는 풀리지 않는 이율배반이 지배하는 생활관계의 문자화가 바로 그러하고, 말의 거침없는 능욕을 보여주는 무대가 ―그러니까 신문이― 그러하며, 그 무대 위에서 말은 저 자신을 구제할 태세를 갖추고 있다.

제4장

책과 에로스

13번지[*]

13—이 숫자에 집착하는 것에 나는 잔혹함 같은 것을 느꼈다.

— 마르셀 프루스트

책은 아직 굳게 접힌 채 처녀성을 간직하고 있지만
옛 책들의 붉은 절단면을 피로 적실 희생양을 기다린다. —누군가
의 소유물이 되기 위해 무기 곧 페이퍼나이프가 그 책 안에 삽입되
기를.¹

— 스테판 말라르메

---

* 〔편역자 주〕Nr. 13(Walter Benjamin, Einbahnstraße, *Gesammelte Schriften*, Bd II, Frankfurt a. M., 1972-1992, p. 109 f.).

이 글은 발터 벤야민의 『일방통행로(Einbahnstraße)』(1928, Berlin, Ernst Rowohlt Verlag)에 실린 글이다.

1 Stéphane Mallarmé, *Œuvres complètes*, hg. von Henri Mondor und G. Jean-Aubry, Paris 1961, p. 381.

I. 책과 창녀(Dirne)[2]는 잠자리에 가지고 갈 수 있다.

II. 책과 창녀는 시간을 교차시킨다. 이들은 밤을 낮처럼, 낮을 밤처럼 지배한다.

III. 겉으로 봐서는 책과 창녀에게 1분 1초가 귀하다는 사실을 아무도 모른다. 하지만 좀 더 가까워지면 그들이 얼마나 서두르는지 사람들은 비로소 알아차리게 된다. 우리가 그들에게 몰두하는 동안 그들은 계산에 넣는 것이다.

IV. 책과 창녀는 서로가 예전부터 불행한 사랑을 나눠왔다.

V. 책과 창녀—이들에게는 제각각 이들 덕택에 살면서도 〔이들을〕 핍박하는 종류의 남성들이 있다. 책에는 비평가가 있다.

VI. 공공건물[3]에서의 책과 창녀—대학생용.

VII. 책과 창녀—이들을 소유한 자치고 그들의 종말을 본 자는 드물다. 그들은 몰락하기 전에 사라지곤 한다.

VIII. 책과 창녀는 어떻게 해서 지금의 자신이 되었는지를 얘기하길 좋아하고, 그것도 거짓으로 꾸며댄다. 실제로는 자기 자신들조차 잘 알아채지 못할 때가 많다. 그럴 때 사람들은 '사랑하는 마음'에 수년간 모든 것에 몰두하고, 어느 날엔 그들 자신이 '연구 때문에' 몰두했던 것에 대해 늘 눈앞에서 어른거리기만 했던 것을 팔려고 살찐 비대한 몸통[4]으로 서 있게 된다.

---

2   〔편역자 주〕 Dirne는 옛 고어에서 젊은 여성, 시골처녀를 뜻하지만, 근·현대에 이르러 쾌락에 봉사하는 여성 곧 창녀의 의미로 자리잡았다.

3   〔편역자 주〕 "öffentliche Häuser"는 통상 "공창(公娼)"을 의미하지만 "공공도서관"을 가리키기도 한다.

4   〔편역자 주〕 'Korpus'〔여기에서는 중성명사〕에는 "수집자료" "모음집"이라는 의미도 있다.

IX. 책과 창녀는 자신을 전시할 때 등을 내보이길 좋아한다.

X. 책과 창녀는 무척 젊게 만들어준다.

XI. 책과 창녀—'극성맞은 늙은 여신도(Betschwester)[5]와 젊은 매춘부(Hure).' 오늘날 청소년들이 배워야 할 수많은 책 중 얼마나 많은 것이 과거에는 비방을 받았던가!

XII. 책과 창녀는 사람들이 보는 앞에서 싸움질을 한다.

XIII. 책과 창녀—한쪽에서 각주[6]인 것이 다른 쪽에서는 양말 속에 끼워 넣은 지폐.

---

5 〔편역자 주〕 '극성맞은 여신도'라는 폄하의 뜻을 지닌 Betschwester는 동일한 음성으로 일어나는 의미들의 착종 을 경험하게 되는데, 요컨대 이 복합어를 분절의 형식으로 들여다보면, Bet-Schwester(자매, 누이, 간호사, 수녀)에서 Bet는 동사 beten(기도하다) 혹은 betten(잠자리를 펴다), Bett(침대)에서 유래했을 것이지만, 둘 다 모두 '베트'로 발음되어 의미의 중첩이 일어나고 의미의 반전을 일으킨다.

6 〔편역자 주〕 "각주(脚註)" 뜻의 "Fußnote"를 분절하면 "Fuß-Note" 곧 "발(Fuß')-은 행권, 지폐(Note)"를 의미하게 된다.

포르노그래피의 국가독점[*]

　아마도 스페인은 지구상에서 가장 아름다운 신문가판대를 가지고 있을 것이다. 바르셀로나 거리를 따라 어슬렁대는 사람은 이 미심쩍은, 알록달록한 구조물, 정보의 젊은 여신이 도발적 벨리댄스를 추는 무도가면들에 둘러싸이게 된다. 몇 주 전에는 관리국이 이 가면에서 번쩍거리는 머리띠를 빼냈다. 모스 부호는 고급 문학에서 애정 묘사에 널리 쓰였는데 . . . ---와 같은 이 부호 없이 노골적으로 사랑을 다룬 다섯 또는 여섯 묶음의 컬렉션은 판매가 금지되었다. 주지하다시피, 성생활과 관련된 작용을 전달하는 데 나타나는 이와 같은 모스 부호로부터의 해방에는 '포르노그래피(Pornographie)'라는 이름이 붙었다. 사정이야 어찌되었든 간에, 부드럽게 조색(調色)된 스페인의 작은 책자들은 『패션모자 여성판매자의 회고록(Memoiren einer Modistin)』『규빙과 마장

---

[*]　〔편역자 주〕 Staatsmonopol für Pornographie(Walter Benjamin, *Gesammelte Schriften*, Bd. IV/1, Frankfurt a. M., 1972-1992, pp. 456 ff).
　이 글은 잡지 『문학세계(Die Literarische Welt)』 1927년 3권 49호에 발표된 글이다.

(馬場, Boudoir und Reitbahn)』『그들의 연상 여자친구(Ihre ältere Freundin)』와 같은 우리의 책들과 차이가 없었다. 교훈적인 것이라면 뭔가 다른 데 있었는데, 저자 목록에서 명망 있는 작가들, 더군다나 고메스 데 라 세르나[1]와 같은 수준의 작가가 발견된다는 점이다. 불꽃 튀는 윤리적 격분 속에서 대상을 순수하게 소비할 법한 시사촌평으로는 이론의 여지 없는 소재이기엔 충분하다. 하지만 그처럼 치부하는 대신에 우리는 잠시 이 대상을 고찰해보려 한다.

포르노그래피 책은 여타 모든 책과 매한가지인데, 말하자면 문자와 언어에 바탕을 두고 있다는 점에서 그러하다. 언어가 어휘 면에서 애초부터 음란한 성질과 이를 뜻하는 부분들을 가지고 있지 않다면, 포르노그래피의 저술문화는 자신의 최상 수단을 박탈당하게 될 것이다. 과연 어디에서 이와 같은 말들이 나오는 것일까?

언어는 역사적 현존의 상이한 단계에서 지구가 거느린 인민들만큼이나 그토록 많은 실험실에서 진행되는 유일한 거대 실험이다. 여기에서 언제나 중요한 것은 해방적이고 암시적인 표현으로 빠르고 명료하게 이루어지는 전달의 통일성이다(어떤 인민에게 지속적으로 말할 가치가 있는 것은 그것이 표현의 어떤 기회, 전달의 어떤 방식을 예측하는지에 달려 있다). 이와 같이 엄청난 실험을 감행하기 위해 위대한 포에지는 말하자면 인민의 언어 재화지만 자료들이기도 한 모범 문례집을 작성한다. 실험의 배치는 지속적으로 바뀌고, 대

---

1   〔편역자 주〕 라몬 고메스 데 라 세르나(Ramón Gómez de la Serna, 1888~1963): 스페인의 시인·작가·드라마작가·아방가르드운동가. 프랑스 아방가르드 시학의 영향을 받아 이를 스페인에서 처음 시도한 작가로 평가받는다.

중 전체는 거듭 새롭게 올바른 상태로 유도된다.

이때 생겨나는 온갖 종류의 부산물은 불가피하다. 이 부산물에는 구사된 언어든 아니면 쓰인 언어든 간에 익숙한 언어 외에도 신조어·관용구에서 통용되는 것이 속하는데, 애칭과 회사명, 욕설과 선서문, 예배문과 음란패설 등이 그것이다. 이것들은 모두 표현에서 너무 과도해 표현이 없고, 신성하며, 제의적 언어의 효소이거나, 아니면 전달에서 지나치게 명료해 뻔뻔하고, 무례하다. 날마다 행해지는 수법의 쓰레기들, 이 동일 요소들은 물론 다른 수법, 무엇보다도 과학적 수법에서 결정적 가치를 획득하는데, 그것은 이처럼 불쾌감을 주는 언어의 단편 조각에서 언어 산맥의 근원화강암의 파편들을 인식해낸다. 이러한 극단들이 그 대립의 팽팽한 긴장 속에서 얼마나 서로 정확하게 조응하는지 사람들은 알고 있다. 그리고 이는 중세기 수도원 언어에서 나타나는 배설적 농담의 역할에 대한 흥미진진한 연구들 중의 하나가 될 것이다.

이제 사람들은 다음처럼 반박할 터인데, 말하자면 전달하는 에너지의 과잉을 음탕하게 과시하는 모든 말이 음란의 한계에 이를 정도가 되어서 이와 같은 말들의 생산이란 결국 언어의 본질에 근거를 둔 것이라 생각한다면, 그러한 말들은 더욱더 절대적으로 저술문화에서 격리되어야 한다고 말이다.

하지만 이와는 정반대로 사회는 언어생활에서 나타나는 이러한 자연적 과정—범속한 과정은 차치하더라도—을 자연력으로 이용해야 하며, 마치 나이아가라가폭포가 발전소를 돌리듯 외설과 천박으로 전락한 이 언어의 추락과 폐물을 창조적 제전(祭典)의 발전기로 돌리는 강력한 에너지의 원천으로 사용해야 한다. 작가는 본래 무엇으로 생계를 잇는가라는 물음은 예로부터 대답하기가 곤란했던 모욕적인 질문들만큼이나 똑같이 오래되었다. 이에 대한 근심을 당사자 자신에게 맡기든 국가의 보호에 맡기든 간에, 두 경우 다 〔작가는〕 굶어죽는 것으로 귀결된다.

그래서 우리는 요구한다고 한다, 포르노그래피의 국가독점을, 이 현저한 전력의 사회화를 말이다. 국가는 이 문학 장르를 유명 작가 엘리트의 배타적 특권으로 만드는 규정의 기준에 따라 이러한 독점을 관리한다는 것이다. 문인은 한직(閑職) 대신에 통계상 산출된 포르노그래피의 수요를, 어찌되었든 커다란 비율을 관할 부서에 납품할 허가를 얻는다. 이 상품의 가격을 극도로 낮게 유지하는 건 독자의 관심사도 국가의 관심사도 아니다. 작가는 고정된, 현찰로 입증되는 수요를 위해 제작하는데, 현금 지급은 진짜 창작이 마주하는 아주 예측할 수 없는 경기(景氣)로부터 작가를 안전하게 보호한다. 그의 사업은 가깝든 멀든 의식적이든 무의식적이든 간에 당에, 이해집단에 봉사하는 것보다 훨씬 더 깨끗할 것이다. 그는 전문가로서 아마추어를 능가할 것이며, 이 영역을 지배하는 참을 수 없는 얼치기 예술 애호에 맞설 것이다. 또한 그는 오래, 적게 일할수록 자신의 일을 경멸할 것이다. 그는 하수구 청소부가 아니라 안락한 신(新)바벨의 배관공인 것이다.

이전 세기의 하녀소설* **

하녀소설이라고? 고급 문학작품이 소비층에 따라 등급화된 것이 도대체 언제부터란 말인가? 아무렴 ―유감스럽게도 그런 일은 없을 것이고, 있다손 해도 매우 드문 일일 것이다. 또 이에 대해 닳아빠진 미학비평보다 얼마나 더 많은 고찰을 약속할 수 있을 것인가? 그런데 그와 같은 분류가 어렵다. 특히나 생산관계에 대해 이루어지는 통찰이 드물기에 그렇다. 이전에는 생산관계가 오늘날보다 더 명료하게 조망될 수 있었다. 그래서 한때 문학사(史)가 오직 정상의 조망에만 관심을 두는 대신 책이라는 산맥의 지질학적 구조를 탐구해야했을 때, 〔문학사는〕 통속문학에서 시작해야 했던 것이다.

---

* 〔편역자 주〕 Dienstmädchenromane des vorigen Jahrhunderts(Walter Benjamin, *Gesammelte Schriften*, Bd. IV/2, Frankfurt a. M., 1972-1992, pp. 620-622, 삽화).
이 글은 잡지 『삽화지(Das Illustrierte Blatt)』 1929년 4월 13호에 발표된 글이다.
** 〈그림 4-3-1〉~〈그림 4-3-4〉 참조.

〈그림 4-3-1〉 〈저리 가, 뻔뻔한 놈!〉. 이자가 요크성(城)을 정복하고 아름다운 레베카를 손아귀에 넣으려는 바로 그 악명 높은 '흑기사'다.

　　광고제도가 발달하기 이전에는 창작물이 하층민에게까지 판매되려면 책 거래는 보부상에 의지해야 했다. 사람들은 그 시절, 그 사회계층의 완벽한 서적여행자, 괴담과 기사이야기를 도시의 하인 방과 시골 농가 방에 가져다줄 줄 아는 사람을 떠올리고 싶어 한다. 이 사람은 자기가 판매하는 이야기와 스스로 조금은 어울려야만 한다. 당연히 주인공으로서가 아니라, 추방당한 젊은 왕자나 떠돌이 기사로서가 아니라(〈그림 4-3-1〉 참조), 이런 이야기에 수없이 등장하고 바로 옆의 그림(〈그림 4-3-2〉 참조)이 가리키는 것처럼

〈그림 4-3-2〉〈맹세하라〉. 이 그림이 수록된 책의 제목은 『황금열쇠 기사 페를슈타인 폰 아델마르 혹은 매혹적인 소녀의 보호자 12명의 잠자는 처녀. 중세기 기사 이야기와 유령 이야기』다.

성호(聖號) 앞에서 달아나버리는 음흉한 노인―경고자 또는 유혹자?―으로 말이다.

    사람들이 이 문학 전체를 절대 '예술'에 대한 미신이 존재했을 때만큼 그토록 오랫동안 경멸해왔다는 것은 놀라운 일이 아니다. 하지만 우리가 오늘날 원시인, 환자, 어린아이 작품들에 접근시키는 자료 기록 개념으로 이러한 저술들은 새롭고 본질적인 맥락으로 옮겨가고 있다. 사람들은 전형적인 소재들의 가치를 알아보았고, 한정 수효의 소재를 정말로 더 활기차고 줄곧 더 인기 있고 갱

신될 수 있도록 연구하는 데 관심을 가졌으며, 서로 다른 세대와 계급의 예술의지가 형식언어와 마찬가지로 소재의 변이 속에서 결정적으로 구체화됨을 보았다. 이와 같은 영원한 소재들의 아카이브는 프로이트가 우리에게 가르쳐주었던 것처럼 꿈이다.

독자들이 느끼는 소재의 굶주림에 단도직입적으로 방향을 튼 이러한 작품들이 그 자체로 진정 지극히도 흥미롭다면, 그것은 동일한 정신이 삽화를 통해 그래픽과 색감으로 표현되는 곳에서 더욱더 강화된다. 이와 같은 삽화의 원리는 이미 소재에 대한 독자의 친밀한 애착을 입증한다. 독자는 삽화들이 어디에 속하는지 세밀하게 알고자 한다. 다만 우리에게 이런 그림들이 더 많이 있다면 말이다. 하지만 그림들은 ―옆에서 볼 수 있는 그림들 대부분이 그렇듯이〈그림 4-3-3〉〈그림 4-3-4〉 참조)― 바로 대출도서관 도장으로 보호를 받지 못해, ―책에서 벽으로, 벽에서 쓰레기로― 이미 정해진 길을 걸었다.

많은 질문이 이 책들과 결부되어 있는데, 예컨대 저작권, 외부적 영향 등은 그렇다 치더라도, 왜 부르주아지의 절정기에 쓰인 이야기들에서 도덕적 권위가 늘 신사 혹은 숙녀와 같은 신분에 구속력을 띠는가다. 어쩌면 하인 계급들은 당시 부르주아지와 연대감을 느껴서 그 낭만주의적 이상을 암묵적으로 공유했기 때문인지도 모른다.

이러한 소설의 대다수는 피비린내 나는 매 주제에 대해 운문에 모토를 하나 담고 있다. 거기에서 우리는 괴테와 실러, 슐레겔과 이머만(Karl Leberecht Immermann), 그 외에도 발다우(Max

〈그림 4-3-3〉〈맹세컨대, 이 모든 것은 파멸하리라!〉. 묘사된 아름다움은 박제된 남성 머리의 수집가로, 이것은 그녀 집 측면 진열장 선반에 보관되어 있다.

〈그림 4-3-4〉 〈이 벼락 맞을 놈들〉.

출처: 『야만의 여군주 안토네타 체르나 혹은 모욕당한 여심의 복수행위. O. G. 데르비치의 최신 이야기』(피르나. 연도 표기 없음). 이 여인은 젊은 남자를 쏠 작은 엽총을 들고는 마치 가든파티에 등장한 것처럼 깔끔하게 옷을 차려입었다.

Waldau), 파루커(Parucker), 차부슈닉(Adolf von Tschabuschnigg) 과 같은 시성(詩聖), 아니면 아래 시행을 쓴 단순한 B에 맞닥뜨리게 된다.

그녀는 홀로 외롭게 헤매다 버려졌다.
광활한 도시를 지나는
매 순간이 두렵다.
그녀에게 적들이 있음이.

아직도 우리는 이러한 서툰 작품들에 서툴게 접근하고 있다. 우리에게는 결코 '도서관'의 일부가 된 적이 없던 책들을 진지하게 받아들이는 것이 기이해 보인다. 이제 책이란 원래 사용물이었다는 것, 그렇다, 생필품이었다는 것을 잊지 말기로 하자. 이러한 것을 여기에서는 게걸스럽게 먹어치운 것이다. 이 책들에서 우리는 소설의 식품화학을 연구하기로 하자!

제5장

전시공간, 광고

화보에 아무런 불만이 없다[*]

프리드리히 부르셸[1]은 『문학세계』 제7호(1925년)에서 장 파울[2]의 서거 100주년을 맞아 경의의 기념사를 헌정하고 있다. 그런데 그는 지나치듯 슬쩍 이 인물과 그 기념에 능욕으로 비춰질 만한 점을 밀고하고 있다. 그가 주시한 것은 『베를린의 화보신문(Berliner Illustrirte Zeitung)』이다. 문제가 된 호수에서 "표지의 확대 사진이 청년 곧 세 명의 작가 아이들을 좋게 보이게 하고 있는데", 그들 중 토마스 만(Thomas Mann)의 아들이 물론 "작가를 자처하는 연출을 하고 있다."

[*] 〔편역자 주〕 Nichts gegen die Illustrierte(Walter Benjamin, *Gesammelte Schriften*, Bd. IV/1, Frankfurt a. M., 1972-1992, pp. 448-449).
이 글은 『문학세계(Die Literarische Welt)』 1925년 11월 20일자에 실린 글이다. 게재된 촌평은 현재 원고로만 남아 있어, 여기에 옮긴 것은 바로 그 원고다.
[1] 〔편역자 주〕 프리드리히 부르셸(Friedrich Burschell, 1889~1970): 독일의 작가.
[2] 〔편역자 주〕 117쪽의 편역자 주 참고.

그 앞에 상당한 거리를 두고 그에 맞게 축소 재생된 화보에서는 장 파울이 가장 뒤쪽 구석진 곳에서 웅크리고 있으며, 여기에서만 그런 것이 아니라, 맨 마지막 페이지에서는 모호한 재판(裁判)의 소시민적 인물, 깃털 장식과 모피 제품으로 호화롭게 치장한 매춘부 두 명, 고양이 두 마리, 원숭이 한 마리와 대조를 이루고 있는데, 다만 이 작가가 지극정성으로 사랑했던 피조물들, 다람쥐, 개, 지저귀는 새, 나비와의 대조는, 그럴 수 있었음에도 불구하고, 전혀 이루어지지 않고 있다.

카메라 오브스쿠라(Kamera obscura)[3]에서는 과연 매춘부, 고양이, 원숭이가 바로 나비와 지저귀는 새보다 더 영혼이 깃들어 보이지는 않는 것인지, 이 같은 질문은 차치하더라도 이런 일은 누구도 떠올려본 적이 없는 모양이다. ―그럼에도 불구하고 도대체 이 모두는 뭐란 말인가? 또 민주주의적 저널리즘의 주어진 조건 아래 서유럽 대륙에서는 『베를린의 화보신문』보다 더 나은 것은 없다는 데에 누가 과연 확신을 갖지 않는단 말인가? 이 화보가 이토록 월등하게 '흥미로운' 것은 단지 은행원, 사무관, 기성복업자의 불량하게 분산된 주의력을 매주 오목거울 안에 끌어당기는 정밀함 때문인 것이다. 이 기록적 성격은 그 권력이자 동시에 그 정당성이다.

---

3 〔편역자 주〕 카메라 오브스쿠라(*camera obscura*): 사진술의 전신으로, 밀폐된 어두운 방의 한쪽 벽에 바늘구멍을 뚫어 이 구멍을 통과한 바깥 경치가 반대쪽 벽 위에 거꾸로 비치게 만든 것. 16세기 이전부터 이 원리가 알려져 이것을 소형화한 도구가 그림의 스케치에 쓰였다. '어두운 방'이라는 뜻으로, 카메라의 어원을 나타내는 말이다.

화보의 표지에 나온 커다란 장 파울-두상, 이보다 더 단조로운 것이 있을까? 하지만 그 두상이 바로 작게 보이는 동안, 그는 '흥미롭다.' 사물들을 그 현재성의 아우라 속에서 보여주는 일은 더 가치가 있고, 궁극에는 인민교육의 극히 소시민적인 이념으로 우위를 과시하는 일보다 간접적일지라도 훨씬 더 생산적이다. 이 사진 면들의 서늘한, 그늘을 드리우는 현재성이 가장 저급한 본능으로 분출되는 100퍼센트의 억측이 아니라 그 50퍼센트의 기술적 성실성이 세간에서 통상 행해지는 보다 더 값싼 것의 덕택이라면, 그것은 ―맹세하건대!― 공동 작업이 부여되지 않는 문인으로부터 가장 호의적인 중립의 입장에서 관찰될 권리를 취득했어야만 했다.

주유소[*]

삶의 구성은 지금, 확신보다는 훨씬 더 사실의 권능에 있다. 그러니까 지금까지 그 어디에서도, 단 한 번도, 확신의 토대가 된 적이 없었던 그런 사실 말이다. 이러한 상황에서는 참된 문학 활동이 문학적 틀 안에서만 이루어지길 요구할 순 없다. ―그러한 요구야말로 문학 활동의 불모성을 보여주는 흔한 표현이다. 문학이 제대로 효력을 발휘하려면 오로지 행위와 글쓰기가 엄격하게 교대될 수 있어야 한다. 그러려면 까다롭게 보편적 제스처만 취하고 마는 책보다, 활동 중인 공동체 안에서 영향력을 행사하기에 더 적합한 형식들 예컨대 전단, 팸플릿, 잡지 기사, 플래카드 등과 같이 얼핏 보기에 보잘것없는 형식들이 만들어져야 한다. 그와 같은 기민한 언어만이 순간순간 효력을 발휘하며 대처한다. 사람들의 의

---

[*] 〔편역자 주〕 Tankstelle(Walter Benjamin, Einbahnstraße, *Gesammelte Schriften*, Bd. IV, Frankfurt a. M., 1972-1992, p. 85).
이 단상은 일방통행로(Einbahnstraße)라는 제목으로 『문학세계(Die literarische Welt)』에 1927년 3권 46호에 실린 글이다.

견이란 사회적 삶이라는 거대 장치에 있어 기계에 작용하는 기름과도 같은 것이다. 우리는 터빈에 다가가 그 위에 윤활유를 쏟아 붓는 일은 하지 않는다. 숨겨진 대갈못이나 이음새에 기름을 약간 뿌리는 일은 할 터인데, 그러자면 반드시 그 자리는 알아야만 할 것이다.

공인회계사[*]

우리 시대는 르네상스시대에 전형적인, 특히 서적 인쇄물이 발명되었던 상황과 대조를 이루고 있다. 우연이든 아니든 간에, 독일에서 인쇄술이 출현한 것은 말 그대로 탁월한 책 즉 책 중의 책이라고 할 수 있는 『성경』이 루터(Martin Luther)의 번역으로 인민에게 널리 보급되던 시기와 맞아떨어진다. 그런데 모든 정황으로 미루어보아 이제는 이렇게 전승된 형태의 책은 종언을 고하고 있다. 전통주의적 저술임이 분명한 자신의 결정체적 구성물 한복판에서 도래할 것의 진상(眞相)을 보았던 말라르메(Stéphane Mallarmé)는 『주사위 던지기(Coup de dés)』¹에서 처음으로 광고의 그래픽적 긴장들을 문자이미지로 만들었다. 이후 다다이스트들이 문자로 시도한 실험들은 물론 구성적인 것이 아니라 문인들의 정확한 신경 반

---

* 〔편역자 주〕 Vereidigter Bücherrevisor(Walter Benjamin, Einbahnstraße, *Gesammelte Schriften*, Bd. IV, Frankfurt a. M., 1972~1992, pp. 102~104).
이 글은 발터 벤야민의 『일방통행로(Einbahnstraße)』(1928, Berlin, Ernst Rowohlt Verlag)에 실린 글이다.

1 〔편역자 주〕 말라르메는 이 책에서 문자이미지를 의미를 담은 담지자로 만들었다.

응에서 출발했으며, 그래서 그 실험들은 자기 문체의 내부에서 성장한 말라르메의 시도에 비해 훨씬 더 단명할 수밖에 없었다. 하지만 이로써 말라르메가 모나드처럼 밀폐된 자신의 작은 방에서 오늘날 경제, 기술, 공공생활에서 일어나고 있는 온갖 결정적 사건들과의 예정 조화 속에서 발견했던 것의 현재성을 알아볼 수 있었다. 인쇄된 책에서 자율적 삶을 영위할 수 있는 피난처를 발견했던 문자는 이제 광고에 의해 무자비하게 거리로 내쫓겨나 경제적 카오스의 잔혹한 타율성에 지배받고 있다. 이것이 바로 문자라는 새로운 형식의 엄격한 학습과정이다.

수 세기 전의 문자는 서서히 눕기 시작해 직립의 비문(碑文)에서 경사진 교탁 위에 비스듬히 누운 육필이 되었다가 결국에는 서적 인쇄에서 완전히 드러눕게 되었다면, 지금 문자는 이전과 마찬가지로 천천히 다시 자리에서 몸을 일으키기 시작하고 있다. 이미 신문은 수평보다는 수직으로 더 많이 읽히고 있으며, 영화와 광고는 문자를 완전히 명령적 수직 상태로 내몰고 있다. 그리고 동시대 사람들은 책이라도 한번 펼쳐볼 엄두를 내보기도 전에 변화무쌍하고 다채로우며 서로 다투듯이 조밀하게 흩날리는 활자의 눈보라가 그들의 눈앞을 가려, 책의 태곳적 정적으로 밀고 들어갈 기회는 거의 사라져버렸다. 메뚜기 떼 같은 문자는 오늘날 대도시 사람들이 이른바 정신이라 오인하는 태양을 어둡게 만들고 있는데, 그것은 해가 갈수록 더욱더 어두워질 것이다.

실무 활동에 따른 그 외 다른 요구들은 이와 같은 경향을 더욱 부채질한다. 색인카드함은 3차원적 문자의 정복을 가져왔고, 따라서 〔북유럽의 고대문자인〕 룬문자나 〔고대 잉카인의〕 결승(結繩)문자처럼 근원의 형태에서 문자가 안고 있는 3차원성과 놀라운 대조를 보여준다. (그리고 오늘날 이미 책은 최근의 학문적 생산방식이 가르쳐주고 있듯이 두 상이한 색인 분류 시스템의 낡은 매개 형태가 되었다. 본질적인 것은 모두 책을 쓴 연구자의 카드상자 안에 들어 있으며, 책을 연구하는 학자는 그것을 자기 자신의 색인카드함에 동화시키고 있기 때문이다.) 하지만 문자의 발전이 향후 학문과 경제에서 혼란스럽게 운영되는 권력 요구와 한도 끝도 없이 결합되는 일은 없을 것이며, 오히려 양이 질로 전환되고 점점 더 새롭고 기괴한 이미지성이라는 그래픽 영역으로 깊숙이 침투해 들어가는 문자가 일거에 자신의 적절한 사실 내용을 움켜쥐는 순간이 오리라는 것은 의심의 여지가 전혀 없다. 바로 이 이미지문자에, 원시시대와 마찬가지로 가장 먼저, 무엇보다도 먼저 문자에 정통한 사람이 되어 있을 시인들이 공동 작업으로 참여할 수 있을 것이다. 다만 이들이 (그리 대단하게 호들갑 떨지 않으면서) 문자의 구성이 이루어지는 영역들 곧 통계적, 기술적 다이어그램의 영역들을 스스로 개척한다면 말이다. 시인들은 국제적 이동문자를 창시함으로써 민족들의 삶에서 차지하는 자신의 권위를 새롭게 하고 수사학의 혁신에 대한 열망들이 모두 케케묵은 몽상으로 입증될 역할을 발견하게 될 것이다.

이 평면을 임대함[*]

비평의 몰락을 한탄하는 바보들. 그들의 시간은 이미 오래전에 끝나버렸는데도 말이다. 비평이란 적당한 거리두기다. 비평은 전망과 조망이 중요하고 입장을 취하는 것이 아직 가능했던 세계에서 터전을 삼는다. 그런데 사물들은 너무나도 긴박하게 인간사회에 밀착되었다. '편견 없는 공정함' '자유로운 시선'은 (그것이) 그저 단순한 무능을 뜻하는 아주 순진하기 짝이 없는 표현이 아니라면 거짓말이 되어버렸다. 오늘날 사물의 마음을 들여다보는 가장 본질적이고 상업적인 시선은 광고다. 광고는 자유롭게 관찰할 여지를 없애버리며, 영화 스크린에서 자동차가 거대하게 부풀어 오르면서 우리를 향해 질주해오는 것처럼 그렇게 위험할 정도로 사물을 우리 면전 가까이로 들이민다. 그리고 영화가 가구나 건물 전경

---

*   (편역자 주) Diese Flächen sind zu vermieten(Walter Benjamin, Einbahnstraße, *Gesammelte Schriften*, Bd. IV, Frankfurt a. M., 1972~1992, p. 131).
    이 글은 발터 벤야민의 『일방통행로(Einbahnstraße)』(1928, Berlin, Ernst Rowohlt Verlag)에 실린 글이다.

을 비평적 관찰이 가능하도록 완전한 모습을 보여주지 않고, 오로지 집요하게, 비약적인 근접만 선정적으로 보여주는 것처럼, 진짜 광고는 사물을 가까이 끌어당기고, 광고의 속도는 좋은 영화에 조응하고 있다. 이로써 '즉물성(객관성, Sachlichkeit)'과 마침내 작별을 고하게 되었고, '클로로돈트'[1]와 '슬레이프니르'[2]가 거인이 쓰기에 알맞은 모양으로 그려진 건물 벽의 거대한 그림들 앞에서 다시 기력을 회복한 감상주의가 마치 이미 어떤 것에도 감동을 받지 않고 어떤 것에도 감흥을 느끼지 않게 된 사람들이 영화관에서 다시 눈물을 흘리는 법을 배우는 것처럼 미국식으로 자유로워진다.

하지만 거리의 사람에게 사물들을 그토록 가깝게 밀착시키고 사물들과 적절하게 접촉할 수 있도록 해주는 것은 다름 아닌 돈이다. 또한 미술상으로부터 돈을 받고 화랑에서 그림에 대한 평을 조작하는 평론가는 쇼윈도를 통해 그림을 바라보는 예술 애호가들보다 그 그림들 중 어느 것이 더 뛰어난지는 모른다 하더라도 어느 것이 더 중요한지는 더 잘 안다. 주제의 온기는 거리의 사람에게 전달되어 다감한 느낌으로 그를 감싼다. —과연 광고를 비평보다 이토록 우월하게 만드는 것은 무엇일까? 빨간 전광판 글자가 말해주는 내용이 아니다. — 아스팔트 위에서 그것을 비추며 불꽃처럼 타오르는 물웅덩이가 그것이다.

1   (편역자 주) 클로로돈트(Chlorodont): 독일의 크림치약 상표.
2   (편역자 주) 슬레이프니르(Sleipnir): 북유럽 신화의 주신 오딘이 타는 8개의 다리를 가진 회색 말. 여기서는 무슨 상표를 말하는지 알 수 없다.

먹거리의 연시(年市)*
: 베를린 식품박람회 에필로그

    나폴리 사람들은 피에디그로타(Piedigrotta) 음악제가 열리면, 9월 8일 다음의 어느 한 날에 전령관 하나가 도시를 돌면서 주민들이 올해 축제의 밤에 돼지고기, 송아지고기, 염소고기, 닭고기, 계란, 와인을 소비한 양이 얼마나 되는지 큰 도로에서 모두 공표한다. 인민들은 이전의 기록이 깨졌는지의 여부를 알게 되는 순간을 잔뜩 긴장하며 기다린다. 이 전시회는 아주 크게 소리치는 전령관의 입, 기백 넘치고 뻔뻔하며 메아리로 울려 퍼지는 주둥아리와도 같았다. 우리는 수수께끼 같은 만족감으로 인류가 지금까지 탐식이라는 것을 통해 무엇을 누려왔는지 알게 되었다. 그러니까 피에디그로타 전령관처럼 이 거대한 입도 또한 베를린의 음향가면을 쓰고 인민 대중의 편에 섰던 것이다. 그 어디에서도 진기한 개인 식탁의 호사를 화제로 삼지 않으면서도, 아주 호화스럽고 익살맞

---

*   〔편역자 주〕Jahrmarkt des Essens. Epilog zur Berliner Ernährungsausstellung(Walter Benjamin, *Gesammelte Schriften*, Bd. IV/1, Frankfurt a. M., 1972~1992, pp. 527 ff). 이 글은 『프랑크푸르트신문(Frankfurter Zeitung)』 1928년 9월 73호에 실렸다.

으며 울림을 주는 이러한 공표가 모든 나라와 시대 또 민중의 집
밥이 갖는 명예로 표명되는 것은 높이 살 만한 일이다.

몇 년 전까지만 해도 대중화는 과학의 미심쩍은 변경지대, 재
미없는 선교사의 활동영역이었다. 요즘 들어 대중화는 대형 전시회
에 힘입어, 말하자면 그것은 산업에 힘입어 해방되었다. 실제로 예
시(例示) 기술로 유입되는 탁월한 개선은 광고에서 나타나는 개선
의 이면에 불과하다.

이와 같이 전시는 예시방법의 지반 위에 세워진 전초 기지다.
그리고 산업이라는 골렘(Golem)이 그 기지를 점령했을 때 바로 그
현장에는 온갖 추한 것들이 버려져 있었다는 것은 그리 놀랄 만
한 일이 아니다. 무엇보다도 맥아 맥주 빈 병들이 이 경우에 해당
한다. 골렘은 그 빈 병들로 홀 벽면에 세운 격자 울타리를 타고 높
이 기어오르는, 의문스럽기 짝이 없는 거대한 나무를 만들었다. 또
다른 곳에는 쌀로 만든 불교 사원이 최상의 식민지 상품 스타일로
완성되어 그 영향력을 입증해 보이고 있다. 그 외에도 우리는 끊임
없이 위대함의 유적들과 맞닥뜨리게 된다. 통계학의 제단 위에 놓
인 어른 키만 한 성찬용 빵이나, 엄청나게 크게 벌어진 목구멍, 하
품하는 입 모양의 모형은 사실 팡타그뤼엘[1]의 전시용 요리인데,
'비늘과 지느러미를 곁들인 고래고기 파스타'와 '높은탑 저쪽'은 중

---

1 〔편역자 주〕 팡타그뤼엘(Pantagruel): 프랑스의 화가·판화가 프랑수아 라블레의 『가
   르강튀아와 팡타그뤼엘(Gargantua et Pantagruel)』(전 5권, 1532~1564)에 나오는 전
   설적인 거인.

세기 조리법을 따른 아싱거[2]를 부활시켰다.

　이러한 것들이 과학에 어떤 의미가 있을지 나로서는 알 수 없지만 [그것들이] 아이들에게 무엇을 말해주는지는 잘 알고 있다. 이 홀에는 우리가 아이들과 함께 다가설 수 있을 만한 진열대가 거의 없다. 여기에는 거인과 동군연합(同君聯合, Personalunion)으로 아이들에 의해 통치되는 난쟁이, 이 둘의 이중 군주정이 자신들의 군주를 섬기고 있다. 엄청난 혼인 지참금에 비해 놀이 모형은 더 노골적이고 또 유화적이다: 소량의 파스타요리와 고기요리가 있고, 아주 작은 연구실에는 상크토리우스(Santorio Sanctorius), 라부아지에(Antoine Laurent Lavoisier), 리비히(Justus von Liebig), 페텐코퍼(Max Joseph von Pettenkofer) 등과 같은 위대한 생리학자의 모형 인형이 직무를 수행하고 있으며, 북유럽 해안은 대구 잡는 어부로 알기 쉽게 잘 꾸며져 있고, 지칠 줄 모르는 일꾼 인형은 술독에 빠져 놀고 있는 기계 광산에서 빠져나와 교훈적인 피안의 상태로 옮겨간 모양새다.

　대중은 '가르침을 받길' 원치 않는다. 그들은 체험된 것을 내면에 강하게 못 박아 놓는 조그마한 충격으로 지식을 자기 안에 받아들일 수 있을 뿐이다. 대중의 형성은 대목장의 광장과 연시(年市)에 설치된 어두침침한 천막이나 서커스 원형 경기장에 불어닥

<hr>

2　〔편역자 주〕아싱거(Aschinger): 1892년 베를린에서 창설되어 전 유럽으로 확산된 요식업체. 무엇보다도 서서 마시도록 설계된 거대한 맥주홀이 유명하다.

친 재앙의 결과다. 어두운 천막에서는 해부학이 그들 사지를 쓸고 지나가거나, 서커스 경기장에서는 사자 아가리에 주먹을 찔러 넣은 조련사의 이미지가 그곳에서 구경 삼아 처음 본 사자와 중첩되면서 지울 수 없는 인상을 남긴다. 그것은 사물로부터 작지만 독특한 공포만큼의 트라우마적 에너지를 불러일으킬 천재를 필요로 한다. 우리 전시회 단장들은 떠도는 인민, 곧 이러한 수천의 기교로도 도달하지 못한 장인(匠人)에게 끊임없이 배우지 않으면 안 된다.

이곳에서 전시회 단장들이 이를 해냈었다. 여기에서는 채소의 신탁이 있었고, 채식의 델포이는 다채로운 현수막을 통해 다가올 메뉴의 예언을 볼 수 있도록 정해진 달에만 지렛대를 세웠다. 이곳에서 사람들은 우주에서 '대서양의 훈제 뱀장어로' 안내하는 과정 외에는 더 이상 아무런 빛도 비추지 않는 숨 막히는 암흑 속으로 잠겨 들어갈 수 있었다. 그 옆에는 저승에 이르는 아가리가 벌려져 있었고, 그 레테강은 갈색의 대하(大河)로서 '원시림에서 커피테이블에까지' 흘렀다. 목제 지도가 눈에 확 뜨이고, 그 위에서는 불빛이 타오르다 꺼지곤 하는 작은 램프가 계절의 변화를 알려주는 논밭 경작과 인간의 신체에서 일어나는 신진대사를 표기하고 있었다. 그 붉은 빛은 사랑 온도계의 불빛이었는데, 온도계에서 에탄올 수은주가 위아래로 오르내리고, 연달아 이어지는 그 움직임은 오락사격장에서 사냥꾼, 악마, 계모가 치명적 발포의 순간에 되살아나는 박자와 동일했다.

식도락적 피안의 현상들: 고인(故人)이 누리는 식사의 즐거움. 이집트인, 그리스인, 로마인, 프랑크〔왕국〕 시대의 독일인, 르네상스

시대의 이탈리아인은 밝게 비춘 벽감(壁龕)에서 식사를 하고, 자정경 만찬을 위해 모였을 때에는 유령처럼 아무것도 먹지 않는다. 또 젖먹이 보육의 기독교적 피안: 전경(前景)에 훌륭한 수녀들이 있다. 이들은 젖병의 온도를 살펴 〔젖병의 젖을〕 손등 위에 한 방울 떨어뜨려 맛을 보고는 아이를 올바른 자세로 떠받치고서 젖병을 깨끗하게 닦아내고 있다. 그녀들의 무수히 많은 덕목은 오로지 교훈시에만 명명되도록 했다. 배경에는 침침한 적황색으로 꾸며진 수녀와 그녀를 기다리는 가난한 아이들이 배치되어 있다. 불량한 보모들이다. 이들은 젖병을 자신의 입에 갖다 대고, 젖을 빨고 있는 아이를 아래로 받치고 있으며, 그 와중에 다른 천벌 받을 계집애와 수다를 떠는 등 사탄의 마음이 기쁨에 들떠 웃고 있는 이미지를 제공하고 있다.

주춧대에는 장대한 알프스 풍경이 펼쳐져 있다. 하지만 유아 사망률의 여름 절정기가 사라짐이라는 사인이 쓰여 있다. 전쟁이 발발하기 전 암울했던 어떤 해에 사망 건수가 7월을 정점으로 아주 가파르게 상승한 것을 배경으로 한다. 이와는 정반대로 늘 새로운 산맥은 점차 낮아지는 산봉우리로 뚜렷한 지층을 이루고, 그 구릉대는 정관(靜觀)의 상태에서 반응하는 금치 못할 경악의 정도에 따라 사라진다. 경악에 노출된 사람이 서서히 의식을 되찾았을 때 산맥을 기어오르는 귀여운 인형 외에 그 어디에서도 통계학의 이 마터호른 산봉우리를 정복했던 의료 등산객을 만나지 못한다는 사실이 그로서는 여전히 놀라울 뿐이다. 그리고 바로 그 옆에 새롭고도 전례를 찾기 어려운 지형학적 구조물인 운송지대가 보인다. 우유는 생산자로부터 소비자에게로 수송 중이다. 성물(聖物) 안치소 상부 절반에는 끝없는 정거장이 무한한 중간 체류지가 있다. 그래서 운송을 위해 우유는 살균되어야만 했던 것이다. 〔우유 속의〕 값진 비타민은 파괴된다. 밋밋한 평지에 묵직한 적운과 무지개가 드리워져 있다. 그러나 유리 진열장 아래 절반은 빠르게 달리는 자동차가 중간 체류지 없이 구름 한 점 없는 하늘이 펼쳐진 풍요로운 평야를 횡단하고 있다. 달갑잖게 차선의 혼란만 가중시켜온 낡은 통계학의 무미건조한 약도는 이 얼마나 우리와 동떨어져 있는가?! 숲과 나무, 평야와 집, 궁정, 인간, 동물로 충만한 지상 전체는 이토록 신비롭게 새로우면서도 소모되지 않은 기호언어의 언어 재화로 변형될 만큼 충분히 훌륭하다. 우리 자신은, 우리를 적응시키고 우리에게 호의적인 모든 것은, 언제든지 기호언어 속에서 자신을 재발견할 수 있고, 또 우리의 숨겨진 측면 곧 우리가 전혀 알지 못하는 4차원 내지 5차원에 의해 척도의 존재로서 명예를 얻을 수 있다. 이렇게 브란덴부르크 문은 이곳에서 양배추 속, 사과, 빵, 감자, 그 외 다른 소비재들의 영웅적 경쟁이 벌어지도록 하기 위해 항상 다시 원형 경기장에 오를 수밖에 없다.

이 모든 것이 연시다. 온 구석과 수천 가지 구조물 밑에서 먹거리가 공중제비를 펼치고 재주를 보여줄 수 있는 것이 바로 진정 연시인 것이다. 이곳에서 우리는 젖꼭지 진열장에서 중세기 우유병으로, 중세기 우유병에서 최초로 그것을 모사한 의학의 효시로, 밑도 끝도 없이 이어지는 볼거리로 길을 잃는다. 간단히 말해, 매

순간 이토록 무수하게 '예기치 못한 일이 벌어진다.' 또한 무료 영화관, 무료 안내 관람, 무료 목로주점이 있는 이 대목장의 광장은 유원지를 포기해도 괜찮다. 왜냐하면 유원지는 그것들 중의 하나지만 그럼에도 빈틈없고 운 좋은 조직의 이면에 불과하기 때문이며, 그러한 조직은 이성적이고 깔끔하며 즐거움을 주는 먹거리의 선전이라는 목표가 확실한 까닭에 언제든지 포기할 수 있기 때문이다.

전람(展覽, Schau)의 정치적 태풍지대: 전시식량 창고. 나는 이곳에 단지 아테네 원형극장으로만 보이는 재인(再認)의 충격적이고 고전적인 무대가 펼쳐져 있다고 생각한다. "아, 이것이야말로 우리가 먹었던 바로 그 훌륭한 소시지(Wurst)군요." 그리고, "저는 오스카 아저씨가 '라우지츠 킨델(Lausitzer Kindel)'³ 맥주병을 따던 밤을 아직도 기억하고 있습니다. 또 우리는 모두 …." 또 다른 사람이 '생선피소시지(Fischblutwurst)'⁴를 바라보며 하는 말 "그래, 이

---

3   〔편역자 주〕Lausizer Kindel은 독일 맥주 상표 이름인 Lausitzner Kindl를 가리키는 것으로 보인다. 다만 Kindl이 아니라 Kindel로 표기된 것은 벤야민의 단순 착오라기보다는 동음(同音)에 따른 알레고리적 읽기 및 쓰기의 전략으로 봐야 할 것이다. 동음에서 촉발된 다의성의 유희를 전제로 여기서 지적하자면, Kindel은 갓난아이, 아기 그리스도라는 뜻이다.

4   〔편역자 주〕Blutwurst는 돼지나 소의 피를 넣어 만든 소시지다. 물론 생선으로 만든 소시지(Fischwurst)도 있다. 그런데 생선과 피를 섞어 만든 소시지라는 용어는 불쾌감을 불러일으킨다. 지금도 독일에서는 구내식당이나 레스토랑에서 금요일이면 육류 없이 생선 요리만을 제공하는 이른바 '생선 금요일'이라는 오랜 전통이 있다. 이 전통은 종교적 뿌리를 갖는데, 생선은 고대 그리스로 소급되는 초기 그리스도교인의 상징이다. 시간이 흐름에 따라 이 상징에는 새로운 의미가 부여된다. 기독

건 내가 만들지 않았어." 하지만 그것도 또한 '독일제국 커피 대용품 회사인 '글로리아(Gloria)'에서 판매되거나, 아니면 '저녁 식사 후에' 와도 좋은 손님들에게는 경우에 따라 '럼주 대용물의 폭탄(Bomben und Granaten Rum-Ersatz)'을 곁들인 작은 '코코아차(Kakaotee)' 한 잔이 베풀어진 반면, 아이들에게는 작은 '알코로스(Alkolos)' 한 잔이, 조만간에는 '크릭스비터(Kriegsbitter)'가 허용되었다. 또 바깥양반이 스카트 놀이 중에 자기 동료를 봤을 때에는 그들에게 거품이 이는 '캄프페를레(Kampfperle)'의 술잔을 힘차게 들고서 독일의 최소 요구치에 대한 주장을 피력할 수 있었다. ―사람들은 이 거대하고 귀중한 수집품을 드레스덴 위생박물관으로부터 받아 그에 걸맞게 전시했다. 그것은 독일주부연합회를 순회할 정도로 가치 있는 것이다. 적십자(das Rote Kreuz)나 조국여성연합(Vaterländischer Frauenverein)에 이 수집품을 여행 중에 보낸다면 훌륭한 발송이 될 것이다. 다만 이 생지옥 음료와 쓰레기 만두를 인민에게 공급하는 데 있어 모든 의사 권한의 감정서를 보완해 만전을 기해야 할 것이다. 그 외에도 수집품은 중대한 것을 제공한다. 잘 보존된 병과 봉투의 상표는 잊지 않도록 하자. 거기에는 '마시기만 하세요(Trinknur)'[5]라는 새디즘적 분유, '프루토겐

교 전통에서 매주 금요일은 예수의 죽음을 추모하는 성(聖)금요일이며, 사순절(四旬節)은 고기를 먹지 말아야 하는 금식일로 규정된다. 이때 온혈(溫血)동물의 고기는 그야말로 성스러운 의미에서 인간으로 여겨졌다. 이처럼 생선 금요일의 오랜 전통을 떠올리게 되면, 피와 생선이 뒤섞인 생선소시지란 단순한 불쾌감을 뛰어넘어 신성질서의 금기를 깨고 있다고 할 것이다.

5   〔편역자 주〕Trink-Nur, 자 어서 마셔요.

〈그림 5-5-1〉 호가스의 그림

(Fruchtogen)' 잼, 또는 종말론적 전쟁 케이크인 '아스트로(Astro)'
가 있는데, —당시에는 고향을 상실한 진리가 최후의 언어망명으
로서 이 등록된 제조공장 상표로 도주했던 것이다. 언제 이 모든
것은 현재성을 되찾을까? 그리고 만약 우리 세대 중 아무도 살아
남지 못한다면, 어느 세대가 최초로 '절대 독가스에 오염될 리 없
는' 곡물 식량의 잔해와 마주하게 될 것인가?

　　우리는 「만물의 종말」이라는 호가스[6]의 그림(〈그림 5-5-1〉 참

6　〔편역자 주〕 윌리엄 호가스(William Hogarth, 1697~1764): 영국의 화가·판화가. 유
　　명한 동판화가이자 영국 근대 회화 창시자의 한 사람으로, 상류사회의 몰락을 풍자
　　한 풍속화가로 널리 알려졌으며, 초상화에도 뛰어났다.

조)을 따라한 리펜하우젠[7]의 그 유명한 동판화를 알고 있다. 그것은 알레고리 회화 정신에 맞설 것으로 예정되었지만, 그 정신을 웅대하게 표현하고 있을 뿐, 의미심장한 작품이다. 엠블렘의 폐허 장소에 [농경의 신] 사투르누스가 쉬고 있고, 손에는 다음처럼 남긴 유언장이 쥐어져 있다.

나는 나의 유일한 유언집행자로 지명한 카오스에 이 모든 것, 이곳 (즉 세계)의 모든 원자를 유산으로 남긴다. 증인: 운명의 세 여신인 클로토, 라케시스, 아트로포스.

우리는 세계의 종말을 보다 덜 극적으로, 덜 입체적으로, 덜 평온하고 덜 고루하게 생각해볼 수 있다. 그리고 이와 같은 의미에서 식량 전시의 종말은 세상이 널빤지로 못질 되어 사방이 가로막힌 장소에서는 나쁘지 않은 모델일 것이다. 전시의 가장 외곽에, 모든 홀에서 멀리 떨어져 정원의 오솔길이 나 있는 출구에 음식점 하나가 우뚝 솟아 보인다. 전경의 오른쪽에는 엄청나게 쭉 늘어선 3000리터짜리 양철 우유단지가 보인다. 왼쪽과 후면에는 우리가 그렇게 많은 양의 우유를 얻기 위해 소에게 얼마나 먹여야 하는지를 볼 수 있도록 해놓았다. 거기에는 12자루에 농축사료 6과 2분의 1 Dz(Doppelzentner, [200파운드=약 100킬로그램]), 밀짚 9Dz, 마차

---

7   에른스트 루트비히 리펜하우젠(Ernst Ludwig Riepenhausen, 1762~1840): 독일의 화가.

〈그림 5-5-2〉 리비히의 그림

2대분의 건초 27Dz, 무거운 차량 5대분의 무 110Dz가 놓여 있다. 모든 것이 종말에 이른 바로 이곳에서, 아이에게 리비히 그림[8]〔〈그림 5-5-2〉〈그림 5-5-3〉〈그림 5-5-4〉 참조〕을 슬쩍 찔러 넣어주었던 것처럼, 적어도 물건을 살 때 추가로 세상의 수수께끼 해답을 함께 받고, 몇몇 수치 따위로 평온한 삶이 조용히 뒤흔들리며, 먹을거리와 우유 사이에 놓인 미지의 것으로, 자꾸 다시 먹게 되는 풀리지 않은 비밀로 안내하길 여전히 기대했다는 생각에 어느 누가 위안을 받지 않겠는가?

어렸을 때 우리는 모두 아슬아슬한 마음으로 거듭 반복해 『로

---

8   〔편역자 주〕리비히 그림: 리비히 고기 진액 상품에 동봉해 제공된 수집용 그림. 고기 진액은 독일의 화학자 유스투스 폰 리비히의 이름을 딴 것으로 1875년 파리에서 처음으로 만들어졌다.

〈그림 5-5-3〉 리비히의 그림

〈그림 5-5-4〉 리비히의 그림

빈슨』[9] 책장을 넘겨보았고, 두근대는 심장으로 로빈슨이 식인종의 흔적에 놀라 움츠리는 그림을 볼 때 우리에게 엄습했던 공포의 기쁨을 탐했었다. 그것은 로빈슨의 삶에서 유래한 에피소드일 뿐만 아니라, 뼈투성이의 모래사장 조각으로 우리 앞에 떠오른 먹거리의 식량의 세계 끝지점(das ultima Thule)이었다. 왜 우리는 가장 멀리 있는 것을 끌어오기도 한 이러한 광경을 두고 먹거리를 그리워하는 것일까? 그리고 왜 전람은 불과 몇 시간 만에 진정한 미식가로 도야된 사람들에게서 최상의 예술적 만족을 빼앗아버리는 것일까? 그것은 권투 경기장의 막이 내리고 식탐의 뱀이 비밀스레 자신의 꼬리를 무는 것을 보자는 심산일까?

---

9   〔편역자 주〕『로빈슨』: 영국의 소설가 대니얼 디포(Daniel Defoe, 1660~1731)의 소설 『로빈슨 크루소(Robinson Crusoe)』(1719).

화환으로 장식된 입구[*]
: 크로이츠베르크 보건소에서 열린
'건강한 신경' 전시회에 대하여

이 전시회는 운이 좋다. 그것은 기이한 한 남자의 기념과 관련
이 있다. 이 전시회의 기획과 개최에 상당 정도 기여했던 크로이츠
베르크 지역의 도시 실업 고등학교 의사인 에른스트 요엘[1]은 다른
사람에게 미치는 비범한 영향력, 지고(至高)의 매력과 결부된 지도

---

* 〔편역자 주〕Bekränzter Eingang. Zur Ausstellung 'Gesunde Nerven' im
  Gesundheitshaus Kreuzberg(Walter Benjamin, *Gesammelte Schriften*, Bd. IV/1,
  Frankfurt a. M., 1972~1992, pp. 557~561).
  이 글은 잡지 『문학세계(Die literarische Welt)』 1930년 6권 2호에 발표된 글이다.
1 〔편역자 주〕에른스트 요엘(Ernst Joël, 1893~1929): 독일의 의사. 벤야민이 학창 시절
  비네켄 서클에서 급진적인 대학 개혁을 목표로 청년운동을 함께한 친구다. 전쟁이
  발발하자 청년들에게 전쟁 참여를 독려한 비네켄의 공식 입장에 격렬하게 저항한
  몇 안 되는 학생들 중의 한 사람이었다. 당시 의대생이었던 요엘은 베를린대학에서
  제적의 위기에 처한다. 평화주의 입장을 대변한 월간잡지 『출발(Aufbruch)』의 편집
  자로 활동하면서 마르틴 부버(Martin Buber), 구스타브 란다우어(Gustav Landauer),
  쿠르트 힐러(Kurt Hiller) 등과 교류했다. 저서로 프리츠 프렝켈(Fritz Fränkel)과 함
  께 마약의 역사와 정신병리학을 다룬 『코카인(Der Cocainismus)』(1924)이 있다. 벤
  야민이 간헐적으로 시도한 해시시 실험(1929~1934)에 의사 자격으로 참여한 사람
  들이 바로 요엘과 프렝켈이다. 요엘은 의사가 된 이후에 빈민 구제 운동에 헌신했
  다. 특히 감옥소의 생활 개선과 자살 기도자들을 돌보는 데 전력했다고 한다.

자의 에너지를, 독일에서는 너무나도 객쩍고 아집에 사로잡힌 분파주의적 괴벽의 허비로 줄곧 간주하지만, 철저하게 합리적이고 깊은 숙고로 수미일관하게 인민 계몽이라는 사안에 남김없이 쓰던 보기 드문 사람 중의 하나였다. 이 남자가 짧은 인생의 무게로 감당한 모든 영향권에 흔적뿐 아니라 오히려 기억을 유산으로 남겼다면, 그 까닭은 그가 이토록 유익하게 독일 상황에서 벗어났기 때문이다. 바로 가장 강력하고 가장 암시적인 기질들이 자신의 힘을 발휘하도록 자유롭고 이성적인 장소를 찾지 못한 것, 이 기질들이 자유 신앙의 정착지와 인민돌격대, 아니면 마즈다즈난 동맹[2]이나 무용단에 틀어박혀 광신으로 안락함을 만들고 최선을 포기한 것, 이 모든 것은 전후 독일의 만성적 파국인 것이다. 요엘은 확신, 끝없는 활동, 영향력 등과 같이 광신자의 소질 모두를 지니고 있었다. 그에게 결여된 것이라곤 오직 하나, 곧 오만이었다. 그래서 이 주권적 힘들은 볼품은 없다 해도 생산적 분야로서 대부분 보스의 확실한 권역으로 남는 의학적 인민계몽에 전적으로 복무할 수 있었던 것이다.

이와 같은 행운 속에서 나타난 결과를 이 전시회는 보여주고 있다. 거기에서는 유명한 소(小)작업이나 일의 조직적 측면이 성취되었을 뿐만 아니라 오히려 집무시간이 아닌, 오로지 몇 달간의 가장 열정적인 활동이 전시회를 창출한다는 생각과 원칙적 명료함

---

2 〔편역자 주〕마즈다즈난(Mazdaznan): 조로아스터교의 창시자 자라투스트라의 가르침에 의거한 종교적 구제 운동. 바이마르 공화국 시기에 생활개혁이라는 구호 아래 요가, 춤, 호흡, 채식, 명상과 같은 심신 단련을 추구하는 신체문화가 대유행했다.

이 도처에서 감지되었다. 요엘도 공동 작업자도 러시아에 가본 적이 없었다. 그런데도 한층 흥미로운 것은 전시장에 들어선 사람이라면 누구나 이 공간에 처음 시선을 던질라치면, 모스크바의 '농가'나 크렘린의 '붉은 군대 클럽'에 온 듯한 생각을 떠올릴 수 있다는 사실이다. 말하자면 마치 바로 오늘, 당신이 방문하는 날 이곳에서, 무언가 아주 각별한 일이 일어나는 것처럼 유쾌하고 활기차며 즐겁다. 모형과 투시화가 배치되어 있고, 마치 생일을 맞은 아이를 기다렸다는 듯 통계 자료는 화환처럼 벽면 곳곳을 휘감아 장식하고 있으며, 사람들이 자기도 모르게 몇몇 기계를 동전으로 가동시키기 위해 〔동전〕 투입구를 찾고 있는 것을 보면, 여기에서는 이모든 것이 공짜라는 사실이 믿기지 않아 보인다. 우리는 금방 트릭의 비밀도 알게 되는데, 이러한 전람(展覽, Schau)의 예술 단장인 비그만(Wigmann)이 제도(製圖) 교사〔도화圖畫 교사, Zeichenlehrer〕라는 사실이 바로 그것이다. 그는 학생들에게 이 전시회를 위해 정한 주제들을 '직접 그리게' 했다. 그리하여 '미신 신봉자의 날'이, '우리 부모의 교육 오류'가 극히 난잡하고 제멋대로인 일련의 그림으로 변했고, 거기에는 손풍금 〔반주 노래의〕 가사와 모리타트 가수[3]의 지휘봉이 빠져 아쉬울 뿐이다. 전시 일의 이와 같은 이성적 활용이 작업에 대한 아이들의 즐거움을 증강한다는 전망은 전적

3　〔편역자 주〕 모리타트 가수(Moritatensänger): 살인 등과 같은 무서운 내용의 노래를 부르는 떠돌이 가수. 모리타트의 한 예로 《서푼짜리 오페라》의 최고 히트곡으로, 독일 태생의 미국 작곡가 쿠르트 바일(Kurt Weil, 1900~1950)이 작곡하고 베르톨트 브레히트가 작사한 〈칼잡이 맥(Die Moritat Von Mackie Messer)〉(1928)이 있다.

으로 도외시되었다. 물론 아이들은 원래 문외한이기에 여기에서는 잘 조정할 수 있다.

그리고 문외한은 이러한 전람의 방문객이기도 하며, 또 방문객으로 남아야 한다. 이로써 새로운 인민교육의 원리는 이전 원리와의 대립 속에서 표명되었는데, 이전 교육의 원칙은 박식함을 시발점으로 삼아 몇몇 도표와 표본의 도움으로 이 박식한 지식을 대중의 소유물로 만들 수 있고 또 그렇게 해야 한다고 생각했다. 질은 반드시 양으로 전환되리라고 사람들은 스스로 확언했다. 반대로 새로운 인민교육은 대중방문이라는 사실에서 출발한다. 양질변화는 슬로건인데, 말하자면 인민교육에서는 이론적인 것이 실천으로 전환되는 것과 동일한 전환인 것이다. 말했던 것처럼, 방문객은 문외한으로 머물러야 한다. 그들은 전시회를 떠날 때 더 박식해질 것이 아니라 더 영악해져야 한다. 진정한 재현(묘사, 서술, 연출, Darstellung)의 과제, 효과적 재현의 과제란 바로 전문 분야의 장벽으로부터 지식을 풀어내 실천적으로 만드는 데 있다.

하지만 '진정한 재현'이란 무엇일까? 달리 말해, 전시기술이란 무엇인가? 이를 알고자 하는 사람은 이 분야의 가장 노련한 전문가에게 조언을 구하라. 이들을 우리는 모두 알고 있다. 이전에 우리는 그들에게서 수업을 받았다. 그들에게서 만반의 준비 태세를 갖추었고, 포유류와 물고기 그리고 새를 다루는 법을 배웠으며, 우리의 소총 사격으로 처하게 된 활동 속에서 모든 직업과 신분을 알게 되었다. 그렇다, 우리는 자신의 힘을 〈키다리 율레〉[4]―망치질로 머리가 실린더에서 튀어나오는 끔찍한 광경―에 비교하며 배운 것이다. 떠돌이는 전시하는 것으로 살고, 그의 생업은 그들에게 경험이라는 견실한 보배를 마련해줄 정도로 충분히 오래되었다. 하지만 그것은 모두 이러한 지혜를 둘러싸고 분류된다. 어떤 비용을 치르든 또 누구에게든 관조적 태도는 냉담하고 모욕적인 설계도를 공급한다. 그래서 회전목마 없이, 오락사격장이나 근육 메스 없이, 사랑의 온도계나 카드 점술녀, 또 복권 없이는 전람도 없는 것이다.

구경꾼으로 온 사람은 참여자의 한 사람으로서 집에 돌아가야 한다. ―이것이 바로 연시의 정언명령이다. 디오라마나 투시화, 그 밖에 또 가장 원시적인 도구로 만들어진 변형이미지들에 의해서가 아니라 방문객의 행동 전환에 의해 이 전시회의 성격이 구현된다. ―거기에는 '직업 상담'이라는 표어가 쓰여 있고, 유리판 앞에 두상 하나가 다양한 직업 상황을 몽타주한 엠블럼이 묘사되어 있다. 유리판을 치자 두상도 움직이는 것처럼 보였고―하지만 그것은 착시다―, 그 풀죽은 듯한 흔들림은 머리가 얼마나 속수무책인지 보여준다. 그 옆에 일련의 시험기계가 놓여 있어 기분이 내키는 사람이라면 누구든 자신의 숙련도나 색채 감각, 숙달 능력, 종합 판단 능력을 확인할 수 있다. '너 자신을 알라', 이 델포이 신탁으로 자동저울이 유혹한다. 그것은 연시에서 볼 수 있는 악마의 방에 등장하는데, 검게 칠한 이 칸막이 방에서는 악마가 깃털 장

---

4   〔편역자 주〕〈키다리 율레(Die lange Jule)〉: 독일의 극작가 카를 하웁트만(Carl Hauptmann, 1858~1921)의 드라마(1913).

식의 모자 아래 추한 낯짝을 찌푸리고 있는 것처럼 보인다. 당신이 그 얼굴을 알아보기 위해 몸을 구부리면, 당신 자신을 비추는 거울 하나가 나타날 것이다. 비그만은 영리했다. 그는 그것도 차용한 것이다. 그곳("악마의 방")에는 미신에 맞서는 방이 하나 있다. '누가 그것을 믿겠는가?'라고 안내 책자를 전시하는 가동식 판자 위에 쓰여 있다. 판자를 위로 올리면, 당신은 그 뒤에서 출현하는 거울 속에서 자신을 바라보게 된다.

이 모든 것은 무엇을 뜻하는가? 말하자면 진정한 재현은 관조를 억누른다. 여기에서 일어난 일처럼 방문객을 구경거리로 조립해 넣기 위해서는 시각적인 것이 통제되어야만 한다. 놀라움의 계기가 빠진 모든 직관은 우둔화로 작용할 것이다. 보이는 것은 결코 문자가 말하고자 하는 것과 동일하거나, 아니면 그저 그 이상 그 이하여서도 안 된다. 그것은 새로운 것, 원칙적으로 말로 이룰 수 없는 명증의 트릭이어야만 한다. 예컨대 술꾼 한 사람의 분기 소비를 보여주는 것처럼 말이다. 그런데 (이 분기 소비 재현은) 쭉 늘어선 빈 와인병이나 소주병을 눈에 띄게 설치하는 것으로 그칠 수 있다. 그와 달리 요엘은 표제가 달린 판자 옆에 여러 차례 구겨진 흔적이 있는 지저분한 쪽지 하나, 곧 와인 상인의 분기계산서를 올려놓았다. 또 와인병은 텍스트를 조명한다 해도 이러한 조합을 통해 그 자체로 변한 것이 별반 없는 반면, 계산서라는 증거 자료는 돌연 새롭게 조명된다. 세대로 된 몽타주이기 때문에 그것은 이목을 끄는 것이다.

물론 노점의 진열은 몽타주를 모른다. 여기에서 오늘날의 직관의 규준 곧 신빙성을 향한 의지가 돌연 출연한다. 몽타주란 공예상의 양식 원리가 아니다. 그것은 전쟁(제1차 세계대전)이 끝날 무렵 아방가르드가 노골화되었을 때 생겨났다. 현실은 이제 극복되길 멈췄다. ―시간을 벌고 냉정을 되찾기 위해― 우리에게 남은 것이라곤 무엇보다도 한 번쯤은 현실이 무질서하게, 그 자체로, 또 그래야한다면 무정부 상태에서 말하게 하는 것 외에 달리 아무런 방도가 없다. 당시 아방가르드는 다다이스트였다. 그들은 천 조각, 전차표, 유리 조각, 단추, 성냥개비 등을 몽타주했고, 이를 통해 당신은 더는 현실을 어찌할 도리가 없을 것이라고 말했다. 어찌할 도리가 없는 것은 이 작은 쓰레기나, 수송 병력대 혹은 독감이나 독일제국 지폐도 매한가지다. 신(新)즉물주의가 이를 소심하게 부인하고 질서를 구축하고자 시도했을 때, 이와 같은 전개는 결과적으로 이토록 광대한 대규모의 증거 자료를 양산해온 영화에서 가장 강력한 발판을 확보했었어야만 했다. 그러나 오로지 기술적 가능성만 발전시킨 유흥산업은 그 가능성을 다시 무력화하기 위해 이런 증거 자료도 저지한다. 어찌되었든 유흥산업은 신빙성에 대한 시선을 조련했다. 우리가 무심코 스쳐 지나간 모든 것에는 믿을 만한 근거나 증거로 삼을 만한 점이 있지 않은가? 억압과 빈곤 그리고 어리석음에 맞서 가차 없이 소송을 제기한 사람에게는 모든 것이 범행 증거물(corpus delicti)이 되지 않겠는가? 이 전시회의 주최자에게 이러한 인식, 아울러 사물에서 튕겨져 오르는 작은 충격보다 더 중요한 것은 없었다. 사람들은 탁자 위에 놓인 돈과 카드에서 황회색의 쪽진 머리까지, 모든 것이 거의 진짜인 카드 점술녀를

'미신의 홀'에 설치했다. 그 앞에 선 사람은 〔자신이〕 가르침을 받는 것이 아니라 그냥 붙잡혔다고[5] 느낀다. 그는 ―설령 아직 가본 적은 없었다 해도― '결코 다시는' 〔그곳을〕 방문하지 않을 것이다.

이는 주의력을 느슨하게 풀고 확 붙드는 영리한 덫이다. 텍스트에서 남는 것이라곤 구호뿐이다. "하루 8시간 노동의 위반은 문화 유산에 참여할 가능성을 노동자들로부터 박탈하는 것이다. 그것은 모든 정신 위생의 죽음이다." ―또는 노동청 실내에 놓인 폴리오(Folio, 〔2절판 책〕)에는 위에서 아래까지 10개 세로줄에 오로지 "기다리세요"라는 말만 인쇄되어 있다. 그것은 일간지 주식시세표처럼 보인다. 그것을 가로질러 "가난한 사람의 시세표"라는 말이 진한 글자체로 쓰여 있다. 무언가 빠졌다면, 그것은 다음과 같은 문구로서 입구에 자리를 차지했었어야 하며, 바로 이곳에서 이처럼 훌륭하게 입증될 것이다.

권태는 우둔하게 만들고, 심심풀이는 계몽한다.

---

5 〔편역자 주〕 여기서 "붙잡다(붙잡히다)"의 "ertappt"에는 "갑자기 깨닫다"라는 뜻도 들어 있다.

보건전시회 프로젝트에 대한 요엘과의 대화[*]

(중략) 보건소에서 개최될 요엘의 전시회와 관련해 우리가 나
눈 대화의 단상들은 중요하다. 이 전시의 기술. 예시(例示)는 엄청
난 기회와 더불어 위험도 야기하는데, 우둔화가 바로 그것이다.
왜냐하면 놀라움의 계기가 빠진 모든 예시는 우둔화로 작용하
기 때문이다. 보이는 것은 결코 문자가 말하고자 하는 것과 동일
하거나, 아니면 그저 그 이상 그 이하여서도 안 된다. 그것은 무
언가 새로운 것, 원칙적으로 말로 성취될 수 없는 명증성의 트릭
이어야만 한다. 현재화의 개념하에 다른 측면에서 제기되는 동일
한 요구가 생겨날 수 있는데, 모사가 아니라 공간 또는 사물이 기
능하는 시간의 현행화가 그러하다. 이와 연관 지을 것: 『더벅머리
페터』¹와 같은 패러디나 민중본(民衆本, Volksbuch)의 이형(異形)—

---

* 〔편역자 주〕 Walter Benjamin, *Gesammelte Schriften*, Bd. IV/2, Frankfurt a. M.,
  1972-1992, p. 1043).
  이 글은 벤야민이 요엘의 보건전시회 프로젝트와 관련해 그와 나눈 대화를 1928년
  10월 11일 자 일기에 기록한 것이다.

1 〔편역자 주〕 『더벅머리 페터(Struwwelpeter)』: 독일의 정신과 의사 하인리히 호프만

잡보나 오락 또는 광고. 여기에서 결정적인 것은 해묵은 인민교육과 새로운 인민교육이 서로 대립한다는 인식이다. 이전의 개념은 대중화라는 슬로건에 의거했다. 사람들은 어떤 명망 있는 교수의 박식함을 시발점으로 삼았고, 이와 같은 경우에 질이 양으로 전환할 것이 분명하리라 믿었다. 새로운 인민교육은 대중 방문이라는 사실을 시발점으로 삼아 〔교육의〕 양이 질로 전환되도록 했는데, 말하자면 우리에게 사물들이 가장 직관적으로 재현되도록 만드는 조형이 과학의 자극과 활성화에 작용하길 기대하는 것이다.

(Heinrich Hoffmann, 1809~1894)이 1845년에 3~6세 아동을 위해 만든 교육적 내용의 근대적 그림책.

회화, 그래픽, 전화, 사진

회화 혹은 기호와 적(迹, Mal)^{* 1}

A. 기호

선(線)은 분야마다 그 의미가 달라지는데, 기호의 영역은 바로 선의 이러한 의미 변화로 특징되는 여러 상이한 분야를 포괄한다.

* 〔편역자 주〕 Über die Malerei oder Zeichen und Mal(Walter Benjamin, *Gesammelte Schriften*, Bd. II, Frankfurt a. M., 1972~1992, pp. 603~607).
이 글은 벤야민이 1917년 10월경~1918년 1월경에 자신의 구상을 담은 사본을 숄렘에게 보낸 기록이다. 텍스트에는 입체파에 대한 언급은 전혀 없으나, 이를 둘러싸고 숄렘과 주고 받은 대화가 벤야민 성찰의 배경을 이룬다.

1 〔편역자 주〕 매체에 대한 벤야민의 성찰에서 형이상학적 의미를 지닌 'Mal'은 우리 말로 옮기기도 어렵지만, 독일 원어에서도 어원 자체만으로 의미론적 성찰이 필요할 만큼 특정 의미로 고정해 이해하기가 쉽지 않다. Mal은 'Muttermal(배내 점)', 'Brandmal(화상, 낙인, 치욕)'과 같은 합성어에서 볼 수 있는 것처럼 반점, 흔적, 오점, 상처, 얼룩, 낙인 등의 의미가 있는 한편, 'Denkmal(기념비)'의 합성어처럼 기념비, (경계)표지(물), 말뚝의 의미가 있다. 이처럼 부가되는 다른 단어나 맥락의 연동 속에서 그 의미가 표면화되는 것이 이 단어의 특징이기도 하다. Mal을 독일어 발음 그대로 '말'로 옮길 수도 있겠으나, 우리말 말(言)과 소리가 중첩되어 혼동이 예상된다. 따라서 Mal이 지닌 의미의 복합적 연동작용을 염두에 두고서 그 안에서 공통 의미로 작용하는 것으로 판단되는 (자취) 적(迹, 어떤 것이 남긴 표시나 자리')으로 옮긴다.

이들 변화된 의미에는 기하학적 선, 문자기호 선, 그래픽 선, 절대 기호의 선(선 **그 자체**, 즉 무언가를 묘사하는 그러한 선이 아니라 마법적인 선)이 있다.

a), b) 여기에서 기하학적 선과 문자기호의 선은 고려되지 않는다.

c) 그래픽 선

그래픽 선은 평면과의 대립을 통해 규정된다. 그래픽 선에서 이러한 대립은 단순히 시각적 의미만이 아니라 형이상학적 의미를 지니고 있는데, 평면의 바탕이 그래픽 선에 편입된다는 점이 바로 그것이다. 그래픽 선은 평면을 그리고, 그와 동시에 평면 자체를 평면 바탕으로 편입시킴으로써 평면을 규정한다. 거꾸로 오로지 이러한 바탕만을 토대로 한 그래픽 선도 있는데, 그런 까닭에 예컨대 바탕을 남김없이 전부 덮어버린 소묘(素描)는 그와 같은 그래픽 선이길 멈출 것이다. 따라서 소묘의 의미를 갖출 필수적 특정 지점은 바탕에 지정되며, 이로써 그래픽 내에서 두 개의 선은 자기 바탕과 오로지 상대적으로만 연결관계를 규정할 수 있고, 그 밖에는 그래픽 선과 기하학적 선의 상이성이 아주 명확하게 현상으로 드러난다. —그래픽 선은 자신의 바탕에 동일성을 부여한다. 소묘의 바탕이 갖는 동일성은 백지 평면이 갖는 동일성과 아주 다른데, 백지 평면을 횐색 물결의 (경우에 따라서는 육안으로 구별할 수 없는) 파동으로 이해할 때, 이 평면에는 동일성이 있고 또 심지어는 〔"동일성이"〕 다분히 박탈될 수도 있을 것이다. 순수 소묘가 그 바탕에 그래픽적 의미를 부여하는 기능을 달리했을 때, 그 변화는 바탕을 흰색 바탕으로 '비워둠'으로써 일어나는 것이 아니다. 이로부터 규명되는 것은 상황에 따라 구름과 하늘을 소묘로 표현하는 일은 위험할 수 있으며, 때로는 소묘 스타일의 순수성을 시험해볼 시금석이 될 수도 있다는 점이다.

d) 절대 기호

절대 기호, 곧 기호의 신화적 본질을 이해하기 위해서는 맨 앞에서 언급한 기호의 영역 일반에 대해 알아야만 한다. 어찌되었든 어쩌면 이 영역은 매체가 아니라 지금으로선 우리에게 전혀 알려지지 않은 일종의 질서일 가능성이 높다. 하지만 주목할 만한 것은 절대 기호의 본성이 절대 적의 본성과 맺고 있는 대립이다. 형이상학적으로 **어마어마한** 중요성을 갖는 이러한 대립을 사람들은 맨 먼저 찾을 수밖에 없었다. 기호는 분명히 공간적 관련성이 더 많고 사람과 더 많이 관계가 있는 반면, 적은 (앞으로 밝혀지겠지만) 시간적 관련성이 더 많으며 인칭의 것을 곧바로 추방하는 의미를 지닌 것으로 보인다. 절대 기호로는 예컨대 카인의 표식〔낙인, Kainszeichen〕이 있는데, 이 기호는 이집트에 일어난 열 번째 재앙에서 이스라엘의 가문들을 지칭했다. 추측컨대 알리바바와 40인의 도적에서 나오는 기호가 이와 유사할 것이다. 이들 사례에 비추어 아주 신중하게 추정해볼 수 있는 것은 절대 기호가 주로 공간적, 인칭의 의미라는 점이다.

B. 적(迹)

a) 절대 적(迹)

절대 적의 본성에 대해 뭔가 알아내려면, 기호의 영역과 대립 관계에 놓인 적의 영역 전체가 중요하다. 기호는 찍히는 것이지만, 적은 정반대로 출현하는 것이라는 점, 여기에 첫 번째 근본적인 차이가 있다. 이는 적의 영역이 매체의 영역임을 가리킨다. 절대 기호는 살아 있는 것에 주로 나타나는 게 아니라 생명 없는 건물들이나 나무들에도 각인되는 반면, 적은 특히 살아 있는 것(그리스도의 성흔聖痕, der Wundmale Christi, 낯붉힘, 어쩌면 나병癩病, 모반母斑에서 볼 수 있는 것처럼)에서 나타난다. 적과 절대 적과의 대립이란 존재하지 않는데, 왜냐하면 적은 늘 절대적이고, 현상하는 가운데 그 어떤 것과도 유사하지 않기 때문이다.

아주 주목할 만한 것은 적이 생명체에 출현함에 따라 죄(낯붉힘) 또는 무죄(그리스도의 성흔)와 결부됨이 빈번하다는 점이다. 적이 (스트린드베리의 「강림절」,[2]에 나오는 햇빛이 평면에 만드는 동그라미 Sonnenkringel처럼) 무생명체에 나타날 때조차도 죄를 경고하는 표시(Zeichen)일 때가 빈번하다. 그러나 이러한 의미에서 그것은 기호(벨사살[3])와 함께 동시에 나타나며, 이 현상의 괴물과도 같은 어

---

2 〔편역자 주〕「강림절(Advent)」: 스웨덴의 극작가·소설가 요한 아우구스트 스트린드베리(Johan August Strindberg, 1849~1912)의 희곡(1899).

3 〔편역자 주〕벨사살(Belsazar): 바빌론의 최후 왕. 구약 다니엘 5장에 나온다. "벨사살"이란 "벨이여, 왕을 지켜주시옵소서!"란 뜻이다. 벨사살 왕은 그가 연회를 베풀

마어마함은 많은 경우 단지 신의 원인으로만 돌리는 이 두 형성체의 합일에 의거한다. 죄와 속죄 사이의 연관성이 시간적으로 마법적인 한에서, 적에서 이런 **시간적** 마법은 주로 과거와 미래 사이에서 일어나는 현재의 저항이 차단되고, 마법적 방식으로 합일되어 죄인들에게 들이닥치는 의미로 나타난다. 그렇지만 적의 매체에는 시간적 의미만이 아니라, 그와 동시에 특히나 낯붉힘에서 아주 충격적으로 출현하듯이, 인격성을 모종의 원(源)요소로 해체하는 의미도 있다. 그것은 다시 우리를 적과 죄의 연관성으로 안내한다. 하지만 기호가 인격을 표시하는 것으로 현상하는 일은 드물지 않으며, 기호와 적의 이러한 대립도 역시 형이상학적 질서에 속하는 것으로 보인다. 이와 같은 맥락 속에서 적의 영역 **일반**(적의 매체 **일반**)과 관련해서 우리가 유일하게 알게 될 것은 회화의 고찰에 따라 이야기될 수 있다. 그런데 이미 언급했듯 절대 적에 해당되는 것은 모두 적의 매체 일반에 커다란 의미를 지닌다.

b) 회화

그림에는 바탕이 없다. 색채 역시 결코 다른 것 위에 얹은 것이 아니라 기껏해야 동일한 매체 속에서 나타날 뿐이다. 어쩌면 이

던 날 밤에 메마른 강을 건너 성으로 침투해온 마사제국의 고레스 군대에 의해 살해당했다고 전해진다. 다니엘은 이날 밤 연회장 벽에 나타난 손가락이 벽에 쓴 "메네 메네 데겔 우바르신"이란 글자의 뜻을 풀이하면서 벨사살의 죽음을 예언했다. "MENE MENE TEKEL UPARSIN"는 "세었다, 세었다, 달아보았다, 나누었다"라는 뜻이다. 이 말을 다니엘은, 하나님이 당신의 저울로 바벨론을 측량하니 부족함이 드러나 바벨론이 멸망하고 그 나라가 쪼개질 것이라고 해석했다.

또한 결론을 흔히 낼 수 있는 문제가 아니라, 원칙적으로 따져보자면 대부분의 그림에서는 색채가 가장 밑바탕의 것인지 아니면 가장 표면적인 것이지 전혀 구별할 수 없는 것인지도 모른다. 하지만 이러한 물음은 의미가 없다. 회화에는 바탕도, 그래픽 선도 없다. 라파엘로[4]의 그림에서 나타나는 색채 평면(구상)의 상호 구획은 그래픽 선에 의거한 것이 아니다. 이런 오류는 부분적으로 화가가 그림을 그리기 전에 자기 이미지들을 소묘로 구상한다는 순수 기술적 사실의 미학적 가치평가에서 비롯한다. 그러나 이와 같은 구상의 본질은 그래픽과 아무런 상관이 없다. 선과 색이 서로 만나는 유일한 경우는 연필의 윤곽선이 눈에 보이고 색이 투명하게 칠해진 먹칠 그림이다. 바탕은 거기에서 채색되었더라도 유지된다.

회화의 매체는 좁은 의미에서 적이라 불린다. 왜냐하면 회화란 일종의 매체, 곧 회화가 바탕도, 그래픽 선도 알지 못하는 그와 같은 적이기 때문이다. 회화적 형성체의 문제는 좁은 의미에서 적의 본성을 명확하게 알고 있지만, 바로 이미지 속에서 그래픽으로 환원될 수 없는 구상을 발견함으로써 놀라워할 수밖에 없는 사람에게 처음 생긴다. 하지만 이와 같은 구상의 현전(現前, Vorhandensein)이 가상은 아니라는 점, 예를 들어 라파엘로 그림의 감상자가 인간들, 나무들, 동물들의 입체배치(Konfiguration)를 적 속에서 발견한 것이 단순하게 우연이나 오인인 것만은 아니

---

4   〔편역자 주〕라파엘로 산치오(Raffaello Sanzio, 1483~1520): 이탈리아 문예부흥기의 화가·건축가. 베네치아파 화가 세바스티아노 델 피옴보(Sebastiano del Piombo, 1485경~1547)에게서 색채법과 채화법의 영향을 받았다.

라는 점은 다음의 사실을 통해 밝혀지는데, 즉 이미지가 단지 적에 불과하다면, 그와 동시에 그것을 명명하는 일은 아주 불가능하리라는 것이다. 하지만 회화의 본래 문제는 다음과 같은 문구에서 찾을 수 있다. 곧 이미지는 적이며, 거꾸로 좁은 의미에서 적은 오로지 이미지에 있고, 또 이미지는 그것이 적인 한에서, 오로지 이미지 속에서만 그 자체로 적이라는 것이다. 그러나 다른 한편 이미지가 정확하게 말하자면, 명명됨으로써 **그 자체가 아닌 어떤 것**과, 즉 적이 아닌 어떤 것과 관련된다는 것이다. 이미지가 명명되는 것과 맺게 되는 관계, 곧 적을 초월하는 것과 맺게 되는 이러한 관계는 구상이 수행한다. 이것은 상위의 권력이 적의 매체로 들어서는 것, 그러한 출현 속에서 그 권력의 중립성을 고집하면서, 달리 말해 그래픽을 통해 적을 깨뜨리는 것이 전혀 아니라 적을 깨뜨리지 않고 적 안에서 바로 상위 권력의 자리를 발견하는 것인데, 왜냐하면 이것은 이 적보다 엄청나게 더 높은 권력이지만 그럼에도 불구하고 그에 적대적이지 않고 친화적이기 때문이다. 이러한 권력이 언어적 말(Wort)이며, 그것은 회화 언어의 매체 속에서는 그 자체로 보이지 않고, 오로지 구상에서만 현현(顯現)해 안착한다. 이미지는 구상에 따라 명명된다. 말로 표현됨으로써 적과 구상은 명명될 권리를 요구할 각 이미지의 요소들이라는 사실이 자명해진다. 어떤 이미지는 그런 권리를 요구하시 않을 수도 있겠지만, 그럴 경우 그 이미지는 그 자체가 되고 거기에서 물론 적 일반의 매체로 들어서길 멈출 터인데, 이와 같은 일은 우리가 상상조차 할 수 없을 것이다.

회화에서의 거시시대는 구상, 그리고 말과 적이 들어서는 매체에 따라 구별된다. 당연하게도 여기서 적과 말에서는 임의적 조합의 가능성이 문제시되지 않는다. 예컨대 라파엘로 그림에서는 주로 이름이, 오늘날 화가의 그림에서는 말하자면 조정하는 말이 적에 들어서는 것으로 생각할 수도 있다. 이미지와 말 사이의 연관성을 인식하는 데서 구상 즉 명명은 결정적이다. 하지만 총괄하자면, 어떤 화파(畵派)와 어떤 그림의 형이상학적 소재지는 적과 말의 풍(風)에 따라 규정될 수 있고, 그래서 적어도 적과 말의 풍들의 완성된 구분을 전제하지만, 이에 대한 단초는 여전히 거의 존재하지 않는다.

c) 공간에서의 적

기호에는 선의 확실한 기능 속에서 의심할 나위 없이 건축술적 의미도 (따라서 공간적 의미도 역시) 있는 것처럼, 적의 영역은 공간적 형성체에서도 출현한다. 공간 속의 이와 같은 적들은 의미를 통해 이미 가시화되어 적의 영역과 연관되지만, [그것이] 어떤 방식으로 연관된 것인지는 상세한 연구의 몫으로 돌릴 수밖에 없다. 자세히 말하자면, 그것들(공간속의 적들)은 무엇보다 비석(Totenmal) 또는 묘비(Grabmal)로 나타나는데, 하지만 당연하게도 정확한 의미에서는 단지 건축술적으로 또 조형적으로 형태를 갖추지 못한 형성체들이 적들인 것이다.

우표-상거래[*]

오래된 편지 더미를 바라보고 있자면, 귀퉁이가 찢겨나간 봉투에 붙어 있는, 이미 오래전 통용되지 않게 된 우표 하나가 다 읽은 열댓 장의 편지보다 더 많은 것을 말해주는 경우가 종종 있다. 때로는 그림엽서에서 그러한 우표들에 맞닥뜨리곤 하는데, 그럴 때면 우표를 엽서에서 떼어내야 할지, 아니면 앞뒷면 모두에 똑같이 가치 있는 두 개의 상이한 그림이 그려져 있는 옛 거장의 그림종이처럼 엽서에 있는 그대로 보관해야 할지 고민을 하게 된다. 또한 카페의 유리 상자 안에는 셈을 치르지 않은 우편 요금 보관증으로 인해 만인의 눈앞에서 조롱거리가 되어버린 편지들도 있다. 과연 이러한 편지들은 이곳으로 유배되어 이 유리로 만들어진 상자 속의 살라스 이 고메스섬[1]에서 수많은 세월을 시달려야만 하는 것

---

* 〔편역자 주〕Briefmarken-Handlung(Walter Benjamin, Einbahnstraße, *Gesammelte Schriften*, Bd. IV/1, Frankfurt a. M., 1972-1992, pp. 134-137).
  이 글은 발터 벤야민의 『일방통행로(Einbahnstraße)』(1928, Berlin, Ernst Rowohlt Verlag)에 실린 글이다.
1 〔편역자 주〕고메즈섬(Salas Y Gomez): 태평양의 무인도. 1793년에 최초로 스페인의

일까? 오랫동안 개봉되지 않은 채로 남겨진 편지들은 뭔가 잔혹한 면이 있다. 이들은 상속권을 박탈당한 자들로, 긴 고통의 날들을 보상해줄 복수를 조용히 꿈꾸고 있다. 이들 중 많은 것은 나중에 마치 낙인처럼 온통 도장이 찍힌 봉투로 우표 상인의 쇼윈도에 전시된다.

소인이 찍힌 우표만 모으는 수집가가 있다는 걸 우리는 알고 있는데, 이들이야말로 비밀을 파헤치고 들어가는 유일한 사람들이라고 간주해도 큰 무리는 아니라는 생각이다. 그들은 우표의 심령적인 부분 곧 소인만 고집한다. 왜냐하면 소인은 우표의 밤 측면이기 때문이다. 빅토리아 여왕[2]의 머리에 성스러운 후광을 씌운 경사스러운 도장이 있는가 하면, 홈베르트[3]의 머리에 순교자의 왕관을 씌운 예언자적 도장도 있다. 그러나 피멍든 줄무늬로 얼굴을 뒤덮거나 지구의 전 대륙에 지진이라도 난 듯 균열을 일으키는 어두운

탐험가 호세 살라스 발데스(José Salas Valdés)에 의해 발견되었고, 나중에는 다른 스페인 사람인 호세 마누엘 고메스(Jose Manuel Gómez)가 탐험했다. 섬 이름은 이 두 항해사로부터 유래한다. 벤야민은 프랑스 태생의 독일 낭만주의 작가이자 식물학자 아델베르트 폰 샤미소(Adelbert von Chamisso, 1781~1838)가 쓴 동일 제목의 시 「살라스 이 고메스」를 알고 있었다.

2 〔편역자 주〕빅토리아 왕(Queen Victoria, 1819~1901): 영국(그레이트브리튼 아일랜드 연합왕국)의 여왕(재위 1837~1901). 하노버왕조의 마지막 영국 군주로, 영국의 전성기를 이루고, 군림하되 통치하지 않는다는 전통을 확립했다.

3 〔편역자 주〕추측컨대 1879~1893년에 초상 우표로 유통되었던 이탈리아 국왕 움베르토 1세를 뜻할 것이다.
움베르토 1세(Umberto I, 1844~1900): 이탈리아의 국왕(재위 1878~1900). 보수적 성향에 친독일 정책을 폈으며, 밀라노 근처 몬차에서 무정부주의자에게 피살되었다.

처리법에는 그 어떤 새디스트적 판타지도 근접하지 못할 것이다. 그리고 이처럼 능욕당한 우표의 몸을 레이스 테두리로 장식한 하얀 명주 옷 곧 톱니바퀴 모양과 비교할 때 느끼게 되는 도착(倒錯)적 즐거움은 또 어떠한가?! 소인을 추적하는 사람은 탐정이 되어 지극히도 평판 나쁜 우체국의 인상란의 기재사항들을 찾아내고, 고고학자가 되어 낯설기 짝이 없는 지명 조각을 찾아내는 기예가 있어야 하며, 카발라학자[4]가 되어 그 세기에 관한 상세한 기록 문서들을 소장하고 있어야만 한다.

우표들은 작은 숫자들, 미세한 알파벳, 작은 잎과 눈동자로 가득 차 있다. 그것들은 그래픽상의 세포 조직이다. 이 모든 것은 서로 뒤섞여 우글대고 있으며, 하등동물처럼 잘려 나가도 계속 살아난다. 우표의 작은 조각들을 이어 맞춰 붙이면 이토록 실효성 있는 그림이 만들어지는 것은 바로 이 때문이다. 그러나 이러한 그림 위에서 생명은 늘 죽은 것들로 이루어져 부패의 징조를 보인다. 그것들의 초상과 외설스러운 무리에는 백골과 산더미 같은 구더기가 가득하다.

기다란 우표 세트의 죽 늘어선 색채 속에는 혹 이국의 태양빛이 굴절되고 있는 것일까? 바티칸시국(巾國)이나 에콰도르의 우정국에서는 타 지역 사람들인 우리가 알지 못하는 광선을 받아들

---

4   〔편역자 주〕카발라(Kabbala, kabbālāh): 유대교의 신비주의적 교파.

이고 있는 것일까? 그러면 왜 더 훌륭한 행성의 우표들은 보이지 않는 걸까? 금성에서 유통되고 있는 수천 색조를 띤 진홍색 우표나 화성의 회색빛 대형 우표 4장, 또 숫자가 전혀 없는 토성의 우표는?

우표 위에서 나라들과 대양들은 그저 지방일 따름이고, 왕들은 그저 제멋대로 색깔을 입히는 숫자의 용병에 지나지 않는다. 우표 앨범은 마술 편람으로, 이 안에는 군주와 궁전의 숫자, 동물과 알레고리 또 국가의 숫자가 기록되어 있다. 우편 유통은 행성들의 운행이 천상의 숫자들이 이루어내는 조화에 기반하고 있는 것처럼 이들 숫자의 조화에 기반하고 있다.

타원형 안에 오직 커다랗게 하나 또는 두 개의 숫자만 쓰여 있는 옛 동전우표.[5] 그것은 검은 테를 두른 사진틀 안에서 우리가 전혀 모르는 친척들이 우리를 내려다보고 있는 초창기의 사진들처럼 보인다. 숫자 모양의 이모할머니 또는 선조들. 투른과 탁시스[6]도 우표에 커다란 숫자가 기입되어 있다. 그것은 마법에 걸린 택시 미터기의 숫자와도 같다. 어느 날 밤 그 뒤에서 촛불이 빛나고 있

---

5   〔편역자 주〕 19세기 몇몇 독일 우표에는 타원형에 페니히(Pfennig), 실링(Schilling)과 같이 서로 다른 가치를 표기한 숫자가 있었다. 동전 가치는 예를 들어 1866년 프로이센의 수입인지를 나타낸다.

6   〔편역자 주〕 투른과 탁시스(Thurn und Taxis): 독일 귀족 가문. 19세기 중반까지 신성로마제국에 대한 우편 특허권을 소유했다. 유럽에서는 '우편서비스'와 동의어로 통한다.

더라도 놀랄 일이 아니리니! 게다가 톱니바퀴 모양의 테두리도, 통화 표시도, 나라 표시도 없는 작은 우표도 있다. 거미줄처럼 올이 촘촘한 그물코 안에 달랑 숫자 하나만 있을 뿐이다. 그것들이야말로 어쩌면 진정한 운명의 제비뽑기일지도 모른다.

터키의 피아스터[7] 우표의 글씨체는 콘스탄티노플 출신의 절반만 유럽화된 교활한 상인이 잔뜩 멋을 부려 넥타이 위에 비스듬히 꽂은, 하지만 지나치게 번쩍거리는 장식용 핀과도 같다. 이것들은 우편계의 벼락부자 유형으로, 은행의 지폐처럼 꾸며 크기만 하지, 가장자리의 톱니 모양도 제대로 만들어지지 않고 현란하기만 한 니카라과나 콜롬비아의 포맷과 유사하다.

추징 요금이 붙는 우표야말로 우표들의 심령이다. 그것은 변하지 않는다. 군주와 정체(政體)가 바뀌어도 이들은 유령처럼 꼼짝없이 그대로다.

어린아이는 거꾸로 잡은 오페라글라스[8] 로 머나먼 아프리카의 라이베리아를 바라본다. 거기엔 우표에 그려진 모양 그대로 바다

---

7 〔편역자 주〕 피아스터(Piaster): 터키·이집트·레바논의 화폐단위.
8 〔편역자 주〕 오페라글라스(Opernglas): 쌍안경의 하나. 두 개의 갈릴레이 망원경을 가지런히 고정한 것으로, 먼 거리를 바라보는 데는 적합하지 않으나 통이 짧고 휴대하기에 편해 연극이나 오페라 따위를 관람하는 데 편리하다.

물결 뒤에 야자수가 심어져 있다. 아이는 바스쿠 다가마[9]와 함께 삼각형 주변을 배로 맴도는데, 이 삼각형은 희망봉처럼 양변이 똑같으며 그 색깔은 날씨에 따라 변한다. 남아프리카공화국의 희망봉 여행 팸플릿. 오스트레일리아 우표에서 백조가 보이면, 그것은 청색, 녹색, 갈색 우표에 그려져 있더라도 오로지 오스트레일리아에서만 볼 수 있으며, 여기서는 극히 고요한 대양을 가르듯 연못의 수면 위를 가르며 나가는 검은 백조다.

우표는 대국(大國)이 어린아이 방에 제시하는 명함이다.

어린아이는 걸리버가 되어 자기 우표에 그려진 나라와 민족을 여행한다. 소인국 주민들의 지리와 역사, 이 작은 나라의 학문 전체가 그곳의 온갖 숫자와 이름과 함께 아이가 잠들어 있는 동안 머릿속에 새겨진다. 어린아이는 그들의 사업에 관여하고, 그들의 인민 집회에 출석하며, 그들의 작은 배의 첫 항해를 지켜보고 또 울타리 뒤에 의젓하게 앉아 왕관을 쓴 족장들과 함께 기념일을 축하한다.

주지하다시피 우표의 언어라는 것이 있는데, 그것이 꽃의 언어와 맺는 관계는 모스 부호가 글자로 쓰인 알파벳과 맺는 관계와

---

9   (편역자 주) 바스쿠 다가마(Vasco da Gama, 1469?~1524): 포르투갈의 항해가. 유럽인으로서 처음으로 희망봉을 회항했다.

동일하다. 그런데 만개한 꽃은 얼마나 오랫동안 전신주 사이에 끼여 살 수 있을까? 전후(戰後)에 나온 전면 컬러의 예술적 대형 우표들은 이미 이 식물군 중 가을에 피는 과꽃이나 딜리아가 아니었던가? 슈테판[10]이라는 한 독일인, 그가 장 파울의 동시대인이었던 것은 우연이 아닌데, 그는 19세기의 여름 중반에 이 씨앗을 심었다. 그것은 20세기를 넘어서까지 살아남진 못할 것이다.

---

10 〔편역자 주〕 하인리히 폰 슈테판(Heinrich von Stephan, 1831~1897): 독일의 관리·정치가. 독일 체신 행정의 개혁자로 통한다. 하지만 벤야민이 말하는 것처럼 장 파울 (1763~1825)과 동시대인은 아니다.

꽃에서 유래한 새로운 것* 1

비평하는 일이란 사교적 기예다. 건전한 독자에게 비평가의 판단은 중요하지 않다. 하지만 독자의 마음 깊숙이 자리한 취향은 다른 사람이 책을 읽을 때 초대받지 않고도 멋들어지게 박자를 맞추는 무례함이다. 이런 방식으로 책장을 넘기고 있자면, 마치 우리가 온갖 착상, 질문, 신념, 희한한 생각, 편견, 상념을 가지고 잘 차려진 식탁에 자리 잡고 앉은 듯한데, 몇백 명의 (이렇게도 많은?) 독자는 이 사교계에서 사라지고 또 그렇게 즐거운 시간을 보내는 것이다. ―이것이 바로 비평이다. 적어도 그것은 독자의 책에 대한 식욕을 돋우는 유일한 것이다.

이 경우 우리의 의견이 일치한다면, 이렇게 무수한 관찰과 무

---

* 〔편역자 주〕 Neues von Blumen(Walter Benjamin, *Gesammelte Schriften*, Bd. III, Frankfurt a. M., 1972-1992, pp. 151-153).

이 서평은 잡지 『문학세계(Die literarische Welt)』 1928년 4권 47호에 발표된 글이다.

1 Karl Bloßfeldt, *Urformen der Kunst. Photographische Pflanzenbilder.* Herausgegeben mit einer Einleitung von Karl Nierendorf, Berlin, Ernst Wasmuth 1928, XVIII, p. 120.

수한 관찰자를 위해 이 책의 120가지 요리가 차려진 셈이다. 그렇
다. 우리는 풍요롭지만 말수는 적은 이 작품에 이토록 많은 즐거
움을 기대한다. 하지만 사람들은 여기에 이와 같은 이미지들을 제
공한 연구자의 침묵에 경의를 표할 것이다. 어쩌면 연구자의 지식
은 그 이미지들을 소유한 사람을 벙어리로 만드는 그런 종류의 것
인지도 모른다. 그리고 여기에서는 지식보다 할 수 있다는 능력이
중요하다. 이러한 식물사진의 수집을 이루어낸 사람은 빵 이상의
것을 섭취할 수 있다. 그는 우리의 세계상을 아직도 무한하게 변화
시킬 지각의 자산 목록을 대규모로 검증하는 일로 자신의 의무를
다했다. 새로운 사진의 선구자인 모호이너지[2]가 다음처럼 말했을
때, 그것이 옳음은 입증되었다.

> 사진의 한계는 예상할 수 없다. 여기에서는 탐색하는 일조차 이미 창
> 조적 결과를 낳을 정도로 모든 것이 아직은 새롭다. 기술은 자명하게
> 이러한 방향으로 나아간 개척자다. 미래에는 문자를 모르는 사람이
> 아니라 사진을 모르는 사람이 문맹자가 될 것이다.

우리가 저속촬영기로 식물의 성장을 가속화해 보여주든 아니
면 그 조직을 40배로 확대해 보여주든 간에, 이 두 경우 모두는 적

---

2 〔편역자 주〕라슬로 모호이너지(Laszlo Moholy Nagy, 1895~1946): 헝가리 태생의 미
국 화가·사진작가. 구성주의적 이념에 의해 회화·조각·사진·인쇄 등의 분야에서
새 경지를 개척했다는 평가를 받는다. 시각예술 전반을 아우르는 전방위 예술가이
며, 바우하우스 지도진의 한 사람이기도 하다.

어도 우리가 생각했던 현존의 자리에서 새로운 이미지세계의 간헐천이 첫 소리를 내며 솟아오른다.

이 사진들은 식물의 생존에서 예상치 못한 유비들과 형식들의 풍요로움을 열어 보인다. 오로지 사진만이 그것을 보여줄 수 있다. 왜냐하면 이러한 형식들은 우리의 관성이 드리운 베일을 그 자체로 벗어던지기 전에는 강력한 확대가 필요하기 때문이다. 이미 숨겨진 상태에서 신호를 전달받은 관찰자에 대해 무슨 말을 할 수 있을까? 관찰자 수법의 참으로 새로운 즉물성을 설명하는 데서 이전에 행해졌던 모든 처리법 곧 객관적이지 못하지만 천재적인 처리법과 비교해보는 것보다 더 좋은 방법은 없는데, 바로 이 처리법으로 세간에 인정은 받으면서도 이해는 받지 못한 그랑빌은『생명을 불어넣은 꽃들』[3]에서 식물계로부터 우주 전체를 유추해냈다〔〈그림 6-3-1〉~〈그림 6-3-5〉 참조〕. 그는 정반대의 극에서 ─단언컨대 섬세하지는 않게─ 공략한다. 그는 이 순수한 자연의 어린아이에게 개화가 한창인 때 피조물의 죄수 낙인을, 곧 인간 얼굴로 낙인을 찍는다. 이 광고의 위대한 선구자는 그 기본 원리 중의 하나인 그래픽적 새디즘을 다른 사람과는 달리 능란하게 구사했다. 여기에서 광고의 또 다른 원리인 식물 세계의 위대함을 펼쳐 보이는 확대가 이제는 캐리커처로 입은 상처를 부드럽게 치유하고 있음을

---

3   Jean-Ignace-Isidore-Gérard Grandville, *Fleurs animées*, Paris 1847.
〔편역자 주〕 장 이냐스 이지도르 제라르 그랑빌(Jean Ignace Isidore Gérard Grandville, 1803~1847): 프랑스의 판화가·풍자화가·삽화가. 독특한 풍자와 유머가 섞인 판화를 많이 발표했다. 동물과 식물을 의인화한 작품이 많다.

〈그림 6-3-1〉 수선화(『생명을 불어넣은 꽃들』, 그랑빌)

〈그림 6-3-2〉 삼색제비꽃(『생명을 불어넣은 꽃들』, 그랑빌)

〈그림 6-3-3〉 해바라기(『생명을 불어넣은 꽃들』, 그랑빌)

〈그림 6-3-4〉 속표지(『생명을 불어넣은 꽃들』, 그랑빌)

〈그림 6-3-5〉 튤립(『생명을 불어넣은 꽃들』, 그랑빌)

보게 되는 건 희한한 일이 아닌가?!

　　『예술의 원(原)형식들』[4]―물론 그렇다. 하지만 이 원형식들이 자연의 원형식들과 다를 바가 뭘까? 그러니까, 결코 예술의 그저 그런 모범상(Vorbild)이 아니라 처음부터 작품으로 만들어진 모든 것에서 원형식들이었던 형태들 말이다. 덧붙이자면, 그것은 지극히도 냉철한 관찰자에게 어떻게 여기에서 ―예컨대 식물이나 그 봉오리 아니면 잎사귀의― 크기의 확대가 마치 작은 것, 말하자면 현미경 속의 식물세포 조직처럼 어쩌면 이토록 전혀 다른 형태

4　　〔편역자 주〕『예술의 원(原)형식들(Urformen der Kunst)』: 독일의 사진가 카를 블로스펠트(Karl Blossfeldt, 1865~1932)가 식물을 접사 촬영 한 사진집.

계로 옮겨가는지 생각해볼 계기를 마련해준다. 그리고 클레(Paul Klee)나 더 나아가 칸딘스키(Wassily Kandinsky)와 같은 신진 화가들이 오래전부터 현미경이 우리를 납치하듯 거칠고 강압적으로 끌고 들어가는 세계에 우리가 친숙해지게 하는 일에 몰두하고 있다고 말해야 할 때면, 이 확대된 식물들에서 우리는 오히려 식물성의 '스타일 형식'을 발견하게 된다. 청나래고사리는 추기경의 지팡이 모양을 드러내고, 참제비고깔과 활짝 핀 범의귀속은 담장을 꿰뚫고 올라와 대성당에서도 장미꽃 무늬 창(窓)으로 자기 이름을 영예롭게 하는데, 이들 속에서 사람들은 고딕 양식적 편견을 감지한다. 그 외에도 물론 속새풀 줄기에서는 고대 기둥의 형태들이, 10배로 확대된 밤나무와 단풍나무의 새싹에서는 토템 나무들이 모습을 드러내고, 아코니툼의 새싹은 은총 받은 춤추는 여인의 신체처럼 활짝 피어 있다〔〈그림 6-3-6〉~〈그림 6-3-10〉 참조〕. 꽃받침과 잎사귀에서는 저마다 창조물의 모든 국면과 단계에서 변태(變態)로서 마지막 말을 간직한 내면의 이미지 불가피성이 우리 눈앞에 튀어 오른다. 그것은 극히 심오하고 극히 헤아리기 어려운 창조적 형태들 중의 하나, 곧 다르게 보면 늘 게니우스〔창조정신, Genius〕, 창조적 집합체, 자연의 형태들이었던 변이(變異)를 떠올리게 한다. 그것은 '자연은 비약하지 않는다(Natura non facit saltus)'라는 옛 사람들의 꾸며낸 생각과 생산적으로, 변증법적으로 대립한다. 이를 대담하게 추측해보면, 여성적, 식물적 생명 원리라고 불러도 좋을 듯싶다. 변이는 승복하는 것, 동의하는 것, 순응하는 것, 그리고 끝이 없는 것이며, 약삭빠르고 편재(遍在)하는 것이다.

〈그림 6-3-6〉
밤나무 단풍나무 토템나무
(『예술의 원형식들』, 블로스펠트)

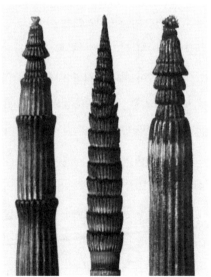

〈그림 6-3-7〉
속새풀 고대기둥
(『예술의 원형식들』, 블로스펠트)

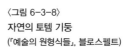

〈그림 6-3-8〉
자연의 토템 기둥
(『예술의 원형식들』, 블로스펠트)

〈그림 6-3-9〉
청나래고사리 추기경지팡이
(『예술의 원형식들』, 블로스펠트)

〈그림 6-3-10〉 토끼풀 고딕 양식(아래 오른쪽, 『예술의 원형식들』, 블로스펠트)

하지만 관찰자인 우리는 소인국의 주민들처럼 이 거인 식물들 아래에서 살아간다. 괴테와 헤르더[5]가 지녔던 형제 같은 거인정신, 태양과 같은 눈동자는 이 꽃받침에서 온갖 단맛을 빨아들이는 일로 제한되었다.

5   〔편역자 주〕요한 고트프리트 폰 헤르더(Johann Gottfried von Herder, 1744~1803): 독일의 철학자·문학자. 합리주의를 비판하고 자연과 역사의 발전 속에서 신(神)을 직관하는 입장을 취했으며, 인간의 역사는 인도(人道) 이념의 실현과정이라고 주장해 이후 독일의 역사철학에, 특히 괴테에게 큰 영향을 끼쳤다.

옛 편지의 흔적을 찾아서[*]

신사 숙녀 여러분, 제가 오늘 청취자 여러분과 함께할 주제는 몇몇 기록 자료―정확하게 말하자면 몇몇 옛 편지―인데요. 그 흔적을 찾아 나선 것에 대해 저는 간략하게나마 입문 형식으로 이야기할 수 있겠습니다. 제 말은 우리에게 독일의 과거를 전승한 편지 더미 속에서 길을 찾는 사람에게 방향을 제시할 수 있는 여러 가지 서지학적, 사서학적 요령이 아닙니다. 이에 대해서는 오히려 적지 않은 기록 자료의 가치를 발견한 후에야 비로소 본래 작업이 시작된다는 점만을 말해두고자 합니다. 말하자면 이와 같은 문서 조각을 모든 지면과 맥락에 따라 명확하게 알아보기 쉽게 만드는

[*] 〔편역자 주〕 Auf der Spur alter Briefe(Walter Benjamin, *Gesammelte Schriften*, Bd. IV/2, Frankfurt a. M., 1972-1992, pp. 942-944).

벤야민은 1931년 4월부터 1932년 5월까지 『프랑크푸르트신문(Frankfurter Zeitung)』에서 1783~1883년 시기의 편지 27편을 출간했다. 이것이 현재 『독일인들(Deutsche Menschen)』이라는 제목으로 전해지는 벤야민의 유고집이다. 당시 시리즈물로 출간한 기획 전체를 안내하는 텍스트가 남아 있는데, 벤야민은 이 텍스트를 라디오 방송용 강연으로 구상한 것으로 보인다. 여기에서 번역하고 있는 글이 바로 이 라디오 방송용 집필 텍스트다.

것이 중요한 경우라면 그렇겠지요. 여러분께 이야기하고 싶은 것은 그런 것이 아니라, 제가 편지의 흔적을 쫓았던 의도입니다. 쫓길 시작했다고 말하고 싶지는 않습니다. 왜냐하면 이토록 많은, 지루하기만 했던 것도 아닌 시도들은 처음엔 여기에서도 역시 여러분이 뭐라 칭하든 간에 오히려 어떤 착상, 기분상의 일시적 변화 이상의 것이 아니었기 때문입니다. 그것은 그 자체로 오늘날에는 제게 명료한 것의 극히 일부를 보여줄 따름이지요. 그래서 저는 제 의도를 공개하게 된 것에 『프랑크푸르트신문』 편집부에 적지 않게 감사를 드리는데요. 편집부는 신뢰를 가지고 이 일을 제게 고무했으며, 작은 선집―이것이 시리즈의 시발점인데, 연속물에 대한 다양한 논거는 지금 제가 이미 가지고 있지요―의 보금자리를 제공해주었습니다.

어쩌면 여러분들 중 상당수는 군돌프[1]가 이따금 위대한 예술가적 현존의 산맥이라고 기술한 지층을 떠올릴지도 모르겠습니다. 우리는 그것을 그대로 차용하지 않고 고쳐 쓰려 합니다. 대화로 전해 내려오는 것은 거의 눈에 띠지 않는, 평평한 오르막의 산기슭을 표현할 것이고, 거기엔 편지로 전승된 것이 이미 최종적인 형체에 이르러 폭넓은 중간 지층을 이루며, 결국에는 정상 곧 본래 창조적인 작품을 수반하게 될 것입니다. 자, 이제 이 이미지를 잠시 우리들 목전에 떠올려본다면, 그것은 우리가 국한하고자 하는 고전 시기에 해당하며, 그 정상이 빙하기에 접어들었을 때 저는 그곳에서

---

1   〔편역자 주〕프리드리히 군돌프(Friedrich Gundolf, 1880~1931): 독일의 시인·문예사가. 하이델베르크대학 교수를 지냈다.

출발했던 것입니다. 왜냐하면 독일 고전주의의 교리가 종결된 지 이미 오래고, 더는 토론할 것도 없으며, 그 경직된 확고부동함이 영향력의 상실로 위협받고 있다는 점은 부인하기 어려운 일이기 때문입니다. 누군가 이런 상황에 대해 해명을 제시했다면, 그에겐 그와 동시에 그 시대의 막강한 서간문학이, 이미지로 표현하자면, 〔높은 산에서 사철 눈이 녹지 아니하는 부분과 녹는 부분의 경계선인〕설선(雪線)과도 같은 그 어떤 것을 표현한다는 점이 분명해집니다.

　물론 고전주의라는 그 금욕적인 개념을 모종의 서간문집에도 확장하고 교리화해 오늘날엔 아무런 효력을 띠지 못하게 만들어버린 시도들이 없었던 것은 아닙니다. 이에 괴테와 실러 사이에 오간 편지들, 포이어바흐(Ludwig Feuerbach)가 모친께 보낸 편지들, 더군다나 빌헬름 폰 훔볼트(Wilhelm von Humboldt)가 애인에게 보낸 금박의 장정본에 수록된 편지들만 언급해두기로 하지요. 하지만 그렇다고 해서, 학교, 신문, 낭독 사업의 거대한 왕래 문서의 엄청난 분량이 확보되지 않아 일반 교육의 만족을 모르는 목구멍에 떨어질 일을 막고 있다는 사실이 달라지진 않습니다. 달리 말해, 편지 지식은 지금까지 연구자 곧 전문가의 특권이었습니다. 하지만 이는 그들 중 어느 누구도 편지 그 자체에 거의 주목하지 않았음을 뜻하기도 합니다. 대부분 편지는 우리가 뭐라 부르든지 간에, 증빙자료, 보고(寶庫), 문헌으로 남지요. 그래서 게르비누스[2]가 괴테 서간집의 대단히 중요한 저술의 서문에서 다음과 같이 말한 것

2　〔편역자 주〕게오르크 고트프리트 게르비누스(Georg Gottfried Gervinus, 1805~
　1871): 독일의 역사가·정치가.

은 옳습니다.

문학사(文學史)가 이 편지 모음이 (…) 제공할 수 있었던 주요 이득을 누렸음은 명백하다. 그것은 우리가 이전에는 아마 생각할 수도 없었으며, 또 알지도, 필요로 하지도 않았던 문학사적 실용주의를 가능케 한다. 왜냐하면 (…) 커튼 뒤의 작가를 보는 중독성과 즐거움은 단지 (…) 작가 스스로가 인간 뒤에 작가를, 작가 뒤에 인간을 숨기려 애쓴 결과에 불과한 것일 수도 있기 때문이다. 하지만 이러한 노력은 대개 이토록 어리석고 부질없음에도 불구하고 정치의 비밀행위처럼 특히나 최근의 일이며 또 최신 작가들에 나타나는 특성인 것이다.[3]

이 말로 게르비누스는 교류한 서신에서 괴테의 이미지, 특히 노년의 그의 이미지를 끌어내는 결정적 시도를 서두에 장식하고 있습니다. 그것은 정말 편지 한 통에 담긴 복합군(群)을 완벽하고 날카롭게 주해한 몇 안 되는 단서들 중의 하나인데요. 말하자면 그것은 저명한 서간 문집을 어떤 영웅숭배의 오락거리로 삼는 오용뿐만 아니라 문헌학이라는 후속 분과학문 운영과도 결정적으로 구별되는 시도라는 것입니다.

저는 이러한 모범적 시도를 적용하겠지만 그렇다고 무작정 그리하지는 않겠습니다. 우리가 간과해선 안 될 점은 게르비누스의 글이 괴테가 죽은 지 5년 뒤에 출간되었으며, 그의 시선이 역사적

---

3   G. G. Gervinus, *Ueber den Göthischen Briefwechsel*, Leipzig 1836, 2 f.

격차 없이 편지 더미에 닿았다는 점입니다. 하지만 이러한 역사적 격차는 우리 고찰의 법칙이 우리에게 명하는 것이며, 무엇보다도 지고의 법칙, 말하자면 점차 증대하는 역사적 격차와 함께 인간과 작가, 사적인 것과 객관적인 것, 인격과 사물의 구별이 점점 더 정당성을 상실해간다는 내용법칙인 것이지요. 단지 중대한 편지 하나도 또한 정말 올바르게 평가할 만큼, 그것을 온갖 문제적 관련성, 온갖 암시와 세목 속에서 해명하는 일은 인간적인 것 한복판을 파고 들어감을 뜻합니다. 이 인간적인 것이 별난 인물, 영웅, 천재인 것이 아니라 그렇게 부르는 데 익숙했던 사람들에게 보다 평범한 동시대인들과의 소통, 의견 교환을 가능하게 했던 것이라면, 그것은 단지 더 고귀하고, 기품 있으며 더 풍요로울 따름이지요. 우리는 이렇게 말하길 주저하지 않을 것입니다. 역사가가 과거를 더 멀리서 붙들면 붙들수록, 에밀 루트비히[4] 같은 사람의, 아니면 다른 사람의 잡스럽고 값싼 일대기를 작업하는 심리학이 더욱더 실효성을 상실하게 되며, 그럴수록 사건들, 자료들, 이름들은 문헌학적일 필요가 없이 그저 인간적일 수 있는 권한을 무제한적으로 행사한다고 말입니다.

이제 앞으로 보여드릴 몇몇 보잘것없는 시도는 이와 같은 의도에 부합할 것입니다.

(중략)

---

4   〔편역자 주〕에밀 루트비히(Emil Ludwig, 1881~1948): 스위스의 유대인 작가.

자, 이제 오늘은 이 정도로 마무리하기로 하지요. 이 아주 몇 안 되는 편지들로 곧 『프랑크푸르트신문』이 출간할 몇몇 신간에 여러분의 주의가 환기되고, 더 나아가 이러한 간행물이 문헌학적 공명심도 미심쩍은 교육의 필요성도 아닌, 오히려 생생하게 살아 움직이는 전승에 봉사하고 있음을 여러분이 확신한다면, 저로서는 기쁘겠습니다.

카이저파노라마[*]

사람들이 카이저파노라마¹(〈그림 6-5-1〉 참조)에서 발견한 여행 사진들의 매력은 [그것들을] 어디서부터 둘러보기 시작하든 마찬가지라는 데 있다. 왜냐하면 영사막이 회전하면서 그 막 앞의 어느 좌석에서든 장면 모두가 스쳐 지나가기 때문이다. 사람들은 자기 앞에 놓인 창문 모양의 두 구멍을 통해 희미한 음영을 드리운

* (편역자 주) Kaiserpanorama(Walter Benjamin, *Gesammelte Schriften*, Bd. IV, Frankfurt a. M., 1972-1992, p. 239 f).
이 글은 『프랑크푸르트신문(Frankfurter Zeitung)』 1933년 2월 2일 87-89호에 발표된 글이다.
1 (편역자 주) 카이저파노라마(Kaiserpanorama): 19세기 말 도시 건물이나 갤러리 내부에 설치되었던 입체적 시각매체. 사람들은 이 가설물 앞에 앉아 그 안을 들여다볼 수 있는 구멍을 통해 파노라마처럼 펼쳐지는 연속 그림을 감상할 수 있었다. 25명까지 동시에 그림 속의 형상을 관람할 수 있는 대중매체로서 마치 실경을 보는 듯한 느낌을 불러일으켜 일종의 영화의 전신으로 간주되기도 한다. 1880년 브레슬라우(Breslau, 지금의 폴란드 브로츠와프. 당시에는 프로이센령이었다)에 최초로 카이저파노라마가 설치된 후 1883년에는 베를린의 카이저파사주(Kaiserpassage, 갤러리)로 옮겨졌으며, 20세기 초에는 설치된 도시가 250여 개에 이를 정도로 광범위하게 퍼져나갔다.

〈그림 6-5-1〉 카이저파노라마

먼 곳을 들여다보았다. 자리는 늘 있었다. 그리고 특히 나의 유년
기가 끝날 무렵엔 카이저파노라마의 유행이 이미 지난 탓에 사람
들은 반쯤 빈 관람실에서 그와 같은 일주 여행을 하는 것에 익숙
해졌다. 추후에 영화로 여행을 맥 빠지게 할 음악, 판타지로 근접
할 수 있을 이미지를 분해해버리는 음악은 카이저파노라마에 없
었다. 하지만 어떤 사소한 효과음은 원래 거슬리기는 해도 목가극
에 나오는 오아시스나 무너진 성벽 잔해를 둘러싸고 울려 퍼지는
장송행진곡의 온갖 기만적인 마술적 효과보다 내게는 더 월등해
보였다. 그것은 다름 아닌 종소리로, 그림이 사라지기 몇 초 전에
막간을 채우기 위해, 또 다음 그림을 준비하기 위해 울리는 것이
었다. 그리고 종이 울릴 때마다 모든 것은 우수에 젖은 이별의 정
조에 흠뻑 빠져들었다. 산들은 산기슭에 이르기까지, 도시들은 거

울처럼 반짝이는 모든 창문에 이르기까지, 그림 같은 이국 원주민들이, 누런 연기에 쌓인 정거장들이, 포도원 전체가 아주 작은 잎사귀들에 이르기까지 그러했다. 나는 이런 장엄한 광경을 한 번에 맛보기란 불가능함을 또다시 확신하게 되었다. 이미 첫 번째 그림을 보았을 때부터 거의 매번 그러한 확신이 생겼다. 나는 다음날 또 와야겠다고 다짐을 ─그 다짐은 결코 실행되지 못했지만─ 하게 된다. 그러나 완전히 결심을 굳히기도 전에, 내가 앉은 자리에서 기껏해야 목재 널빤지로 분리된 무대장치 전체가 흔들렸다. 그러면 작은 틀 안의 그림이 흔들리다 곧 내 시야에서 왼쪽으로 사라졌다.

여기서 명맥을 이어온 예술들은 19세기에 생긴 것이다. 그때가 바로 여전히 비더마이어[2]가 환영받던 시기였다. 1822년에 다게르[3]는 파리에서 파노라마를 공개했다. 그 이후로 이 명료하면서도 희미하게 빛나는 작은 상자, 먼 곳과 과거가 담긴 이 수족관은 당시 유행하던 모든 경마장과 산책로에 자리 잡았다. 파노라마는 실내에서 아이들이 지구와 친구를 맺었던 암실이 되기 이전에는 지구의 궤도 중 가장 유쾌한 궤도─가장 아름답고 가장 화려한 자오선─로서 바로 이곳의 카이저파노라마를 꿰뚫고 지나가기 전에는, 여기서 파사주나 간이매점에서와 마찬가지로 속물들과 예술가

---

2   〔편역자 주〕비더마이어(Biedermeier): 19세기 전반(1815~1848년)에, 독일과 오스트리아에서 유행한 미술 일반의 양식.

3   〔편역자 주〕「다게르 혹은 파노라마」의 편역자 주(345쪽 주 4) 참고.

들의 소일거리가 되었다. 내가 처음 그곳에 발을 들여놓았을 때에는 가장 화려한 풍경의 시대가 이미 오래전에 지나버린 뒤였다. 하지만 그 매력의 마지막 관객이었던 어린아이들에게는 파노라마의 매력은 조금도 상실되지 않았다. 그러니까 그 매력은 어느 날 오후 소도시 엑스[4]가 나오는 영사막 앞에 앉은 나를 설득하는 것 같았는데, 말하자면 내 생애 그 어느 때에도 속하지 않은 시간에 플라타너스 잎사귀 사이로 올리브색 햇빛이 쏟아지는 드넓은 미라보 광장에서 놀았던 적이 있다고 말이다. 그러한 여행에서 진기한 것은 먼 세상이 항상 낯선 곳은 아니며, 내게 불러일으켰던 동경이 언제나 미지의 세상에 대한 유혹이 아니라 오히려 가끔은 집으로 귀환하고자 하는 위안의 동경이었다는 점이다.

그러나 어쩌면 그것은 이토록 은은하게 모든 것을 비추던 가스등 불빛 때문이었는지도 모른다. 비가 오면 나는 50개의 그림들이 정확하게 두 줄로 나뉘어 기재된 포스터를 보는 데서 그치지 않고 그 안으로 들어가, 그 안에서 피오르[5]나 야자수에 비치는 불빛에서 저녁에 숙제할 때 내 책상을 밝혀주던 것과 똑같은 빛을 나는 발견했다. 그러다 갑자기, 조명장치의 결함 때문인지 기묘한 어스름이 생기고, 풍경에서 빛이 사라지기도 했다. 그러면 풍경은 잿빛 하늘 아래에서 침묵한 채 놓여 있었다. 그때는 내가 조금만

---

4   〔편역자 주〕엑스(Aix): 프랑스 도시 마르세유 북쪽에 위치한 마을 엑상프로방스.
5   〔편역자 주〕피오르(fjord): 빙하의 침식으로 만들어진 골짜기에 빙하가 없어진 후 바닷물이 들어와서 생긴 좁고 긴 만. 피오르해안이라고도 한다.

더 주의를 기울였다면 여전히 바람소리와 종소리를 들을 수도 있을 것만 같았다.

전화기[*]

기계장치의 구조 탓인지 기억의 구조 탓인지 모르겠지만, 확실한 것은 〔내가〕 최초로 전화 통화를 했을 때 소음은 오늘날과 매우 다른 울림을 내 귀에 남겼다는 사실이다. 그것은 밤의 소음들이었다. 어떤 뮤즈도 그런 소리를 전하지는 않았을 것이다. 그 소음이 들려오던 밤은 진정한, 새로운 탄생에 앞서 오는 밤과도 같았다. 그리고 새로 태어나는 것은 기계장치 안에 잠들어 있던 목소리였다. 매일 매시간 전화는 나의 쌍둥이형제였다. 그래서 나는 전화가 자신이 자랑스럽게 밟아갈 이력에서 초창기의 굴욕을 어떻게 극복해나가는지 체득할 수 있었다. 그 당시 앞쪽 거실에서 휘황찬란하게 빛났던 샹들리에에, 난로의 방열판, 실내 야자수, 화장대, 촛대, 그리고 돌출창의 난간이 이미 오래전에 사라졌지만, 전화기는

---

* 〔편역자 주〕 Das Telephon(Walter Benjamin, *Gesammelte Schriften*, Bd. IV, Frankfurt a. M., 1972~1992, p. 242 f.
  이 글은 『프랑크푸르트신문(Frankfurter Zeitung)』 1933년 2월 2일 87~89호에 발표된 글이다.

협곡에 빠져 있던 전설적인 영웅이 그곳을 빠져나오듯 어두운 복도를 등지고 불빛이 있는 보다 더 환한 공간으로, 집 안의 젊은 세대가 차지하는 공간으로 당당하게 진입했다. 젊은 세대에게 전화기는 고독을 달래주는 위안이었다. 희망을 잃어 사악한 세상을 떠나고자 하는 사람들에게 전화기는 마지막 희망의 불빛을 던져주었다. 전화기는 버림받은 자와 침대를 함께 썼다. 또한 망명지에서 들려오는 귀청을 찢을 듯한 날선 목소리를 따뜻하게 윙윙거리는 소리로 가라앉히려 했던 것도 전화기였다. 죄인처럼 두려움에 떨면서도 전화가 오기를 애타게 기다리는 곳에서 과연 무엇이 더 필요했겠는가?

오늘날 전화기를 사용하는 사람들 중에 옛날에 전화기의 등장으로 가정의 보금자리에 어떤 폐해가 초래되었는지 아는 사람은 그리 많지 않다. 오후 2시와 4시 사이에 나와 통화하길 원하는 학교 친구들로부터 걸려온 벨소리는 부모님의 오후 휴식 시간만 아니라 그들이 여전히 그러한 휴식 시간을 누릴 수 있었던 세계사적 시대를 방해한 경보음이었다. 민원 접수처의 직원에게 위협조의 말투를 퍼붓거나 호통 치는 소리는 말할 것도 없고, 관청 직원들과의 의견 다툼도 아버지가 벌이는 일에서는 상례였다. 하지만 그의 무절제한 본래의 모습은 〔그가〕 몇 분이고 몰아지경에 이를 때까지 전화기 손잡이를 돌려댈 때 나타났다. 이때 그의 손은 황홀한 도취에 사로잡힌 탁발승과도 같았다. 그러나 나의 심장이 뛰었고, 나는 이런 경우는 여자 직원이 게으름을 피운 벌로 매를 맞는 것이라고 확신했다.

그 당시 전화기는 망가져서 버림받기라도 한 것처럼 집 뒤편 복도 한구석의 빨래통과 가스탱크 사이에 걸려 있었고, 그곳에서 울려 퍼졌던 전화벨 소리는 베를린 집의 공포감만을 가중할 따름이었다. 가까스로 정신을 가다듬고 그 기계의 반란을 잠재우기 위해 한참이나 잘 보이지 않던 전화기 줄을 찾아서 드디어 아령처럼 무거운 수화기 양쪽을 잡아 그 사이로 머리를 집어넣는 순간, 나는 거기서 들려오는 목소리에 꼼짝없이 갇히고 말았다. 나를 파고든 그 목소리의 무시무시한 힘을 누그러뜨려준 것은 아무것도 없었다. 나는 그 힘이 시간, 의무, 계획에 대해 생각할 여지를 내게서 빼앗아 나 자신의 생각을 무산시키는 것을 그저 무기력하게 받아들였으며, 또한 매체가 저쪽에서 자신을 장악한 목소리에 순순히 따르듯 나 자신도 전화기를 통해 내게 공표된 최초의 가장 훌륭한 제안을 따랐던 것이다.

다게르 혹은 파노라마[*]

"태양이여, 조심하라!"
— A. J. 비르츠, 『문학전집』, 파리 1870, p. 374[1]

건축이 철골 축조에서 예술이 더는 감당할 수 없을 만큼 성장
하기 시작한 것처럼, 회화 역시 파노라마들 속에서 예술을 뛰어넘
는 성장을 한다. 파노라마가 확산된 절정기는 파사주의 등장과 때
를 같이한다. 사람들은 기술적 기법을 통해 파노라마를 완벽한 자

---

*   〔편역자 주〕Daguerre oder die Panoramen(Walter Benjamin, *Gesammelte Schriften*, Bd. V, Frankfurt a. M., 1972-1992, p. 46 f).
    이 텍스트는 『파사주』 프로젝트 연구계획서 「19세기 수도 파리(Paris, die Hauptstadt des XIX. Jahrhunderts)」(1935)에서 2장으로 기획된 부분이다. 벤야민의 매체철학에서 이 텍스트가 차지하는 위상은 기술매체의 역사적 원천을 거슬러 올라가 모더니티를 탐색하려는 역사성의 탐구 시도라는 데 있다. 그러한 점에서 「사진의 작은 역사(Kleine Geschichte der Photographie)」(1931) 및 『기술복제시대의 예술작품(Das Kunstwerk in Zeitalter seiner technischen Reproduzierbarkeit)』(1935~1939)과 궤를 같이한다.
1   Antoine Joseph Wiertz, *Œuvres littéraires*, Paris 1870, p. 374.

제6장 회화, 그래픽, 전화, 사진   **343**

연 모방의 터전으로 만드는 데 여념이 없었다. 사람들은 풍경에 비친 하루 시간의 변화, 달이 뜨는 모습, 폭포소리를 모사하려 했다. 다비드는 파노라마에 가서 자연을 모방해 그릴 것을 제자들에게 가르쳤다.[2] 파노라마는 묘사된 자연을 실제와 구별하기 어려울 정도로 유사하게 변형하는 방법을 씀으로써 사진을 넘어 영화와 유성영화의 선구가 된다.

파노라마와 동시에 파노라마 문학이 등장했다. 『100의 책(Le livre des Cent-et-Un)』 『프랑스인들의 자화상(Les Français peints par eux-mêmes)』 『파리의 악마(Le diable à Paris)』 『대도시(La grande ville)』 등이 그러한 문학이다. 이 책들에서 통속물의 집단적 작업이 준비되었는데, 1830년대 지라르댕[3]이 이 신문 문예란을 통해 그러한 작업의 터전을 만들었다. 이 책들은 개별적 스케치들로 이루어져 있으며, 그 스케치들의 일화(逸話)적 표현방식은 입체적으로 세워진 파노라마의 전경에, 그것들의 정보적 배경은 파노라마의 배경 그림에 상응한다. 이러한 문학은 사회적으로도 파노

---

2 〔편역자 주〕자크루이 다비드(Jacques-Louis David, 1789~1851): 프랑스의 화가·사진기술자.
   벤야민은 『파사주』 프로젝트에서 에밀 드 라베돌리에르 책(Emile de Labédollière, Le nouveau Paris, histoire des ses vingt arrondissements, Paris, 출간연도 알려지지 않음)에 인용된 구절을 다음과 같이 기록하고 있다. "질식할 듯이 답답한 원경(遠景)에 대해 '파노라마에 가서 자연을 모방해 연습해도 좋다'라고 다비드는 말하고 있다." Walter Benjamin, *Gesammelte Schriften*, Bd. V/1, Frankfurt a. M., 1972-1992, p. 181, 〔E 1, 8〕.
3 〔편역자 주〕에밀 드 지라르댕(Émile de Girardin, 1806~1881): 프랑스의 신문경영자·정치인.

라마적이다. 최종적으로 노동자는 자신의 계급과는 무관하게 목가적 풍경의 장식물로 나타난다.

파노라마들은 예술이 기술과 맺는 관계의 변혁을 예고하지만, 그와 동시에 새로운 생활감정의 표현이기도 하다. 시골에 대해 갖게 되는 도시민들의 정치적 우월성은 세기가 흐르면서 여러 가지로 표현되는데, 이제 도시민들은 시골을 도시로 끌어들일 시도까지 하고 있다. 파노라마에서 도시는 시골로 확장되고, 나중에는 산책자에게 보다 더 세련된 방식으로 그러한 확장이 가해진다. 다게르[4]는 파노라마 화가인 프레보[5]의 제자이며, 프레보의 가게는 파노라마 파사주에 있었다. 프레보와 다게르의 파노라마 묘사. 다게르 파노라마는 1839년에 소실되었다. 같은 해 그는 다게레오타이프[6]의 발명을 공표한다.

아라고[7]는 한 의회 연설에서 사진을 선보인다. 그는 사진을 기술의 역사에 자리매김한다. 사진의 과학적 응용을 그가 예언했다. 그와 반대로 예술가들은 사진의 예술적 가치에 대해 논쟁을 벌이기 시작했다. 사진은 세밀초상화가라는 거대한 직업군의 초토화

4 〔편역자 주〕루이 자크 망데 다게르(Louis Jacques Mandé Daguerre, 1787~1851): 프랑스의 사진가·미술가.
5 〔편역자 주〕피에르 프레보(Pierre Prévost, 1764~1823): 프랑스의 파노라마 화가.
6 〔편역자 주〕다게레오타이프(Daguerretypie): 대중적으로 널리 사용된 최초의 실용적인 사진술. 다게르가 1837년에 발명했고 2년 뒤인 1839년에 발표했다.
7 〔편역자 주〕프랑수아 아라고(François Arago, 1786~1853): 프랑스의 천문학자·물리학자. 빛의 파동설을 실증하고, 지구 자오선의 길이를 측정했으며, '아라고의 원판' 실험 등을 행했다.

를 가져왔다. 그것은 경제적 이유에서만은 아니었다. 초창기 사진
은 예술적으로 세밀초상화를 능가했다. 그에 대한 기술적 이유는
노출 시간이 길어진 탓이었는데, 긴 노출 시간은 피사체 인물의
고도 집중을 요구했던 것이다. 또 사회적 이유는 초창기 사진가들
이 아방가르드의 일원이었으며, 그들 고객은 대부분 아방가르드
출신이었다는 사정에 있다. 나다르[8]가 직업 동료들보다 앞선 점은
파리의 하수도망 안에서 촬영을 시도한 데에서 특징적으로 드러
난다. 이를 통해 처음으로 대물렌즈를 발명할 생각을 하게 되는 것
이다. 대물렌즈의 의미는 새로운 기술적·사회적 현실에 직면해 회
화나 판화의 정보를 감싼 주관적 포장이 점점 의문시되면 될수록
그만큼 더 중요해진다.

1855년 〔파리의〕 만국박람회는 최초로 '사진'이라는 특별전시
회를 열었다. 같은 해 비르츠는 사진술에 대한 장대한 글을 발표했
는데, 이 글은 사진술에 회화를 철학적으로 계몽할 역할을 부여했
다.[9] 이러한 계몽을 그는 그 자신의 그림들이 보여주는 것처럼 정
치적 의미로 이해했다. 비르츠는 사진을 선동적으로 이용하는 방
법으로서 몽타주를, 예견하지는 못했다 하더라도, 요구는 했던 최

---

8 〔편역자 주〕 나다르(Nadar, 1820~1910): 프랑스의 사진가·만화가. 본명은 가스파르
  펠릭스 투르나숑(Gaspard-Félix Tournachon)이다. 1859년에 들라크루아, 보들레르
  등을 모델로 한 초상 사진집을 출판해 초상사진가로 명성을 얻었다. 1860년에는
  휴대용 발광장치를 이용해 파리 야경(夜景)과 지하묘지 납골당과 하수도를 촬영했
  는데, 사진 촬영술에서 전기조명을 사용한 최초의 시도로 평가받는다.
9 〔편역자 주〕 A. J. Wiertz, *Œuvres littéraires*, Paris 1870, p. 309 f.
  앙투안 조제프 비르츠(Antoine Joseph Wiertz, 1806~1865): 벨기에의 화가·조각가.

초의 인물로 간주될 수 있을 것이다. 점점 증대하는 교통망의 확대와 더불어 회화의 정보적 의미는 점점 더 축소되었다. 회화는 사진에 대한 대응으로 일단 그림의 색채적 요소를 강조하기 시작했다. 인상파가 큐비즘에 자리를 내주자 회화는 당분간 사진이 도저히 따라올 수 없는 폭넓은 영역을 확보했다. 사진은 그 나름대로 19세기 중반부터 전에는 고객이 손에 전혀 넣을 수 없었거나 아니면 그저 그림으로만 주어질 수 있었던 인물, 풍경, 사건을 시장에 한도 끝도 없이 쏟아냄으로써 상품경제의 범위를 강력하게 확장해나갔다. 판매를 증대시키기 위해 사진은 촬영기술을 유행에 따라 변형해 피사체의 대상물들을 갱신해나갔고, 이러한 기술적 쇄신이 이후에 사진의 역사를 결정짓게 된다.

통합인문학으로서
매체철학 및 매체미학을 위하여

고지현

　　발터 벤야민의 저술 중 그의 명성에 가장 크게 기여한 것을 꼽자면, 그것은 단연 『기술복제시대의 예술작품』일 것이다. 이 텍스트는 20세기 유럽 문화의 시대전환적 국면을 극명하게 드러내 보이는 문제작이지만, 벤야민의 저술 대부분이 그러하듯이 그의 살아생전에는 빛을 못 보다가, 1960~1970년대에 이르러서야 비로소 독일어 문화권에서 재발견의 기회를 맞았다. 그 결정적 계기는 당시 대중매체에 여전히 불신과 적대감으로 일관했던 유럽 신(新)좌파의 태도에 이의를 제기한 해방미학의 활용가능성이었다.[1] 이와 같은 정치실천적 모색이 브레히트(Bertolt Brecht) 라디오이

1　Hans Magnus Enzensberger, "Baukasten zu einer Theorie der Medien", H. M. Enzensberger, *Palaver. Politische Überlegungen 1967-1973*, Frankfurt/Main 1974, pp. 91-129.

론의 재조명과 흐름을 같이한 것이었다면, 그 이후 1980년대 후반 시대 담론의 분기점으로 급부상한 『기술복제』에 대한 관심은 독자적 저자 이름 하나만으로 국제적 명성과 함께 대중성 또한 확보해 나갔다. 이 시기 등장한 포스트모던은 기술매체, 전자매체, 디지털 매체가 그저 단순하게 커뮤니케이션의 편의를 제공하는 수단으로만 활용되는 것이 아니라, 예술과 인간 지각에도 뚜렷한 변화를 가져온다는 인식을 확고하게 다지기 시작했으며, 이에 대한 선구적 혜안으로 『기술복제』가 소환됨으로써 매체미학이라는 새로운 인식의 지평이 열렸다. 실제로 벤야민은 미학(Aesthetica, 1750/1758)을 '감각적 인식의 학문'으로 정초하려 한 바움가르텐(Alexander Gottlieb Baumgarten)의 시도 이후, 고대 그리스 어원인 아이스테시스(Aisthesis)에 담긴 '감각적 지각론'의 의미를 명시적으로 되살린 최초의 인물일 것이다.[2]

영화를 표본 삼아 모던의 지각 변동을 파악하고, 이를 통해 미학을 지각론으로 근거 지운 벤야민의 시도는 후대 미학 논쟁 및 근·현대 예술 논쟁에 지대한 영향을 끼쳤다. 물론 간접적이긴 해도 이보다 더 강력한 영향력을 꼽자면, 무엇보다도 자연과학과 인문과학 사이에 뿌리 깊게 구축된 상호 배타적 장벽에 도전한 통합

2   "그리스인들이 미학(Ästhetik)이라고 부른 지각에 관한 이론"(발터 벤야민, 『기술복제 시대의 예술작품 / 사진의 작은 역사 외』, 선집 2, 최성만 옮김, 도서출판 길, 2007, 92쪽. 벤야민을 인용할 때 독자들의 접근성을 고려해 국내 번역본으로 위의 『발터 벤야민 선집』을 참조했다. 다만 여기에서는 맥락에 따라 기존 번역 문장이 어색하거나 매끄럽지 않게 느껴질 경우 독일어 원본을 참조해 일부 수정 했음을 밝혀둔다.)

적 연구시각일 것이다. 이는 벤야민 특유의 고고학적 사유를 특징 짓는데, 그것은 예술 vs 기술이라는 이분법적 분리 도식을 뛰어넘는 사회적 재생산(복제)기술에 대한 명쾌한 통찰에서 비롯된다.

예술작품은 원칙적으로 늘 복제가 가능했다. 인간들이 만든 것은 항상 인간들이 따라할 수 있었다. [···] 예술작품의 기술적 복제는 좀 새로운 현상이다. [···] 그리스인은 예술작품을 기술적으로 복제하는 두 가지 방법을 알고 있었는데, 그것은 주조와 압인(壓印)이었다. 그리스인들이 대량으로 제작할 수 있었던 예술작품은 청동제품과 테라코타 또 주화가 유일했다. 그 밖의 것들은 모두 일회적인 것이었고, 기술적으로도 복제가 불가능한 것이었다. 목판이 등장함으로써 비로소 처음으로 그래픽이 기술적으로 복제 가능해졌다. 인쇄를 통해 문자의 복제가 가능하기 전까지는 오랫동안 그래픽이 판화로 복제되어 왔다. [···] 중세 동안에는 목각 이외에도 동판과 에칭이 생겨났고 또 19세기 초에는 석판이 등장했다.[3]

고대에서 근·현대에 이르기까지 복제기술의 변천을 중심으로 예술작품의 존립 근거를 되묻는 이 같은 시각은 첨단 고도 신기술에 무작정 경도된 기술지상주의와는 아무런 상관이 없다. 새로운 복제기술의 등장은 기술 혁신 이상의 의미를 지닌다. 비록 극히 제한된 지면에 미시적 분석에 머물고 있지만, 벤야민은 새로운 복제

3   같은 책, 100~101쪽.

기술이 가져오는 급격한 사회문화적 변동, 기술(기계)과의 첫 대면으로 가시화되는 인간학적 범주 및 경험계의 확장 등을 세심하게 포착하고 있다. 그래픽은 목판이나 동판보다 훨씬 간단한 방법으로 구현된 석판 인쇄술로 일상의 모습들을 매일매일 새로운 그림으로 담아낼 수 있게 되었는데, 이것은 그래픽이 인쇄의 속도와 보조를 맞출 수 있게 되었음을 뜻한다. 그리고 곧이어 이 보조 능력을 사진술이 대체한다. 문자의 복제를 넘어 이미지의 복제는 이제 순간의 찰칵하는 손동작 하나로 해결되고, 복제과정을 담당하는 인간의 활동기관은 세계 재현에 있어 지난한 숙련을 요하는 손에서 렌즈를 투시하는 눈으로 옮겨간다. 이는 또 다른 복합적 복제과정의 진일보를 예고한다. 눈은 손보다 더 빨리 대상을 포착하기에 말하는 것과 보조를 맞출 수 있게 되며, 이로써 작업실에서 연기자의 말 속도에 맞춰 이미지를 고정할 줄 아는 필름촬영기사가 탄생을 알린다. 물론 여기엔 소리의 복제기술이 선행되어야 할 것이다.

사회 전반에 걸쳐 일어난 복제기술의 파장력은 그야말로 포괄적이고 엄청난 것으로서, 그 시대전환적 의미는 19세기 일상생활의 전기화에 빗댄 발레리(Paul Valéry)의 인용 문구가 잘 대변해준다. 이 속에 담긴 미래 비전은 외려 오늘날 더 명료한 가독성으로 다가온다.

석판인쇄 속에 삽화가 들어 있는 신문이 잠재적으로 숨어 있었다면, 사진 속에는 유성영화가 숨어 있었다. […] 이처럼 한 방향으로 수렴되는 노력들은 발레리가 다음과 같은 문장으로 특징지은 바 있는 상황을 예견하게 한다. "마치 물이나 가스 및 전기가 거의 눈에 띄지도 않는 손동작 하나로 멀리서 우리 집으로 와 시중을 들듯이, 이제 우리에게는 조그만 동작 하나로, 아니 조그만 신호 하나로 곧바로 또 다시 사라져버리는 그런 영상들이나 소리들이 공급될 것이다."[4]

벤야민은 분과학문의 장벽을 허무는 이와 같은 접근방식을 스스로 실행에 옮겨 모더니티 탐구의 혁신을 꾀하기도 했다. 요컨대 매체기술의 발전이 인간의 쓰기방식 곧 기록체계에도 변화를 가져온다는 키틀러(Friedrich Kittler)의 강력한 주장까지는 아니더라도, 문학 형식과 매체 간의 구조적 유사성에 대한 심오한 성찰이 대표적이다. 기억(저장)력(Gedächtnis)이라는 현상이 이른바 '체험된 것의 매체'[5]로 규정될 때, 기억력은 무엇보다도 기억(행위, Erinnerung)과 망각(행위)을 가능하게 하는 토대적 구조물이기 때문에 이야기하는 것과 그에 따른 문학 형식의 전제조건이 될 수밖에 없다. 그래서 벤야민은 「이야기꾼」에서 "기억력이야말로 그

---

4   같은 책, 102쪽.
5   "기억력이라는 말이 오해의 여지 없이 드러내는 것은 그것이 과거를 탐색하는 도구가 아니라 과거가 펼쳐지는 무대라는 점이다. 죽은 도시들이 파묻혀 있는 매(개)체가 땅인 것처럼, 기억은 체험된 것의 매(개)체이다."(발터 벤야민, 「베를린 연대기」, 『1900년경 베를린의 유년시절 / 베를린 연대기』, 선집 3, 윤미애 옮김, 도서출판 길 2007, 191쪽.

어떤 것보다 중요한 서사 능력"이라고 쓸 수 있었던 것이다. "기억의 여신 므네모시네(Mnemosyne)는 그리스인들에게 서사시의 뮤즈였다."[6] 프루스트(Marcel Proust)에 대한 벤야민의 관심은 우연이 아니다. 왜냐하면 『잃어버린 시간을 찾아서』는 단순하게 유년 시절을 서술하고 있을 뿐만 아니라 기억이 이루어지는 과정 자체를 반성의 대상으로 삼음으로써 18세기 이래 문학에서 전면적으로 몰락의 길을 걸은 글쓰기 전통을 구제할 수 있었기 때문이다.

이뿐 아니다. 체험된 것의 매체로서 기억력이 프루스트 작품에서는 한 개인의 내면에 갇힌 사적(私的) 경험에 머물러 있다면, 보들레르(Charles Baudelaire) 비평에서 문학 형식과 매체 간의 구조적 유사성에 대한 고찰은 유럽 '19세기 근원사'에 대한 탐구로 폭넓게 확장되어 있다. 일례로 벤야민이 주도면밀하게 재구성한 "탐정소설의 근원"[7]은 문학이라는 협의의 분과학문에서 줄곧 볼 수 있는 새로운 장르의 탄생으로 환원될 성질의 것이 아니다. 그 배경에는 1789년 이후 혁명 주기로 반복을 겪은 프랑스의 계급투쟁이 있고, 야만의 회귀로 낙인된 익명의 군중과 이들의 색출에 혈안이 된 비밀경찰 간의 직·간접적 충돌 및 결탁이 은밀하게 이루어지는 대도시 파리의 풍경이 있으며, 이처럼 불안정한 사회질서의

---

6   발터 벤야민, 「이야기꾼: 니콜라이 레스코프의 작품에 대한 고찰」, 『서사(敍事)·기억·비평의 자리』, 선집 9, 최성만 옮김, 도서출판 길, 2012, 439, 440쪽.
7   발터 벤야민, 「보들레르의 작품에 나타난 제2제정기의 파리」, 『보들레르의 작품에 나타난 제2제정기의 파리 / 보들레르의 몇 가지 모티프에 관하여 외』, 선집 4, 김영옥·황현산 옮김, 도서출판 길, 2010, 86쪽.

정상화라는 기로에서 사진이라는 복제기술이 출현한다.

사진술은 국가통치기술의 현대화에 결정적으로 기여한 도구 중의 하나다. 사진의 도입으로 신분 증명의 식별체계를 구축한 이른바 '베르티옹(Bertillon) 방식'은 무정형의 익명적 군중 속으로 사라지는 인간의 흔적을 다층적인 기록망으로 대체함으로써 감시 행정 시스템의 기초를 놓았다. 사물이든 자연의 움직임이든 세상 만물은 흔적을 남긴다. '흔적을 읽는다는 것'은 인류가 태곳적부터 행해온 세계 식별 능력이다.[8] 사진술은 처음으로 인간의 자취를 지속적으로, 게다가 적확하게 고정할 수 있는 혁신을 이루어냈고, 이를 통해 인지 식별 능력의 확장을 가져왔을 뿐만 아니라 인간의 익명성을 사회적 기록(기억저장)체계로 편입시켰다.

> 신원 확인 처리법의 시초는 〔…〕 서명을 통한 신분 증명이었다. 이 처리법의 역사에서 사진술의 발명은 하나의 전환점을 나타낸다. 이 발명이 범죄학에서 차지하는 중요성은 문학에서 인쇄술의 발명과 맞먹는다. 〔…〕 탐정소설은 인간의 익명성에 대한 정복이 결정적으로 확보되는 순간에 태어났다. 그 이후 말과 행동에서 인간을 포획하려는 노력은 끝이 없어 보인다.[9]

---

8 흔적의 에피스테메적 의미에 대해서는 고지현, 「현대 에피스테메로서의 징후 패러다임과 복제기술 매체: 발터 벤야민의 '흔적' 이론을 중심으로」, 『사회와 철학』 제33집, 사회와 철학연구회, 2017을 참조할 것.
9 발터 벤야민, 「보들레르의 작품에 나타난 제2제정기의 파리」, 앞의 책, 97쪽.

새로운 복제기술의 등장은 세계사적 척도에서 보면 그 자체로 중요한 변화임에 틀림없지만, 모더니티 근원사에서 용광로처럼 분출되는 그 파장력의 복합성에서 바라본다면 세계사 전체에서 일어난 숱한 변화들 중 한 특수 사례에 지나지 않을 것이다.

이처럼 다층적이고 복합적이며, 그와 동시에 비판적인 과학사적 통찰도 수반하는 벤야민의 인문정신은 오늘날 매체철학 및 매체미학의 고전으로 자리 잡았지만, 이보다 더 주목해야 할 점은 그것이 여전히 새로운 발굴의 기회를 기다리는 보고로 남아 있다는 사실이다. 일차적으로 이 문제의식이 본 편역서의 기획을 주도했다. 본래 편역자는 벤야민의 매체론이 『기술복제』의 유명세로 인해 영화이론이나 시각매체로 환원되는 현 인식틀에 작으나마 새로운 물꼬를 트기 위해 그가 적지 않은 기간 소리매체에 전념한 바있는 '라디오 벤야민'[10] 시리즈의 번역을 기획했다. 벤야민이 라디오방송의 제작 및 진행을 직접 담당했다는 것은 익히 알려진 사실이지만, 그것은 거의 주목받지 못했거나 매체미학에서도 전적으로 간과되어온 것이 실상이다. 대중매체에 대한 벤야민의 인식을 보다 포괄적으로 접근해 일관된 방향의 매체철학적 기조를 드러내 보이려던 이 기획은 번역 작업이 구체화되면 될수록 '라디오 벤야민' 자체가 주는 예상 밖의 육중한 무게도 그러했지만, 무엇보다

---

10   단편적이나마 벤야민의 라디오 작업과 관련된 기술매체론의 논의로는 고지현, 「발터 벤야민의 기술매체론—라디오 작업과 계몽구상」, 『인문과학』 제113집, 연세대학교 인문학연구원 2018을 참조할 것.

매체의 상이한 의미층들이 가시권에 들어왔고, 게다가 그것들은 복제기술론의 틀 안에 가둘 수 있는 성질의 것도 아니었다. 그래서 조심스럽지만, 다음과 같은 추론이 가능했다. 벤야민이 후기에 문학비평론 및 예술론을 전개하면서 궁극에 복제기술에 맞닥뜨리게 된 것은 단순한 우연이 아닐 것이다. 어쩌면 이와 같은 귀결은 저자 스스로 처음부터 확고한 의식을 가진 것은 물론 아니었다 할지라도, 그래서 그의 사상적 발전에서 거침없이 큰 흐름으로 질주한 하나의 일관된 방향도 아니었다 할지라도, 간헐적이나마 지속적으로 표출된 매체에 대한 현상학적, 미학적, 언어철학적, 형이상학적, 인간학적 단상들을 통해 이미 초기 사상에 예정되었던 것인지도 모른다.

이에 편역자는 매체에 대한 벤야민의 철학적 성찰들을 집중적으로 들여다볼 수 있는 기틀 마련이 유의미하리라는 판단에 '라디오 벤야민' 시리즈(전 3권)로 『라디오와 매체』를 독립적으로 엮기로 결정했다. 벤야민의 매체에 대한 성찰 및 매체미학과 관련된 논의들은 자기완결성을 갖췄다기보다는, 상대적으로 비중 높은 텍스트들 안에 편입되어 있거나 자기이해와 자기숙고를 위한 기록으로서 미출간된 단편들에 머물러 있다. 매체미학과 관련된 주요 범주들, 예컨대 언어, 문자, 읽기, 반성매체, 아우라, 복제(재생산), 심미화, 경험, 기억력, 기억 등도 독립적 주제로 다루어진 것이 거의 없으며, 오히려 한 번 언급된 범주가 몇 년 혹은 몇십 년이 흐른 후에 다른 텍스트들과 다른 맥락들 속에 재차 반복되어 등장하곤 한다. 따라서 많은 경우 특정 용어에 대한 문헌학적·개념사적 재구성이 이루어져야 비로소 그 범주적 위상이 명확해질 것이다.

제1장 '라디오와 통속성'은 벤야민이 라디오방송 일에 뛰어든 후 소리 대중매체와 관련해 특히 이론적 성찰을 전개한 글들을 모았다. 벤야민의 라디오매체론에 대한 논의는 그간 주로 브레히트와의 지적 교류를 강조해왔는데, 그와 또 다른 편에 벤야민의 오랜 친구이기도 했던 에른스트 쇤과의 공동 작업 및 상호영향이 모습을 드러낸다. 1920년대 말부터 실험적 성격을 띠며 출현한 텔레비전(Fernsehen 혹은 Bildfunk)에 대한 언급[11]이 있는 것을 보면, 벤야민이 얼마나 매체 발달에 민감하게 반응했는가를 알 수 있다. 무엇보다도 눈에 띄는 것은 벤야민이 매체 발달에 따라 대중 구성 자체가 달라진다는 인식하에 전통적 계몽정신을 비판적으로 계승하려는 노력이다. 이는 주로 통속성에 대한 철학적 성찰로 이어지고 있고, 지식인과 대중 일반 간의 상호 소통의 장으로서 공공성의 기능 변화에 대한 실천적 모색으로 나아가고 있다. 매체론적 분석에서 벤야민은 형식의 혁신을 특히 강조하고 있으며, 그 대표적 사례가 라디오 작업에서 각별하게 경험된 시간 강박일 것이다.

제2장 '언어, 반성, 문자, 이미지'는 매체를 이른바 '표현 형식'으로 바라보는 벤야민의 철학적 면모들을 모았다. '표현'은 단연 인간 언어가 대표적 형식을 띠지만, 무언의 형식에서도 공명하며, 따라서 사물계에도 존재한다는 것이 벤야민의 견해다. 단순한 전달

---

11   「에른스트 쇤과의 대화」, 15쪽.

수단으로 환원된 언어관이나 이로부터 비롯된 도구적 매(개)체관에 대항한 언어철학이 초기 벤야민 철학의 독자성을 특징짓는 것이라면, 도구화에서 벗어난 직접성의 매개원리를 후기 언어철학에서는 문자에도 이전시킨다. 물론 여기에서 신과 아담의 언어가 고찰의 시발점이 되었던 초기 언어철학과는 달리 인간이 다른 사물들 및 생명체(예를 들면 '풍차'나 '새')에 동화되는 인간학적 현상, 곧 유사성을 생산하는 능력이 전면에 선다. 언어에서 나타나는 미메시스 원리의 명확성을 드러내기 위해 벤야민은 다시 매체라는 용어를 제시한다. 말하자면 언어와 문자는 "미메시스 능력의 최고 활용단계" 곧 "유사한 것에 대한 이전의 감지 능력들이 남김없이 흘러들어간 매체"[12]라는 것이다.

이와 같은 매체 개념은 자연스럽게 읽기이론으로 이어지는데, 쓰이고 인쇄된 텍스트만이 아니라 인간 언어와 사물 언어에 잠복해 있는 무언의, 은밀한 메시지의 독법까지도 포괄한다. 이와 관련해 특정 사회의 규범에서 벗어난 읽기유형에 관심을 보인 벤야민의 고서(古書) 수집군도 시선을 끈다. 표현 형식으로서의 매체론은 인간의 세계 인지력의 역사성을 추론가능하게 하는데, 앞서 논의한 것처럼 문학 형식과 매체 간의 구조적 유사성은 물론, 이에 한 발 더 나아가 인간의 심성구조의 변화와 함께 사유 자체가 매체 발달에 의해 영향을 받는다는 테제도 가능하다. 이에 예술 언어에 이전시킨 매체 개념으로서 벤야민이 박사논문 『독일 낭만

---

12   「유사한 것의 학설」, 174쪽.

주의의 예술비평 개념』에서 규정한 '반성매체'라는 용어는 곱씹어볼 가치가 있다. 반성 개념이 사유 속의 자아를 급진적으로 정립한 피히테(Johann Gottlieb Fichte)에서 시발점을 삼아 슐레겔(Friedrich Schlegel) 및 노발리스(Novalis)까지 이어지고 있다는 점에서 창의적 재독해가 가능한 텍스트 일부를 여기에 수록했다.

제3장 '책, 출판, 신문'은 새로운 매체의 출현이 직·간접적으로 불러오는 공공성의 구조 변동을 가늠해볼 수 있는 텍스트들이다. 인쇄술 발달은 저널리즘이라는 사회제도적 장치의 물질적 전제 조건이며, 그 막강한 권력화는 문인의 사회적 지위 변동에서 명확하게 드러나고, 글쓰기 방식 또한 정보 전달을 목적으로 한 보도 형식을 낳음과 동시에 맥락의 파편화를 핵심으로 한 단편적 지식체계를 가속화시킨다. 실용주의에 입각한 성공의 모색이 현대 문인의 생존 조건이라는 벤야민의 통찰은 이미 17세기 바로크 연구에서 예견되었을 것이다. 물론 공적 담론장의 이면을 펼쳐보면, 그것은 사적 영역의 은밀한 충동 구조와 하나의 쌍을 이룬다. 제4장 '책과 에로스'는 책의 상품적 성격과 맞물린 섹슈얼리티의 암행을 담고 있다.

제5장 '전시공간, 광고'는 무엇보다도 제의 가치가 뒤로 물러서는 순간, 전시 가치가 예상치 못한 곳에서 광범위하게 확장되는 국면을 세심하게 살펴보길 권한다. 이때 확장된 전시 시공간은 현재 우리가 능히 식별가능하다고 여겨지는 공·사(公·私, 규범이 제대로 기능하는 공공영역/시장원리의 지배영역)의 경계가 당혹스러울 정도로 유동성을 띤다는 사실을 알 수 있을 것이다. 이를 염두에 두

고서 대중을 상대로 혹은 정치실천적 차원에서 벤야민이 어떤 실험을 감행하고 있는지를 따라가본다면, 아주 놀라우리만큼 뜻깊은 재해석이 획득될 것이다. 물론 익명의 대중이 살아가는 주거지로서 거리에 걸린 여러 매체는 집단의 지각 변화를 예고하는 상이하고 다양한 징후를 드러낸다.

마지막으로 제6장 '회화, 그래픽, 전화, 사진'은 개별적인 시각·소리 매체에 대한 벤야민의 단상들을 묶었다. 또한 지각 변동의 결정적 계기를 복제기술과 대상의 상호작용에서 찾고 있는 서평 「꽃에서 유래한 새로운 것」은 아우라 붕괴론을 둘러싼 논란―곧 복제기술의 출현으로 아우라는 궁극에 사라지는 것인가의 여부―에 일정 정도 해명을 제공할 수 있는 단상이다. 한편 「회화 혹은 기호와 적(迹, Mal)」은 벤야민의 초기 언어철학에 상응하는 시각예술에 대한 성찰이다. 여기에서 매체 개념은 적(迹, 예를 들어 그리스도의 성흔聖痕이나 인간학적 측면에서 낯붉힘)의 표현적 특성을 기호의 표현 특성과 관련짓기 위해 사용되고 있다. 적과 기호는 구별되는데, "기호는 찍히는 것이지만, 적은 정반대로 출현하는 것"이고, 그래서 "적의 영역이 매체의 영역"[13]이라 한다.

이상 편역자에 의해 기획된 이 편역은 『기술복제』와 『사진』으로 대변되는 벤야민의 영화이론 및 시각매체론을 의도적으로 배제했다. 이와 관련된 텍스트들은 이미 국내에 널리 알려져 있기도 하지만 기존의 수용사적 한계를 의식한 탓이다. 이 편역서에는 매

---

13 「회화 혹은 기호와 적」, 304쪽.

체분석적, 매체철학적, 매체미학적 내용을 담은 텍스트들, 특히 한국 독자들이 접근하기 어려웠던 텍스트들을 가능한 한 많은 범위로 옮기려 애썼다. 그리고 소주제로 묶은 텍스트들은 해당 텍스트가 쓰인 시기순으로 배열해, 혹 있을 수 있는 전문 연구자의 문헌학적 접근까지도 용이하게 하려 했다. 이로써 상이한 맥락 속에서 다양한 의미로 편재되어 있는 벤야민의 매체 개념을 철학적 인문정신 속에서 되살려보길 희망한다. 물론 단편적 단상으로 다가오는 매체의 의미들이 벤야민 주요 저작에서 차지하는 위상을 잣대로 선별된 것은 아니며, 저작 전체를 모두 아우르는 완벽성을 추구한 것도 더욱 아니다. 벤야민의 말처럼 문자든 이미지든 간에 어떤 텍스트가 읽힐 수 있다는 것은 아무 때나 가능한 것이 아니라, 그 가독성은 특정 시간이 무르익었을 때 섬광과도 같이 번쩍 떠오른다. 이와 같은 읽힘이 새로운 연구시각을 촉발하고 실험적 탐구를 주도해 유의미한 결과물을 산출해낼 때, 작으나마 진정한 의미에서 철학적 인문정신의 혁신을 이루어낼 것이다. 『라디오와 매체』가 미완결성이 부여하는 열린 사고와 체계의 진전에 조금이나마 기여하길 소망해본다.

　독일어의 원본으로는 티데만 전집[14]을 사용했다. 특별한 표기 없는 일반 각주는 모두 이 전집의 편집 기록들을 그대로 옮긴 것

14　Walter Benjamin, *Gesammelte Schriften, Bd. I/1-VII/2*, Unter Mitwirkung von Theodor W. Adorno und Gershom Scholem, hrsg. v. Rolf Tiedemann/ Hermann Schweppenhäuser, Frankfurt a. M.: Suhrkamp, 1991 ff.

이다. 그 외 편역자의 해설이 덧붙여진 것은 〔편역자 주〕로 처리했으며, 일반 독자들의 이해에 도움이 되리라는 판단이 서는 경우 별도로 그림들을 모아 배치했다.

'라디오 벤야민' 시리즈를 펴내며

발터 벤야민의 전 세계적 명성에 기여한 『기술복제시대의 예술작품』은 오늘날 현대 매체론 및 매체미학의 고전으로 자리 잡았다. 전통 미학의 혁신과 예술작품의 고찰방식에 패러다임 전환을 가져온 이 복제기술론으로 미루어보면 그 이론적 토대는 시각매체에 한정된 것으로 보인다. 그러나 벤야민의 매체철학은 사진과 영화에 대한 관심 외에도 매체 일반, 특히 소리 매체에 지속적으로 관여한 행적을 뚜렷하게 남기고 있다. 벤야민은 음성 복제술로 촉발된 예술·문화 및 사회 전반에 걸쳐 성찰을 남긴 이론가였을 뿐만 아니라 라디오방송의 제작 및 진행을 직접 담당했던 실천가이기도 했다. 라디오 작업은 벤야민 연구에서 익히 알려진 사실이었으나 그의 지적 행로에 대한 평가에서나 사상적 입지 부여의 측면에서 거의 주목받지 못했거나 전적으로 간과되어온 것이 대부분이다. 이제 '라디오 벤야민' 시리즈를 통해 마이크 앞에서 청중을 상대로 고군분투하는 매체미학자의 모습을 자연스럽게 떠올릴 수 있을 것이다.

라디오 벤야민 (전 3권)

제2장 토크: 강연, 대담

청년 러시아 작가 ｜ 아동문학 ｜ 파리의 두뇌들
E. T. A. 호프만과 오스카 파니차 ｜ 베르트 브레히트 ｜ 직업의 무의미한 반복
코미디작가를 위한 처방전. 빌헬름 슈파이어와 발터 벤야민의 대화

제3장 라디오와 문학비평: '책의 시간'

줄리앙 그린 ｜ 요한 페터 헤벨 ｜ 손턴 와일더와 어니스트 헤밍웨이의 책들
프리드리히 지부르크의 습작 『프랑스에서의 신』
로이터의 『셸무프스키』와 코르툼의 『욥시아데』
아웃사이더가 시선을 끌다
프란츠 카프카 유고집에서 유래하는 중국 만리장성의 축조 때)

라디오 벤야민 3

아동 및 청소년을 위한 라디오방송(발간 예정)

서문

제1장 베를린

1. 도시의 풍경

임대 아파트 단지 ｜ 신·구 베를린에서의 거리 행상과 시장
어떤 베를린 길거리소년 ｜ 마르크 브란덴부르크를 통한 폰테인의 도보여행

2. 베를린의 명인

베를린 사투리 ｜ 테오도어 호제만 ｜ 덴마크식의 베를린

3. 노동의 세계

보르지히 ｜ 놋쇠공장을 지나는 발걸음(? 방문)

4. 장난감(또는 오락?)

베를린 장난감도보여행 ｜ 베를린 인형극장

* 발간 예정 도서의 제목과 세부 글 제목 등은 바뀔 수 있습니다.

라디오 벤야민 1

라디오와 매체

1판 1쇄 2021년 6월 25일

지은이 발터 벤야민
편역자 고지현
펴낸이 김수기

펴낸곳 현실문화연구
등록 1999년 4월 23일 / 제2015-000091호
주소 서울시 은평구 불광로 128, 302호
전화 02-393-1125 / 팩스 02-393-1128 / 전자우편 hyunsilbook@daum.net
ⓗ blog.naver.com/hyunsilbook   ⓕ hyunsilbook   ⓘ hyunsilbook

만든 사람들 좌세훈 김지희

ISBN 978-89-6564-266-4 (93100)